/ 徐远观察 /

徐远的投资课

投资原则与实战方法

徐远 / 著

中信出版集团 | 北京

图书在版编目（CIP）数据

徐远的投资课：投资原则与实战方法 / 徐远著 . --
北京：中信出版社，2020.10（2024.5 重印）
ISBN 978-7-5217-2133-1

Ⅰ . ①徐… Ⅱ . ①徐… Ⅲ . ①金融投资–基本知识
Ⅳ . ① F830.59

中国版本图书馆 CIP 数据核字（2020）第 155711 号

徐远的投资课——投资原则与实战方法

著　　者：徐远
出版发行：中信出版集团股份有限公司
（北京市朝阳区东三环北路 27 号嘉铭中心　邮编　100020）
承 印 者：北京通州皇家印刷厂

开　　本：880mm × 1230mm　1/32　　印　　张：13　　字　　数：300 千字
版　　次：2020 年 10 月第 1 版　　印　　次：2024 年 5 月第 8 次印刷
书　　号：ISBN 978-7-5217-2133-1
定　　价：68.00 元

目　录

第三章
债　券

第四章
基　金

第五章

房 产

第六章

金融衍生品

第七章

保 险

第八章
黄　金

第九章
投资实务

自 序

投资，一生的修行

欢迎来到我的投资课。在这本书里我要告诉你的，是我 15 年以来教学、研究、投资的一点体会。

我是 2005 年博士毕业，毕业后到香港大学工作，开始我的教书匠生涯。还记得那年夏天，我意识到要给别人上课了，心中非常惶恐。为什么呢？别看是博士，其实新出炉的博士只对自己的研究领域有一点点理解，远谈不上融会贯通。大多数时候，都是纸上谈兵，遇到实际问题就怯场，我也一样。

当时港大安排我教投资，因为心里没底我有些慌张。自己都不会投资，怎么教别人？当时我安慰自己，好好备课，把教科书上的东西讲清楚。

不久我就发现，其实做到这一点也很难。因为教科书上的东西，并不能直接指导投资。你试着想一下，每年全中国有 800 多万大学毕业生，其中财经类毕业生占了很大比重[1]，有好几百万人，他们都

---

① 中国普通高校毕业人数每年都在增长，2018 年达到 820 万，其中财经类学生占了 1/3 还要多。根据 2016 年的数据，财经类大学生人数达 281 万人，约占 37%。

学过投资课，可是这些人真懂投资吗？如果真懂的话，中国股市里，就不会有那么多“韭菜”了。

于是，在过去的十几年里，我诚惶诚恐，一边教学，一边研究，一边做一点投资实践，从宏观经济、金融市场、投资实践几个方面加深对投资的理解。得益于过去这些年的学术研究和投资实践，到今天我对“投资”这门学问已经不再惶恐。最近每年秋天，我都会在北京大学讲一次投资学课，给几百名学生讲我对投资的理解。下面的内容，就是这门课的精华版、实战版。

这门课的设计对象，是任何一个需要投资理财的人。不管你是身家亿万，还是普通中产，或者是初入职场的年轻人，也不管你身居北上广深这样的一线城市，还是在偏远小镇，都有投资理财的需求。毕竟，财务自由是我们人生自由的基础。财务自由了，我们才能更好地谈诗和远方。

学习投资这门课，你不需要有很多的知识基础，常说的经济知识、金融知识、数学知识，都不需要。那需要什么呢？你需要有认真仔细的态度，特别是对自己、对家庭负责的态度。有了这个态度，你就会主动去吸收养分，积累有用的知识。以后你会明白，为了做好投资，你不需要每天跟踪经济动态，也不需要紧盯金融市场，但是需要明白一些基本的、重要的市场原理，在深刻理解市场原理的基础上，让市场的力量为你服务。

在这本书的开头，我用最简单的话告诉你，投资是什么。

关于投资，有很多流行的谬误。破除这些谬误，是正确理解投资的第一步。我用两个例子来说明。

谬误 1：穷人不需要投资。

日常生活中，经常有人说，我的钱不多，存在银行里就行了，不需要投资。其实，这是一个很大的误解：存在银行里也是一种投资，只不过是回报率很低的投资而已。活期存款的利率很低，现在只有 0.35%，1 年期存款的利率也只有 1.5%。考虑到通货膨胀率平均每年在 2% 左右，你的钱每天都在贬值，贬值的速度超过存款利率。也就是说，你每天都在赔钱。换句话说，存款不是没风险，而是有稳定的通货膨胀风险。

那应该怎么办？其实很简单，你现在就可以动动手指头，把钱转到余额宝、零钱通或者其他常见的货币基金里，就可以有 2.5% 左右的收益，回报率立即增加到 7 倍，而且要用钱时，随时可以取出来，完全不影响你用钱。

如果你再动动手指头，建一个稳健的投资组合，那么得到 6% 的收益并不难。不要小看这 6%，每年 6%，12 年你的钱就翻一番，10 万元就变 20 万元，而且在这个过程中你不需要做什么，工作生活完全不受影响，你的钱就在那里，跟随时间的脚步，默默为你生钱。

如果你再积极一点，做一个积极进取一点的组合，每年达到 12% 的回报也不是不可能的。这时候，你的钱每 6 年就翻一番。面对这样的财富增长，你还会觉得投资与你无关吗？当然，这些都不容易，10 万元变 20 万元，20 万元再变 40 万元，都没有那么容易。但是这世界上的事情，都是难者不会，会者不难，你掌握基本的原理之后，也没有那么难。

谬误 2：富人不需要投资。

再比如，有的人钱很多，说自己钱够花了，不需要投资。其实，有钱人更需要投资。假设你身家上亿，通过设计一个稳健的理财计划，每年获得 5%~6% 的收益很容易，风险可以控制到很低，这样每年你就有 500 万元的新增收入，足够一个家庭日常的、比较舒适的，甚至比较奢侈的开销，还会有一些剩余。这样一来，你完全不用担心柴米油盐，可以一心追求诗和远方，成为真正的人生赢家。

所以，穷人需要投资，富人也需要投资，只不过投资的方式和侧重点不一样而已。

美国有一句谚语，说人生有两件事没办法回避，一是缴税，二是死亡。其实，投资也一样，也没法回避。你认为自己没有在投资的时候，其实也在投资。你的资产组合的价值，包括你的存款和其他资产，每天都在改变，随着你的一举一动在改变。如果你不花心思，投资业绩可能不会太好。既然投资无法回避，为什么不多花一点心思，把业绩弄好一点呢？

其实，换个角度看，投资是一场一生一次的修行，谁也回避不了。

这门精心准备的投资课，浓缩了我 15 年的教学、研究、投资的体会。希望这门课，可以伴随你更好地修行。

下面，我简单介绍一下这门课的内容。这门课，共 39 讲，分为三大部分，九个章节。每个章节的最后，我会画重点、做总结，以便于你复习和继续学习。

第一部分是投资原理，共 5 讲。这部分浓缩了我对投资的基础要素、基本原理的理解。你可能会觉得基本原理很简单，不需要理解，其实完全不是这样。原理简单不简单，就看你是否真正理解，理解得深入不深入。第一讲我会告诉你，很多人连什么是真正的高回报都没有搞清楚。这就像射箭的人，连靶子在哪里都没搞清楚，可以说是输在了起跑线上。这种人投资业绩糟糕，也就难免了。

第二部分是投资工具（从第二章到第八章），我详细介绍了市场上常见的投资工具，包括股票、债券、基金、房产、金融衍生品、保险、黄金。有句话是这么讲的，“工欲善其事，必先利其器”，你必须了解这些工具的基本性质，才能正确使用这些工具。

学习这部分内容的时候，你不用担心基础知识不够。事实上，你不需要太多金融知识，也不需要太多数学知识，我已经把抽象的理论全部过滤掉，直接告诉你这些工具的实质，告诉你如何使用。当然，你还是需要花一点工夫，去看我的数据、图表，加深理解。这些都很直观，很容易懂，只要认真看，都能看懂。

第三部分是投资实务。在前面学习的基础上，我告诉你一些简单、实用、高效的操作办法，包括如何配置资产、如何选择工具等。最后，我会给你仔细分析，投资和投机到底有什么区别，你是在投资还是在投机。

介绍完这门课的基本内容，现在，我需要回答一个问题：市面上有那么多投资课，这门课有什么不一样？总结一下，有三点不一样。

第一，这门课有坚实的学术理论基础，而且兼顾宏观和微观。

学术上，我是科班出身，在顶尖学术期刊发表了几十篇学术论文，既有英文的，也有中文的。如果想了解，可以去看我的简历，在北京大学的网页上就有，你也可以去看我的个人公众号“徐远观察”，上面有详细介绍，也有很多文章。

第二，这门课有深厚的实际问题的研究基础。

我和纯粹的象牙塔学者不一样的地方就在于，我研究过很多实际的问题，在学术研究中也一直坚持问题导向。这些年来，我做过很多课题，研究的问题包括经济增长、城市化、土地改革，还有房地产、企业融资、金融改革等。通过做这些课题，摸清实际情况，避免纸上谈兵。

第三，这是一门实战导向的投资课，所有的内容都紧扣“有没有用”，以及“如何用”来展开。

投资课如果不能指导投资决策，那就是耍流氓。但是，教科书上的投资理论看上去很美，实际上常常很无用。

这门课，有三层构架：最底层，是学术理论体系；中间层，是实际问题研究的支撑；最上层，是多年投资实践的经验总结和提炼。三层结合在一起，力求每一讲都言之有物，并且都有明确的决策指向。我希望达到的效果是，认真学完这 39 讲的课程，一个零基础的人，也可以开始投资。

当然，投资这件事没有止境，可以开始投资和精通投资是两回事。在课程结束之后，我又提供了 39 讲的总结，结合新问题进行分析，帮你加深对投资的理解，提高投资能力。

除此之外，其他的研究心得和体会，会在我的个人公众号上分享，欢迎你关注。

第一章

投资原理

第一讲

回报率三原理：你真的理解高回报吗？

课程第一讲里我们来讨论一个最基本的问题：什么是真正的高回报？

这个问题问出来，有人可能觉得明知故问，甚至故弄玄虚。高回报不就是回报率高一点吗？其实远没有这么简单。之所以问这个问题，是因为很多人并不知道答案，甚至有很大的误解，会因为这些误解，犯很大的错误。

不信的话，我给你看两组数字，如表 1-1 所示，分别是两个基金经理在 4 年内的投资业绩。你看一下，能不能立刻告诉我，谁的业绩好？简单起见，我们把第一个叫作明星经理，第二个叫作普通经理。

表 1-1　两种风格的投资回报率

	第一年	第二年	第三年	第四年	4 年平均
明星经理	100%	–50%	100%	–50%	25%
普通经理	10%	10%	10%	10%	10%

一眼看去，明星经理的业绩明显好，经常翻一番，吸引了无数的眼球，出来宣传的时候，估计也是风光无限。普通经理的回报率很普通，毫不吸引眼球，每年都是 10%。看平均回报的话，明星经理的 4 年平均回报率是 25%，普通经理只有 10%，前者远高于后者。

但是，实际的投资回报率，哪一个基金经理更高？

假设你在这两个经理身上都投了钱，每人投了10万元。那么4年后的总回报是多少呢？

先来看明星经理。第一年他的业绩翻了一番，第二年又赔了一半，两年之后，你的10万元还是10万元。那么第三年又翻番，第四年又赔一半，经历4年以后，你又回到了原点，你的10万元还是10万元。所以，这亮丽的数字，并没有给你带来真正的投资收益，第一、三年赚的钱，在第二、四年又赔回去了，相当于是白玩。考虑到你还要付基金管理费，其实你赔钱了。

再来看普通经理。和明星经理比起来，普通经理很不起眼，没有翻番这样的奇迹出现，每年都只挣10%，一眼看去回报率少很多。4年之后你的账户有多少钱了？简单算一下，1年之后是11万，2年之后是12.1万元，3年之后是13.3万元，4年之后是14.6万元。4年之后你的10万元涨到了14万多元，回报率是46%，接近50%，其实是很不错的。所以，看起来不起眼的普通基金经理，4年给你赚了接近50%的回报；而看起来很风光的明星基金经理，4年不仅没给你赚钱，还让你赔了钱。

问题出在哪里呢？这个简单的例子背后，隐藏着关于投资回报率的三个重要原理。

稳健原理：不赔钱很重要

明星基金经理为什么最后不赚钱呢？因为赚的钱都赔回去了。赚得多，赔得也多，最后就白玩了。

不仅赔得多不行，赔得少也很不好。比如说，你第一年赚20%，第二年赔 10%，看起来是赚得多赔得少，是个不错的表现。可是你算一下两年的累积收益，只有 10%，平均每年只有 5%，这就比较少了。假如你有一个朋友，每年的收益都是 10%，看起来不高，没有你一年 20% 的耀眼业绩，可是两年累积下来有 21%，比你一共多赚了 11%。为什么比你赚得多？因为他不赔钱。赔一年钱，就意味着你前一年的收益率要减一半，甚至更多，总体收益会被大幅拉低。所以，不赔钱真的很重要。

有人可能会反问：投资有风险，怎么可能不赔钱？这是个很好的问题。只要买风险资产，我们就要做好赔钱的心理准备。做好这个心理准备，才能帮助我们少赔钱。在接下来的课程里，我们会讲解投资的资产配置、工具选择等基本方法，让你少赔钱、多赚钱。这样长期下来，你的收益率会好很多。

几何原理：平均回报是会骗人的

刚才的例子中，明星经理的平均收益是 25%，普通经理的平均收益只有 10%，明星经理的平均回报率高很多。可是我们知道，4 年后普通经理给你赚了接近 50% 的钱，明星经理不仅没给你赚钱，还让你赔了钱。这个平均数错在哪里呢？

这就要介绍一组基本数学概念：算术均值和几何均值。平常我们说平均数的时候，说的是算术均值，刚才的 4 年平均 25%，就是算术均值，就是把 4 个数加起来，除以 4。这个计算本身没有错，那么错在哪里呢？错就错在不应该用算术均值来考虑投资回报，而应该用几何均值。因为投资回报是要一年年累积的，累积的时候用的是乘法，对应的是几何均值，不是算术均值，算术均值用的是加法。

比如说，回到刚才的明星基金经理的例子。第一年你赚了100%，第二年赔了50%。你用算术均值的话，平均回报率是25%，看起来是挣钱了。实际上，你第一年赚的钱，第二年全赔回去了。如果你用几何均值，算出来是第一年的200%，乘以第二年的50%，结果得到1，就是不赚不赔。这样就避免了算术均值的误导。

所以，计算多年投资回报率的时候，一定要用几何均值，不要用算术均值。以后你挑选基金，看基金的历史回报，也要看几何均值，不要看算术均值。基金经理为了招揽生意，鼓动你买他的基金，经常给你看算术均值，宣传的时候常常展示的是算术均值，这时候你一定要自己算一个几何均值。[①]

算术平均：回报率累加之后除以年数。

几何平均：回报率累乘之后开方，开方次数等于年数（累乘之前加1，开方之后减1）。

时间原理：稳健的收益能够长期维持，会创造奇迹

刚才的例子中，普通基金经理每年10%的收益，4年后你的钱涨了接近50%，10万元变成14万多。扣除每年大约1 000元的管理费，还是赚了不少的钱。

---

① 举个例子，假设你3年的回报率分别是5%、10%、–5%，算术均值就是这3个数加起来除以3，得到3.3%。几何均值稍微复杂一点，需要先加1，再累乘，再开三次方，然后减去1，得到3.1%，小于算术均值的3.3%。除非每年的回报率相等，否则几何均值总是小于算术均值的。而且，回报率波动越大，二者差距越大，因此稳健的收益很重要。

从这里，我们不妨问一句，如果你的投资年限不止 4 年，而是 10 年、20 年、50 年，这 10 万元会变成多少？为什么要考虑这么长的时间呢？这和我们的目标是一致的。现在人们的预期寿命都很长，所以要考虑长期。

比如一个 20 岁的年轻人，现在预期寿命是 76.5 岁（男性 75 岁，女性 78 岁）。考虑到现在预期寿命每年都在延长，等现在的年轻人老了，也就是几十年后，预期寿命可能会达到 90 多岁，100 岁老人会变成普遍现象。这样一来，投资 50 年，甚至 80 年，都是不得不进行的考虑。不然的话，“人还在，钱没了”，可能就不是一句玩笑话。

那 10 万元会变多少呢？这里我停顿一下，提醒你注意，因为见证奇迹的时刻马上就到了。

每年回报率 10%，如果投资 10 年，10 万元变成多少呢？变成 26 万元，增长 1 倍多。如果投资 20 年，则变成 67 万元，增长 6 倍多，已经很可观了，相信这个数字已经让很多人觉得不可思议了。其实好戏还在后头，投资 50 年变成多少？

这个数会让很多人想不到，不是几十万、几百万，而是 1 174 万。也就是说，现在你投资 10 万元，每年如果能得到 10% 的收益，50 年后会变成 1 100 多万元，增长 110 多倍。

为什么 50 年后变成这么多？这里面有两个因素。第一个因素是经过很多年以后，你的基数本来就已经比较大。比如说，到了第 42 年的时候，你的财富已经是 500 多万元；再过 8 年，到了第 50 年，又翻了一番，就变成了 1 100 多万元。

表 1-2　10 万元本金的投资回报　（单位：万元）

年均回报率	投资年限				
	10 年	20 年	30 年	50 年	80 年
1%	11	12	13	16	22
5%	16	27	43	115	496
10%	26	67	174	1 174	20 500
15%	40	164	662	11 000	718 000
20%	62	383	2 374	91 000	21 600 000

这里我们看到一个加速原理，就是随着时间变长，基数变大，你的财富增长变得相对容易。有钱人挣钱容易，就是这个道理。因为他的基数大，同等的回报率他挣的比别人多很多。

第二个因素是你的投资回报率本来就不错，10% 听起来不起眼，其实不低，7 年就翻番，很少有人能几十年连续达到这么高的回报率。为了说明这个投资回报率其实不低，我们做个类比，中国经济年均增长率其实只有 9.5%。但是每年增长这么多，坚持 40 年，就从 1978 年的一穷二白，变成现在的全球第二大经济体，人均产出达到 10 000 美元。所以，对于长期稳健增长的力量，我们往往是低估的。

今天能拿出 10 万元的人很多，但是 50 年后能拿出 1 000 多万元的人就很少，原因就是很少有人能够 50 年如一日，让资金为自己增值，每年增值 10%。其实，现在能拿出 100 万元的人也不少，如果能稳健地投资 50 年，每年 10% 的收益，50 年后就是 1 亿多元，也就实现了王健林的一个小目标。

这个小目标，其实很多人实现不了，为什么？股神巴菲特的一句话道出了其中的奥秘：绝大多数人，都不能忍受慢慢变富。

现实中，有不少看起来回报率不高的投资，只有 5% 或者 10%，但是很安全，50 年后，其实你的本金就会增加 10 倍甚至 100 倍。你投入 100 万元的话，按 10% 的年收益率算，50 年后就会给你 1 亿元。只是，50 年太长了，很少有人真正关心 50 年之后的结果，真正思考 50 年后的事情。

可是，今天的年轻人，比如你只有 20~30 岁，还有 50 年甚至更长的投资期限。特别是，如果你有一个小宝宝，你为他做一个小投资基金，比如 10 万元或者 20 万元，有 70~80 年的投资年限，长期稳健收益的魔力就会更大。

现实中，一些大起大落的投资工具，承诺每年本金翻番，或者增长 50%，往往受到很多追捧。可是这样的业绩不可持续，甚至是个大坑。很多人在大喜大悲之后，依然贫穷。

当然，我们用 10% 的投资回报率作为基准，不是说不追求更高的回报率。随着我们知识经验的增加，会掌握更多的投资技巧，抓住更多的投资机会，获得超过 10% 的回报率。表 1–2 中的最后一行，是每年回报 20%，持续 50 年。根据可以查证的资料，我们只知道一个人做到这一点，就是著名的股神巴菲特。其他投资大神虽然也有很多，但是都没有完成这一神迹。股神巴菲特的奇迹，我们只是列在这里，作为投资修行的一个努力目标。

本讲重点

投资中最重要的概念是投资回报率。如果不正确理解回报率，连投资的目标都搞不清楚，会犯各种错误。关于回报率，有三个原理是你必须记住的：

1. 稳健原理：不赔钱很重要。

2. 几何原理：算术均值是会骗人的，要用几何均值计算长期收益。

3. 时间原理：一个稳健的收益如果能长期维持，就会创造奇迹。

这个奇迹，大科学家爱因斯坦曾经称之为人类的第八大奇迹。①之所以这么说，是因为很少有人能克服自己的弱点，着眼于未来。希望你能仔细琢磨这个道理，迈出争取长期稳健收益的第一步。

思考

请参照回报率的三大原理，检查一下你以前对高回报有哪些误解。有投资经验的读者，也可以对照检查一下以往的误解带来哪些投资上的损失。

---

① 爱因斯坦是否说过这句话有争议，我们没有在爱因斯坦本人的著作中找到这句话。但我们依然沿用这一说法，因为有两个引证。第一个比较权威的引证来自《纽约时报》1983 年的一期，里面有这么一段：Asked once what the greatest invention of all times was, Albert Einstein is said to have replied, "compound interest." His playful sense of humor and other aspects of his personality —as well as his genius—form the subject of a bus tour Sunday to the Institute for Advanced Study at Princeton, N. J., where the physicist worked during the last 20 years of his life。另一个引证来自 *The American Mathematical Monthly*, Vol. 46, No. 9, Nov., 1939, p595。当时数学刊物征集读者问题，爱因斯坦对某个数学题的解法发表了评论，表示这道题更好的解法是回答“复利”。

第二讲

投资三大决策（一）：买什么？

上一讲中，我强调了长期稳健收益的重要性，破除了关于投资收益的一些误解，这是正确理解投资的第一步。接下来，我们讨论一个非常实际的问题：为了达到长期稳健的收益，我们应该做哪些事情？

这个问题比较大，一下子讲不清楚。这一讲的任务，是把这个很大的问题进行分解，告诉你要做好投资，有哪几方面的任务。我沿着投资决策的路径，把投资分解成三个基本问题，分别是：

1. 买什么？这是投资工具的问题，要回答的是购买什么资产。

2. 买多少？这是投资组合的问题，要回答的是如何分配资金在各种资产上，构建自己的投资组合。

3. 何时买？这是投资时机的问题，要回答的是“什么时候买，什么时候卖”的问题。

表 2-1　投资三大基本决策

问题	答案
买什么？	投资工具
买多少？	投资组合
何时买？	投资择时

如果能很好地回答这三个问题，投资的任务就基本完成了。先来看第一个问题：买什么？

“买什么”的问题，是选择投资工具的问题。现在金融市场很发达，有很多种投资工具，性质各不相同，要善于利用，分散风险，获得更高收益、更安全的回报。有的人谈到投资，认为就是炒股票，这是很不全面的。金融市场上的人，常常把投资工具叫作投资标的，是一回事。

为了系统和全面，我简单做了表 2–2，大致概括了市场上主要的资产，以及每个大类资产下面的细分种类。为了便于理解记忆，我根据资产的性质，把资产分为八大类，分别是现金、债券、股票、外汇、金融衍生品、大宗商品、房地产和另类投资。

投资的第一步，是准确、深入认识这些投资工具。这些工具就像武侠小说里面的十八般武器，你不一定每样都会用、都很精通，但是每样武器大致长什么样、能做什么，你还是要知道的，然后你才能选择称手的兵器。

表 2–2 八大类主要金融资产

大类资产	细分资产
现金	存款、货币基金（余额宝、零钱通等）
债券	国债、金融债、企业债、公司债、理财产品、债券基金
股票	A 股、港股、美股，普通股、优先股、股票基金
外汇	美元、欧元、日元、英镑、瑞士法郎、澳元、加元
金融衍生品	期权、期货、涡轮、牛熊证、分级 B 基金
大宗商品	能源（石油、天然气）、金属（黄金、白银、铜、铝、螺纹钢、铁矿石）、农产品（大豆、小麦、玉米、鸡蛋）等
房地产	普通住宅、商业住宅、商铺
另类投资	古董、字画、钻石、P2P 贷款、众筹

市场上有那么多投资工具，我们应该如何认识，如何挑选呢？我给你一些简单原则。

原则 1：投资是做自己懂的事情，不懂的产品不要碰。

前面我们讲了，投资中最重要的事情是不赔钱、少赔钱。如果你碰自己不懂的产品，很容易赔钱。比如前几年很流行的 P2P（互联网金融点对点借贷平台）产品，很多人不是很懂，但是看着身边人赚了钱，经不住诱惑，跟风投了进去，结果呢，不少人血本无归。①

不懂的产品不碰这个原则，需要我们抵制各种诱惑，克服自己的弱点。比如说，表 2–2 里面的一些资产，看起来很诱人，如果投了可能会带来一种很高端、很上档次的感觉，不管赚没赚钱，心理感觉就很好。比如字画、古董、钻石，很多人不懂，但是觉得档次高，就想投一点，其实是很危险的，往往是灾难的开始。投资是个竞技场，你不懂，别人懂，你就很容易变成"韭菜"，被比你更懂的人收割。

不懂没关系，不碰就是了，至少不赔钱。等你多做点功课，多懂一些原理，就会发现自己能投资的产品也很多，不需要去碰那些不懂的产品，把自己变成任人宰割的羔羊。

这里要记住：在超出你认知边界的投资产品上，你很容易成为被人收割的"韭菜"。

---

① P2P 这个产品的底层逻辑不对，注定是一场骗局。如果你手头还有 P2P 的投资，抛弃幻想，尽快拿回资金是正经。关于这个底层逻辑，参见"徐远观察"上的系列文章。

原则 2：对于投资的每一个产品，都要搞清两个基本属性，即安全性和流动性。

根据安全性，我们可以把资产分为安全资产和风险资产。像存款、货币基金、国债，都是安全资产。为什么这么讲？因为银行存款是有保险的，即使银行倒闭了，50 万元以下的存款是全赔的。而且，很难想象我国工农中建这些大型银行会倒闭。这些银行出了问题，政府会想各种办法解救。国债就更没有风险。

安全资产的对立面，是风险资产。比如说股票，价格是可能大幅下跌的。很多人在股市里不仅不赚钱，还赔了钱，然后一朝被蛇咬，十年怕井绳，错失了股市的投资机会。股市不是不赚钱，而是需要掌握一定的方法才能赚钱。

风险资产的另一个例子，是公司债。和国债不一样，公司债是可能违约的。具体说，2013 年以前，我们国家的公司债是不违约的，因为有刚性兑付。从 2014 年开始，因为打破了刚性兑付，已经出现很多次公司债违约的情况，其中包括一些上市公司的债务违约。比如五洲国际，它是在香港上市的公司。因为债务违约，股价也大幅下跌。著名地产商孙宏斌的弟弟孙宏兵，因为是五洲国际的大股东，也损失惨重。公司债虽然有风险，也不是不能投，而是要找到一个合理的投资方法。介绍债券的时候，我们再专门讲。

刚才讲的，是关于所有资产的第一条性质，安全性，我们区分了安全资产和风险资产。现实中，大部分资产都是风险资产，比如股票、债券、基金、房产，只有少部分资产，比如存款、货币基金、国库券是安全资产（严格意义上，这些资产也是有风险的，那就是通货膨胀风险。通货膨胀风险是所有资产的共同风险，我们以后再专门讨论）。

我们要搞清的第二个属性，是流动性。有的资产流动性好，需要的时候可以随时变现，比如余额宝，里面的钱是可以随时拿出来的，几乎是实时到账。这样的资产的好处是不耽误用钱，要进行适当配置。

还有其他的货币基金，流动性也都很好，比如很多人都用微信，微信钱包就可以直接连接到零钱通。零钱通也是一个很大的货币基金，里面的钱可以赚到大约 2.5% 的利息（2019 年 9 月底数据），而且你拿出来用的时候，也是实时到账的。而且像余额宝、零钱通这样的基金，你不用担心安全性问题。

其他的资产，流动性就没有这么好。如果你需要钱，卖掉自己的股票，你的资金是要第二天才能到账的。如果赎回基金，这个钱一般要 3~4 天到账。这些也都还好，几天之内就可以变现。流动性更差的，是房子、古董、字画这些，拿在手里看着很值钱，想用钱的时候变现很难。一所房子挂出来，可能几个月都卖不出去。古董、字画的变现就更不好说了，说是很值钱，但是变现的时候往往很难，折价一半也不是不可能的。当然，这不是说这些东西不能投，而是不能作为流动资产来投。如果你投资房子或者古董，一定是因为看好长期价值，而不是因为能够随时变现。

在熟悉安全性和流动性这两个基本属性后，我们可以把资产分为三类，如表 2–3 所示。

表 2-3 按安全性和流动性给资产分类

	性质	代表性资产
第一类	无风险、流动性高	存款、货币基金、国债
第二类	有风险、流动性高	股票、基金、公司债券、期权、期货
第三类	有风险、流动性低	房子、古董、字画、钻石

看到这里，细心的读者可能有两个问题。

第一，这里面似乎缺了一类，就是安全、流动性不好的资产。没有这一分类，是因为世界上基本没有这种资产。所有的安全资产，像存款、货币基金、国债，流动性都很好。安全性高的资产，是不愁没有人接手的，因此流动性不会差。

第二，我没有讲资产的风险和收益，而是根据安全性和流动性对资产进行分类。在其他的课程里，可能一上来就讲资产的收益和风险，细心的同学会发现我的讲法很不一样，对资产的分类标准就很不一样。

为什么我不讲资产的风险和收益呢？我想反问你一个问题：你听了这么多关于风险和收益的讲解，你明白如何根据风险和收益来投资了吗？对于绝大多数人来说，其实没有。

套用一句很流行的话，听过了很多道理，还是过不好这一生。其实不是你没听懂，而是讲解的角度可能就不对，没打算让你学会。风险和收益不是资产一成不变的性质，不是资产的固有属性，而是随着时间变化的，需要你不停地去了解。

换句话讲，风险和收益不是事先给定的，不是你投资的前提和预设，而是你投资的结果。如果你一开始就从风险和收益的角度理解资产，去做投资决策，相当于从结果找原因，是本末倒置了，不利于你从本源上认识资产。

当然，风险和收益不是不重要，而是很重要。在后面的章节里，我会仔细讲，如何根据市场的情况，理性评估资产的收益和风险。

本讲重点

1. 投资有三大基本决策，分别是买什么、买多少、何时买。本讲我们重点讲第一个决策，接下来讲第二个和第三个决策。

2. 金融市场里有很多种资产，性质各有不同，你都要有所了解。把投资等价于买股票是很片面的。

3. 资产种类很多，但是你可以进行分类，从安全性、流动性两个基本属性的角度，我们可以把资产分为三类。分别是：

第一类：无风险、流动性好的资产。

第二类：有风险、流动性好的资产。

第三类：不安全、流动性不好的资产。

4. 风险和收益是资产的重要性质，但不是我们认知资产的起点，而是认知资产的终点。风险和收益不是一成不变的，而是随时间变化的，是我们投资决策的终点，而不是投资决策的起点。

思考

在我的资产分类中，没有安全但是流动性不好的资产。你可以仔细想一想，世界上到底有没有这样的资产，你能不能举出一个反例？

第三讲

投资三大决策（二）：买多少？

投资三大决策的第二个决策是：买多少？买多少的问题，准确说是合理分配你的资金，买多个资产，形成投资组合的问题。

- 买多少：一个投资组合的概念 -

说到买多少，很多人很容易理解为在单个资产上花多少钱，比如花多少钱买某一只你看中的股票。这么说不能算错，但是不准确。差之毫厘，谬以千里。因为不准确，里面就有陷阱，而且是很大的陷阱。这里我强调一下：买多少是合理分配资金，形成投资组合，是一个统筹考虑、全盘布局的概念。

为什么要强调这个区别？我给你举个例子。中国股市里面有一个很流行的段子，叫作 48 元钱买了中石油，说的是 2007 年 11 月的时候，中石油刚刚在 A 股上市，受到追捧，股价从发行价的 16.7 元，上市当天（2017 年 11 月 5 日）就涨到了 48 元以上，差不多涨了 2 倍。很多人高位买了，想赚一把，没想到从第二天开始，股价一路下跌，再也没有回到 48 元的高价。中石油现在的股价只有 6 元多（2019 年 7 月数据），相当于 8 元钱的成本跌到 1 元钱，可以说是深度套牢，于是很多人干脆就放着，说是留给儿子娶媳妇做彩礼，或者闺女出嫁做嫁妆。这样的心态不可谓不好。可是，你反过来想一想，2019

年离 2007 年已经 12 年了，当初十几岁的儿子现在也该娶媳妇了。可是中石油还是深度套牢，没有解套。

48 元买了中石油，是 A 股市场上的经典失败投资案例，到现在还是很多人的伤心往事。其实，人都有弱点，当初因为经不住诱惑买了中石油的人也不少，但是各人的情况还是有很大不同的。这里面的关键区别，就是“买多少”的问题。

比如说，如果你可供投资的资金总量是 10 万元，你好朋友的资金总量是 100 万元，你们同样花 5 万元买中石油的股票，你们的资产配置含义是完全不同的。5 万元在你投资组合中占一半的比重，你是重仓中石油。可是 5 万元在你好朋友的投资组合中只占 1/20，是很小的比重，他是轻仓中石油。这时候中石油的股价下跌，对你们两个人而言是完全不同的。你损失惨重，可是他很可能完全没事，因为他另外 95% 的股票只要涨一点，就可以抵消在中石油上的损失。可是你呢，因为一半的钱在中石油上，另外一半的钱要涨很多，才能弥补在中石油上面的损失。

所以，买多少的问题，不是说你在一只股票上投资了多少钱，而是在这只股票上配置多少资金，是这只股票在你的投资组合中的占比。如果你控制了资产占比，即便犯了错误，也很容易弥补。

你可能听说过一句话，不要把鸡蛋放在一个篮子里，说的就是在一个资产上不要配置太多资金。如果你把很多鸡蛋放在一个篮子里，一不小心打翻了，就是打翻了一篮子的鸡蛋，想弥补就很难了。

讲到这里，有的人可能会有疑问：你这是事后诸葛亮，中石油跌了，你拿中石油举例子，万一中石油一直大涨，买多的人不是赚大了吗？那时候你怎么说？

这是个非常好的问题，对这个问题的深入探讨，可以帮助我们厘清很多事情，避免很多错误。

这里面的关键，是我们事先并不知道股票会涨还是会跌。稳妥起见，我们假定涨跌的概率相同，都是50%。如果你把你的资金都投进去，那么一半的可能性会涨，一半的可能性会跌。假设第一年涨，第二年跌，这样2年后你的资金还是不涨不跌。可是如果你构建一个稳妥的组合，规避这样的风险，每年涨6%，2年之后就涨了12%。长期看，这个稳健的投资策略是稳步上涨的，因此最后会胜出。相反，在单个资产上下大赌注，容易导致回报率大起大落，长期回报率反而不高。第一讲我们讲解回报率的时候，强调了长期稳健的重要性。分散投资，不在一个资产上下重注，是实现长期稳健的重要手段。反过来，想一夜暴富，即便偶尔撞上了大运，下次很可能还会赔回去，最后还是竹篮打水一场空。

这个“竹篮打水一场空”，很多人可能一下子接受不了。因为这个危害很大，我再展开解释一下。重仓中石油，想一夜暴富的心理，其实相当于赌博，可能赌对，也可能赌错。我想说的是，投资不是赌博，赌博偶尔会赢，可是最后总会输。你见过哪个人靠赌博发财致富吗？不管你之前赢多少，如果你不离开赌桌，最后都会赔回去。

投资和赌博的区别，在于投资靠时间来实现收益，是做时间的朋友。而赌博靠运气，想在短时间内暴富，是做时间的敌人，最终会输光。

所以，我们讨论买多少的问题，不是讨论在单个资产上花多少钱，而是在投资组合中各个资产上配置多少比例，强调的是统筹决策，构建稳健的投资组合，实现长期的收益。这里要避免的，是赌博心态。

- 投资组合三大目标 -

刚才我们讲解的是投资组合的概念，澄清了一些误解。为了进一步说清楚这个事情，我们来看一个具体的投资组合。比如说，你的一个好朋友，他 30 多岁，家庭环境也不错，收入稳定。他的一个可能的选择，是把 10% 的资金配置在安全、高流动性的资产上，保证日常的流动资金的需求；然后把 50% 的资金放在股票或者基金上，获得较高的收益，而且需要的时候几天之内可以变现，也不太耽误用钱；把剩下的 40% 放在房产上，获取长期收益。这样的配置当然因人而异，但是对于中产家庭，这个 10%、50%、40% 的配置大致是合理的，至少不能说不对。更详细的情况我们后面讲，我们先来解释一下，从配置原理的角度，你应该怎么样思考呢？

通过购买多种资产，分散配置你的资金，你要同时达到三个目标。

目标一：保持流动性

在刚才的例子中，你的好朋友把 10% 的资金配置在货币基金上，就是这个目的。这 10% 的流动资金，不仅是要对付看得见的日常开销，还要对付一些看不见的日常开销。这里需要避免的一个错误，是流动资金太少，要用钱的时候腾挪不过来。

举个例子。你可能看好一只股票，觉得回报会很高，风险也不大。我们假定你的判断是对的。这时候，你仍然应该保留足够的流动资金，避免现金流过于紧张。为什么？因为即便你看对了，这只股票的价格会大幅上涨，但是，你依然不知道这个价格上涨什么时候会发生，可能很快发生，也可能等很久才发生。而且，上涨之前还可能下跌。这样的话，即便你的判断是对的，你在获得收益之前也可能发生账面损失。假如不巧你需要用钱，怎么办呢？只能卖股票，可是卖股票的话会遭受损失，甚至遭受很大的损失，这个损失就是因为你没有保持足够的流动性。所以说，你还是要留足现金，保持足够的流动性，避免这样的情况发生。

为了说明这类很大的损失，我们来看一个例子。贵州茅台是A股市场的一只明星股票，很多基金经理的业绩都不如贵州茅台的涨幅。所以，“与其买基金，不如买茅台”，是A股市场上常说的一句话。但是，即便这种说法是对的，也不能全仓杀入。

比如说，大家都知道贵州茅台股票在2016—2017年涨势惊人，股价从200元左右涨到了700元。假设你这时候做了很多研究，看了很多报告，看好贵州茅台的长期股价。比如说，中国酒文化太深入人心了，不可能改变。而且，茅台酒的品质独一无二，很多喝酒的人知道一句话，“中国的白酒有两种，茅台和其他”，茅台酒的地位可见一斑。通盘考虑之后，你决定买入贵州茅台，可是即便如此，你也要留足现金。不然的话，可能会损失惨重。比如你在2017年底重仓贵州茅台，这个决策长期看是对的，2019年底贵州茅台股价已经涨到1 100多元了，你的回报率已经超过50%了。

可是获得这个回报率的前提，是你持股贵州茅台不动。如果你中间需要用钱，又没有流动性，只能卖股票，可能是赔钱的。比如，如果你在 2018 年底卖了贵州茅台股票，可能是赔钱的，那时候贵州茅台的股价只有 550 元左右，你赔了 20%。这样的情况是你要尽力避免的，避免的方法是配置足够的现金类资产，保持流动性。保持流动性的基本原理是让自己有足够的时间等待资产升值，这样才能做时间的朋友。

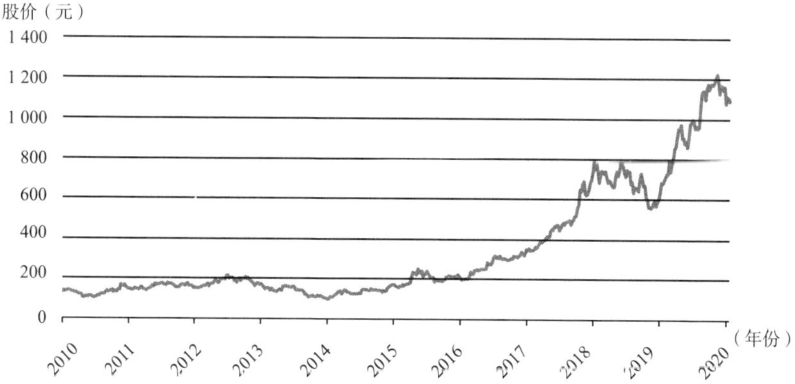

图 3–1 贵州茅台股价走势

目标二：分散风险

构建投资组合的第二个目标，是尽量分散风险。分散风险的准确表达，不是不承担风险，而是不承担不必要的风险。怎么理解呢？你既然买了风险资产，就会承担风险，完全不承担风险是不可能的。但是尽管如此，你依然可以少承担风险，没必要的风险不要承担。

比如说，你看好科技股，这个判断可能是对的，目前正处在第四次科技革命的开端，很多科技类上市公司可能有很大的机会。但是如果你只买一两只科技股，就可能错了。为什么呢？因为你承担了不必要的风险。也就是说，尽管科技类股票整体有很大的机会，但是你选中的科技公司不一定表现很好。比如产品研发不一定顺利，签合同可能被骗，领导层可能贪污，还可能内讧，等等。这些都会影响一家公司的运营，都是你不必要承担的风险。

怎么办呢？你可以买一个科技类的 ETF[①]，就是买一篮子的科技类股票，买卖 ETF 的操作和买卖股票完全一样，但因为是一篮子股票，所以单个公司的风险就被分散掉了。为什么会被分散掉？因为即便某一家不太好，可是因为占比小，不影响你的总体收益。而且还有几家公司可能超出预期地好，这样有的好，有的不太好，总体得到的就是行业的平均收益。通过买行业 ETF，你就可以获得这个行业的平均收益。

目标三：优化收益

构建投资组合的第三个原则，是优化收益。刚才的例子中，我们配置了 50% 的资金在股票、基金上，另外配置了 40% 的资金在房产上。相对于安全资产，这些资产的收益率高很多。从长期历史数据上看，安全资产的收益率只有 2%~3%，股票、基金、房产的收益率会高很多。经过认真学习、谨慎操作，你可以达到较高的而且稳健的收益。即便不是专家，做到 6%~8% 的收益也是不难的。经过努力，10% 以上的收益也是可以实现的。这不会让你一夜暴富，但是会让你成为时间的朋友，慢慢变富。你需要记住的是，在保持流动

---

① ETF，全称叫作 Exchange Traded Fund，中文是“交易所买卖基金”，是一个非常好的投资工具，买卖的方法和股票一样，非常简单方便。

性的前提下，把资产稳妥配置在较高收益的资产上，有助于提高你的长期收益。

本讲重点

第一，买多少的问题不是在单一资产上花多少钱的问题，而是投资组合中各个资产占多大比重的问题，是投资组合的问题。

第二，构建投资组合要兼顾三个目标：保持流动性，分散风险，优化收益。一句话概括，就是在保持流动性的前提下，通过分散风险，获得稳健、较高的收益。

第三，投资和赌博的区别在于，投资是做时间的朋友，赌博是做时间的敌人。学会了“买多少”这个看起来简单的问题，你就可以做时间的朋友，随着时间慢慢变富。否则，你在不自觉当中可能就做了时间的敌人。

思考

本讲我们讲了买多少的问题，重点是帮助你理解“投资组合”的概念，建立投资组合的思维方式。（1）目前正在投资的同学，可以看一下自己的持仓，看有没有过于重仓某些股票，导致组合不够稳健。（2）目前没有投资的同学，可以想一下，如果要建仓，大致买多少只股票，应该如何分配资金比例？

第四讲

投资三大决策（三）：何时买?

前面两讲里，我讲了投资三大决策的第一个和第二个决策，分别是买什么和买多少。相信通过前面几讲的学习，你已经发现了，看起来简单的概念，很容易产生很多的误解。通过去除这些误解，你已经可以避免很多错误。

接下来，我们来看投资三大决策的最后一个决策：何时买?

“何时买”的问题，是投资里最难决策的一个问题，对投资业绩的影响也很大。我给你举个例子。很多人都听说过一句话，说投资A股不赚钱；你也可能听说过很多朋友买股票赔钱的事情；或者熬了多年，终于解套，金盆洗手，再也不碰股票的事情。

那么，投资A股真的不赚钱吗？其实这是一个流行的误解。比如说，你可能听过一个故事，说是2007年10月到2019年10月，上证指数从6 000点左右跌到3 000点左右，12年的时间不仅没涨，还跌了一半，所以投资A股不赚钱，不仅不赚钱，还赔钱。

但是呢，如果你换个角度，从上证指数开始编制的时候算，也就是从1990年12月19日开始算，那时候上证指数是100点，现在是3 000点左右，是原来的30倍，折合每年上涨13%。也就是你1990年买一个大盘指数放着，然后就不管了，现在就涨了30倍。这样看，怎么能说投资A股不赚钱呢?

你看，这两个例子，都是基于真实数据，一个说投资A股赔很多钱，另一个说投资 A 股赚很多钱，结论是完全相反的。这里面的问题，就是“何时买”的问题。如果你买在 2007 年 10 月，买在历史的高点上，是不赚钱的。如果你 1990 年就开始买，那么会赚很多钱。事实上，只要避开 2007 年和 2015 年两次明显的泡沫，你在股市上大概率是赚钱的。这个例子告诉我们，何时买真的很重要。

不仅何时买重要，何时卖也很重要。股市上有一句话，叫作“会买的不如会卖的”，讲的就是在恰当时机退出也很重要。比如说 2014—2015 年那一轮牛市，半年时间股指从 2 000 点涨到 4 000 多点，这时候如果卖出，挣了一倍以上，其实不少了。但是挡不住贪婪，很多人不愿意卖，不少人最后不仅没赚钱还赔了钱。为什么赔钱呢？因为买的比较晚，3 000 多点才买，后来又迟迟不卖，导致利润赔光，最后还赔了本金。这个例子说的也是买卖时机的重要性。买在泡沫顶端，或者迟迟不卖出止损，都是买卖时机的问题。

何时买、何时卖的问题，有一个专有名词，叫作投资择时。投资择时，是三大决策里面最难的，做对了可以大幅提高你的投资回报，但是非常难以掌握。投资是做自己懂的事情，不懂的时候不做，懂的时候再做。弄清楚基本原理，你就可以掌握一些基本操作技巧，提高投资收益。

我通过一个例子，讲一下投资择时的基本原理，后面再介绍一些简单的、实用的操作办法。下面的内容有一点点难，你需要仔细看，多看两遍。

关于投资择时，有一个叫作“美林时钟”的理论，是美林银行在 2004 年首先提出来的，是投资择时的基本理论。这个理论的基本思想很简单，就是根据经济学原理和历史经验，把资金在大类资产中进行轮换配置，预计哪一类资产价格上涨，就开始配置这一类资产。

具体一点说，这个理论把资产分为4类，分别是债券、股票、大宗商品和现金。然后，相应地，我们把经济运行周期也分为4个阶段，分别是低迷（刺激）、复苏、过热（紧缩）、滞胀。根据这个理论，这4类资产分别在这4个时期表现最好。展开来说，就是债券在经济低迷阶段表现最好，股票在经济复苏阶段表现最好，大宗商品在经济过热阶段表现最好，现金类资产在经济滞胀阶段表现最好（图4–1）。

为什么会这样呢？这是经济政策的内在逻辑决定的。比如说在低迷阶段，这时候的经济政策大概率是要刺激经济的。至于怎么刺激，方法虽然很多，但是离不开增加货币发行这一条，通俗地说就是印票子。这些票子印出来，去哪里呢？要知道这时候经济形势不好，拿到钱的人不敢随便投资，会等等看。可是钱不能一直在手里放着，怎么办呢？答案是买安全资产，最安全的资产就是国债，这时候最可能上涨的资产也是国债，然后是高等级的、安全的债券。

等刺激政策进行了一段时间，这时候经济也差不多触底了，最坏的时候差不多过去了，企业的经营状况也开始改善了。这时候什么资产开始涨？大概率是股票，因为企业经营状况改善了，销售回暖了，日子好过了。而且，这时候还有一个好处，就是经济增长企稳回升了，但是通货膨胀还没有起来，也就是企业的产品好卖了，但是成本还没开始涨，这是企业比较舒服的时候，利润增长很快。所以，这时候投资股票最好。

然后通胀就开始了，物价水平开始普遍上涨。通胀起来买什么呢？这个答案也简单，买可以买的、价格上涨最快的东西，这种东西叫作大宗商品，就是石油、铁矿石等。这时候，企业经营状况好，都在拼命扩大产能、占领市场。这就不可避免地要增加对投入品的争夺，对原材料的争夺。因为很多原材料的产能比较固定，短期内很难增加，很多企业来买，可产能就这么多，于是价格就大幅上涨。这时候，大宗商品的价格涨幅最快。

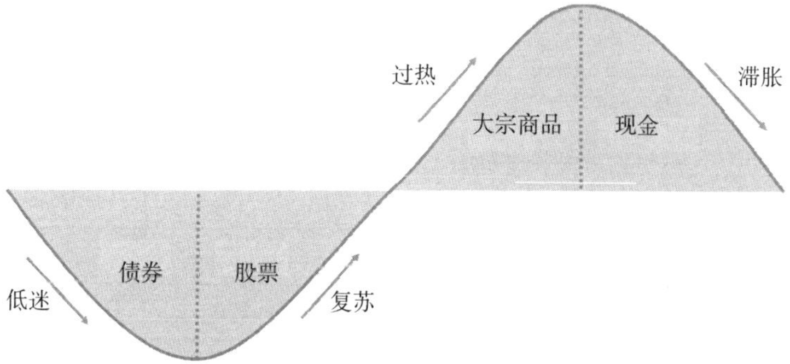

图 4–1　美林时钟理论的经济运行周期

然后，我想你已经猜到了，通货膨胀起来了，政府就不能坐视不管，就要宏观调控。宏观调控就是压缩财政支出，收缩货币发行，让通胀慢慢回落。这时候买什么呢？你仔细梳理一下，会发现买什么都不安全。

第一，宏观紧缩，债券肯定不能买了。货币政策紧了，票子少了，首先就影响债券，债券价格有可能是下跌的。

第二，经济滞胀，股票也不能买了。这时候经济增速下行，上市公司的利润增速是下降的，而且通胀上升，成本上涨，会加剧利润下滑。加上前期股价可能涨速过快，透支了利润增长，股价可能开始回调。

第三，大宗商品风险比较大，因为政策收缩，需求快速下降，大宗商品价格也面临下行风险。

债券、股票、大宗商品风险都很大，这时候最稳健的投资就是不投资，更准确地说是拿着现金等待机会，虽然没有回报，但是在风险很大的情况下，安全第一（见表 4–1）。

表 4–1　美林时钟四个阶段

	经济周期阶段			
	低迷（刺激）	复苏	过热（紧缩）	滞胀
经济增速	低	回升	高	回落
通货膨胀	低	低	高	高
政策特征	刺激	—	紧缩	—
资产选择	债券	股票	大宗商品	现金

刚才讲的，是美林时钟的基本原理。为了进一步理解这个原理，我们来举一个例子。我们都知道 2018 年的时候，我国的经济增长率下行得很厉害。这时候应该买什么？根据美林时钟理论，应该买债券，因为这时候货币不可能进一步收紧，只能是慢慢放松的。实际上，2018 年利率的确是慢慢下行的，10 年期国债利率从 4% 左右下降到 3% 左右。如果你买债券，应该赚了不少。比如你买 10 年期国债，利率下降 1 个点，你的回报率大概是 10%。如果你借助国债期货加一点杠杆，回报率还会更高。

本讲重点

关于“何时买”的问题，也就是投资择时问题，要记住3个要点。

1. 何时买的问题，对投资业绩影响非常大。比如，长期看投资A股是赚钱的，但是买在泡沫顶部就不仅不赚钱，还赔钱。

2. 投资择时的基本思路，是根据经济理论、历史经验、政策逻辑，预判资产价格的涨跌，事先买入将会上涨的资产。

3. 投资择时的一个基本分析框架，是美林时钟理论，这个理论根据经济周期和政策变化，预判债券、股票、大宗商品的价格变化。

思考

美林时钟理论有一点复杂，加深理解的办法之一，是对照中国的经济周期进行理解。你可以选择一个年份，2019年或者你印象深刻的其他年份，分析一下其处于经济周期的哪个阶段，经济政策是扩张还是收缩，然后对照看人类资产的表现与美林时钟理论预测是否一致。要特别提示的是，美林时钟是一个大致的理论框架，不一定能完美解释每一次经济和资产价格周期，要活学活用。

第五讲

投资修行的三重境界

前面四讲，我讲了如何正确认识投资回报率，以及投资的三大决策，分别是“买什么”、“买多少”和“何时买”。这几讲的目的，是帮你澄清模糊的认识，理清基本的概念，树立正确的投资框架，告别盲人摸象的阶段。

打个比方的话，这几讲相当于武侠小说中的内功。没有内功根基的人，是练不了上乘武功的，练了也容易走火入魔。

在关于投资原理的最后一讲，我们来讨论一个至关重要的决策：投资这件事，你应该积极主动，还是消极被动？换句话说，是应该各方面搜集信息，自己做三大决策，决定“买什么”、“买多少”和“何时买”，还是应该买个大盘指数，获取大盘平均回报？

在今天的金融市场上，有很多代表大盘平均回报的指数基金，买这些基金和买股票的操作是一样的，非常简单。如果你从 1990 年就开始买上证指数，每年的回报有 13% 左右，其实很不错。对于一个不愿意折腾的投资者，其实就可以买这些指数基金，获得大盘平均回报，管理费还非常低。

既然如此，为什么还有那么多人亲力亲为，夜以继日地搜集信息、看报表，去自己炒股呢？

这个问题看起来简单，其实是一个灵魂拷问。显然，很多人不信邪，觉得自己能跑赢大盘。而现实中，很多散户不仅跑不赢大盘，还会赔钱，能跑赢大盘的是少数人。

在展开分析之前，我先给你讲一个真实的故事。过去这些年，每年秋季，我都在北京大学给本科生讲投资课，第一堂课都讲一些基本原理，讲投资能干什么、不能干什么，特别强调投资中的风险。第一堂课的最后，我都会说：对于大多数人而言，甚至对于超过99.99%的人而言，不要去折腾，就买一个大盘指数基金就好。虽然我每年都这么说，还是挡不住很多人不信邪，拿自己的真金白银在金融市场里折腾。

不仅如此，还有学生来问我：老师，我知道你为我们好，怕我们赔钱，可是如果这样，我还来学你的投资课干什么？

这个看起来像悖论一样的问题是一个非常好的问题。这种悖论性质的问题，比较有挑战，经常能逼出一个好答案来。我的回答是："你学我的投资课，是为了知道自己能干什么、不能干什么；不是为了折腾，而是为了不折腾；是为了让自己有足够的智慧，管住自己的折腾之手。在这样的认知基础上，你才有可能慢慢拓展自己的认知边界。随着认知边界的拓展，你就可以慢慢做一点主动的资产配置了。"

这个道理说起来有点绕，换种表达可能会更清楚一点。我把一个人的投资修行分为三个阶段。

投资修行第一阶段：一无所知

当一个人投资知识很少，只知道一鳞片爪，甚至只知道皮毛、似懂非懂的时候，是不应该积极主动去操作的。这时候应该消极被动，而且应该主要买指数基金，买安全资产，这样至少不赔钱。这时候如果积极主动，其实就是无知者无畏，和赌博差不多，即便偶尔赚钱，最后赔钱也是在所难免的。

这里面有个难点，就是处于这个阶段的人，往往不知道自己不知道。无知者无畏，乱操作的概率很大。市场上很多“韭菜”，都处于这个阶段。这个阶段最可怕的是自己不知道，却以为自己知道。简单说，就是不知道自己不知道。

投资修行第二阶段：学然后知不足

当学了一些投资知识，对金融市场有了一定的理解之后，你会发现自己不懂的更多。这时候，你是不需要别人告诉你不要乱动的，因为你已经知道不要乱动了。这时候，你已经不需要别人给你提示风险，还会给别人提示风险。“投资有风险，入市需谨慎”这些话，你会发自潜意识地给别人讲。你对金融市场有了足够的理解之后，就有了足够的判断力，不会轻举妄动了。

举个例子。假设某一天你看新闻，看到一条消息，说某公司关键技术取得突破，市场潜力巨大。这时候，没经验的新手可能立即跳起来，坐到电脑前，搜集各种消息，阅读很多报告，发现一片唱多的声音，都说这只股票好。于是，有的新手可能就忍不住了，出手买入这个公司的股票。

而有足够知识储备的人，是不会这么干的。你需要问一些问题：这真的是新闻吗，还是旧闻？市场上有多少人已经提前知道，并早已买入了？现在的股价是否已经反映了这个消息？即便这个新闻是真的，但是从技术到形成产能、实现利润，要多长时间，中间会不会有大幅的市场波动？问了这些问题之后，你回去看看历史股价，可能发现股价早已经开始涨了，很大可能已经反映了这个消息。

即便这条消息是真的，而且股价还没有反映这个消息，有经验的投资者也不会着急买入。为什么？因为决定资产价格的，是各方面因素，单凭一方面的信息，是无法做出判断的。我在操作股票的过程中，有一条简单的纪律，不研究半年以上的股票，是不买的。我知道自己这样会错过一些机会，可是也避开了很多风险。投资不是赌博，稳健永远是第一位的。如果这句话强调得不够，我再加一句：投资有三件事很重要，分别是稳健、稳健，还是稳健！

投资修行第三阶段：知之为知之，不知为不知

随着投资知识的增长，你不仅知道自己知道什么，还知道自己不知道什么；不仅知道自己知道什么，也知道市场已经知道什么。这时候，你对自己的认知边界有了理性的、清醒的认识。

这时候，你会根据自己的知识储备去做资产配置，也会根据市场情况做一些调整。这时候，你的操作往往是很简单的，而且是事半功倍的。这时候，你有可能抓住一些机会，获得超过大盘的回报率。

从长期看，你的投资回报是由你的认知边界决定的。在你的认知边界里，你可以获得可观的回报。一旦超出你的认知边界，你就会成为被收割的“韭菜”。

说到这里，你可能会问：我学习这门投资课，能够达到什么目标、什么境界？我的回答是：先达到第二阶段，再慢慢达到第三阶段。达到第二阶段，你至少可以少赔钱，至少可以获得和大盘一样的收益率，这个收益率不低。然后，在此基础上，慢慢向第三阶段迈进。

表 5-1 投资修行三重境界

境界	建议
一无所知	被动投资
学然后知不足	被动投资
知之为知之，不知为不知	谋定后动

需要强调的是，欲速则不达，投资修行没有速成的办法。人世间很多所谓捷径，都会让你迷失方向。第二阶段的修行，可能需要很长的一段时间，可能需要好几年，甚至更长的时间。那么，在此期间，你是不是就完全没有办法，只能买一个大盘指数呢？也不完全是这样。你如果做了足够的功课，还是有一些办法获得超额收益的。

第一，你可以适当配置一些积极进取的基金。大盘指数也分好几类，你可以在其中进行选择。在 A 股市场上，有超大盘的上证 50 指数，还有大盘的沪深 300 指数，还有代表中小盘的中证 500 指数、创业板指数。一般来说，小盘股指数的收益会超过大盘。

另外，还有一些行业指数。你可以做一点功课，在指数中进行挑选，获得超过大盘的收益。在未来一段时间里，我也会在我的公众号上，告诉你我对指数的偏好，作为你选择指数的参考。

第二，你可以挑选一些业界较好的主动管理的基金。在表 5–2 中，我列出了一些 2010 年以来表现较好的基金。你可以看到，这些基金成立都在 5 年以上，规模都在 10 亿元以上，每年的回报率都在 17% 以上。这些都是规模较大、回报率较高，而且经受过时间考验的基金。

作为比较，我们看一下2010—2019年这10年间大盘的表现：上证指数每年跌0.72%，沪深300指数每年增长1.37%（考虑分红3.41%），中证500指数每年增长1.62%（考虑分红2.48%）。[①] 所以，让这些基金经理帮你打工，你不需要亲力亲为，就可以获得比大盘高很多的收益。后面，我会进一步讲解如何挑选基金。

这里我要强调一下，我列这个表，不是让你一定要挑选这些基金。而是说选对了基金之后，回报率可以明显比大盘指数高很多。

表5-2 一些业绩较好的公募基金业绩（2010—2019年）

证券代码	证券简称	年化回报率（%）	基金规模（亿元）	成立年限
150199.OF	国泰国证食品饮料B	37.58	25.1	5.2
000619.OF	东方红产业升级	27.18	76.2	5.6
000083.OF	汇添富消费行业	26.26	74.8	6.7
169101.OF	东方红睿丰	25.73	95.1	5.3
180031.OF	银华中小盘精选	24.98	43.6	7.6
163412.OF	兴全轻资产	24.54	54.3	7.8
040035.OF	华安逆向策略	23.78	12.2	7.4
160222.OF	国泰国证食品饮料	23.77	25.1	5.2
000751.OF	嘉实新兴产业	23.48	12.8	5.3
519736.OF	交银新成长	23.40	33.9	5.7
519732.OF	交银定期支付双息平衡	23.31	16.6	6.3
000251.OF	工银瑞信金融地产	23.19	40.5	6.4

① 这里的回报率都是几何平均回报率，可以复利累加。上证指数回报率没有考虑股票分红，考虑之后略微高一点。

（续表）

证券代码	证券简称	年化回报率（%）	基金规模（亿元）	成立年限
000824.OF	圆信永丰双红利 A	22.54	15.7	5.1
000577.OF	安信价值精选	22.42	34.8	5.7
000595.OF	嘉实泰和	21.83	28.6	5.8
000566.OF	华泰柏瑞创新升级	21.57	11.0	5.7
163415.OF	兴全商业模式优选	20.65	26.4	7.1
590008.OF	中邮战略新兴产业	20.51	24.8	7.6
000742.OF	国泰新经济	20.50	35.1	5.3
000652.OF	博时裕隆	20.48	16.2	5.6
519712.OF	交银阿尔法	20.43	40.0	7.4
000527.OF	南方新优享 A	20.10	23.7	5.9
150017.OF	兴全合润分级 B	19.89	52.3	9.7
040025.OF	华安科技动力	19.49	13.6	8.1
000404.OF	易方达新兴成长	19.25	20.7	6.1
519156.OF	新华行业轮换配置 A	19.17	10.4	6.6
260116.OF	景顺长城核心竞争力 A	19.09	32.9	8.1
159928.OF	汇添富中证主要消费 ETF	18.99	32.1	6.4
070032.OF	嘉实优化红利	18.03	23.0	7.5
000480.OF	东方红新动力	17.98	33.9	5.9

注：本表挑选的是业绩排名前 30 的公募基金，要求成立年限至少 5 年，规模至少 10 亿元。如果基金成立于 2010 年以前，则计算 2010—2019 年这 10 年收益率。如果成立于 2010 年以后，则计算成立以来的收益率。表中数据为几何平均收益率，可以复利累加。

数据来源：Wind 资讯。本表数据已经更新至 2019 年底。

本讲重点

投资中我们是应该积极主动，还是消极被动？对于这个问题，没有绝对统一的答案，但还是可以总结几点。

1. 我把每个人的投资修行分为三个阶段，分别是一无所知、学然后知不足，以及知之为知之、不知为不知。

2. 绝大多数人处于第一阶段和第二阶段，这时候应该采取消极投资的策略，因为很难超过市场大盘的收益率，应该选择被动投资，就是买大盘指数。

3. 消极投资不等于完全不做选择，我们可以学习选择优秀的基金，获取稳健的、超过大盘的收益率。

4. 长时间的修行之后，随着对市场理解的加深，可以做一点主动管理。这不是折腾，是谋定而后动，而且往往是事半功倍的。

思考

本讲的一个重要知识点，是投资修行三重境界。你可以琢磨一下自己有多少投资经历，曾学习过多少投资知识，目前处于哪一个阶段。你也可以给自己设个小目标，打算花多长时间达到“知之为知之，不知为不知”的阶段，以及如何达到这个阶段。

本章小结

投资原理：投资修行的内功根基

投资原理是投资的基础，这几讲相当于武侠小说中的内功。没有内功根基的人，是练不了上乘武功的，练了也容易走火入魔。

学习完这几讲，你可能已经发现了，我讲述的视角有点不一样，其中一些观点和你之前接触过的可能也不太一样，有的地方甚至是相反的。你需要停顿一下，消化吸收。在每一章的小结中，我都会对本章内容画一下重点，便于你复习和继续学习。

投资原理一共分五讲，共 8 个要点。

1. 所谓投资回报率高，不是指某天某月某年的回报率高，而是长期累积的回报率高。偶尔的高回报，如果不能持续，并不能改变你的财富状况。

2. 高回报有三个基本原理，分别是稳健原理、几何原理、时间原理。

3. 稳健原理说的是不赔钱、少赔钱很重要；几何原理说的是算术均值是会骗人的，要用几何均值计算长期收益；时间原理说的是稳健的收益如果能长期维持，就会创造奇迹。时间原理被大科学家爱因斯坦称为人类的第八大奇迹。之所以这么说，是因为很少有人能克服自己的弱点，真正着眼于未来，着眼于长期。

4. 为了实现高回报，你需要做三大决策，我们称为投资的三大基本决策：买什么、买多少、何时买（表结 –1）。

表结 –1　投资三大基本决策

问题	答案
买什么?	投资工具
买多少?	投资组合
何时买?	投资择时

5. 投资的第一个基本决策是买什么，是资产选择的问题。从安全性、流动性两个基本属性的角度，我们把资产分为三类（表结 –2）。

第一类：安全、流动性好的资产。

第二类：不安全，但是流动性好的资产。

第三类：不安全，流动性也不好的资产。

表结 –2　投资三大基本决策

	性质	代表性资产
第一类	无风险、流动性高	存款、货币基金、国库券
第二类	有风险、流动性高	股票、基金、公司债券、期权、期货
第三类	有风险、流动性低	房子、古董、字画、钻石

上面的资产分类中，缺少一类资产，就是安全但是流动性低的资产。这类资产很少，能够想到的只有理财型保险。关于理财型保险，后面保险部分会专门讲。

上面的资产分类中，没有使用风险和收益的指标。风险和收益是资产的重要性质。然而，风险和收益不是我们认知资产的起点，而是认知资产的终点。风险和收益不是一成不变的，而是随时间变化的，我们以后会重点讲。

6. 投资的第二个基本决策是买多少。买多少不是在单个资产上花多少钱，而是如何合理分配资金，构建投资组合。从现在开始，你要放弃个股思维，建立投资组合思维。

投资组合思维有利于分散风险，实现稳健收益。这个思维的重要性，我用一句话概括就是：人都会犯错误，犯错误并不可怕，错了而不知道分散风险才可怕。我在讲课时曾经举过一个例子：48元买中石油并不可怕，48元全仓中石油才可怕。

构建投资组合要兼顾三个目标：保持流动性、分散风险、优化收益。一句话概括，就是在保持流动性的前提下，通过分散风险优化收益。

7. 投资的第三个基本决策是何时买。何时买是投资择时的问题，对投资业绩影响非常大。比如，长期看投资A股是赚钱的，但是买错了时机，或者卖错了时机，就不仅不赚钱，还赔钱。

投资择时的基本思路是根据经济周期、历史经验、政策逻辑，预判资产价格的涨跌，事先买入会上涨的资产。

投资择时的一个基本分析框架是美林时钟理论，这个理论根据经济周期和政策变化，预判债券、股票、大宗商品的价格变化。要注意的是，这是个分析框架，要活学活用，不能生搬硬套。

8. 在讲完投资三大基本决策之后，我们讨论了一个非常基本，但是至关重要的问题：投资中我们是应该积极主动，还是消极被动？换句话说，是应该各方面搜集信息，自己做三大决策，还是应该买大盘指数，获取平均回报？

对这个问题的回答，取决于投资修行的境界。我把每个人的投资修行分为三个阶段，从低到高分别是：一无所知，学然后知不足，以及知之为知之、不知为不知（表结–3）。

表结-3 投资修行三重境界

境界	建议
一无所知	被动投资
学然后知不足	被动投资
知之为知之，不知为不知	谋定后动

绝大多数人处于第一阶段和第二阶段，通过认真学习，不难达到第二阶段。处于这两个阶段的投资者，很难获取超过市场大盘的平均收益，因此应该采取消极投资的策略，就是买大盘指数。

消极投资不等于完全不做选择，我们可以合理配置资产，并且学习选择优秀的基金，获取稳健的、超过大盘的收益率。

长时间的修行之后，随着对市场理解的增加，你可以做一点主动管理，增加自己的投资回报。这不是折腾，是谋定而后动。

到现在，我们结束了投资原理部分的学习。这部分很重要，相当于万丈高楼的地基，这个地基不牢固，你的知识体系就没有基础，你的投资知识大厦就是建在沙滩上的，随时可能倒塌。现在，你已经开始对投资有一个整体认识，开始告别盲人摸象的阶段了。

但是，原理都有点抽象，一下子不能完全体会。接下来，我们进入具体金融工具的学习。通过学习金融工具具体的、细节的知识，加深对投资原理的理解。建议你在学习金融工具的时候，时常复习投资原理这几讲的内容。

第二章

股　票

第六讲

买股票，买的是什么？

投资工具部分的第一讲，我们讲最常见、最重要的一个工具，就是股票。关于股票，我们围绕六个问题展开。

第一，我们买股票，到底买的是什么？特别是有些公司根本不赢利，更没有分红，为什么还值那么多钱？股票到底怎么定价？

第二，如何判断股价的高低？有的股票很便宜，可不可以买？有的股票单价很高，为什么还一路上涨？到底怎么判断？

第三，市场上股票那么多，怎样快速把握市场情况？

第四，股票的价格涨涨跌跌，到底是由什么决定的？有哪些决定因素？

第五，投资A股到底赚不赚钱？不赚钱的话为什么那么多人在里面玩？

第六，什么样的股票回报率高？

我们先来看第一个问题，我们买股票，买的到底是什么？特别是A股市场有的公司没有赢利，更没有分红，为什么还那么贵？为了讲清楚这个问题，我把股票分为两类，分红的和不分红的。

分红的股票，原理相对简单。我们买一只股票，是看好这只股票能够带来的现金流。比如说，你以每股10元买一只股票，每年每股分红1元，十年之后，你就回本了（简单起见，这里不考虑贴现），以后的分红就全部是利润。如果每年每股分0.5元，20年回本，以后的分红也全部是利润。因此，你买的，其实是未来的所有分红。

你可能会说，现在哪里有公司有这么高的分红率？其实也不然，你可以看一下表 6–1。表 6–1 展示了 2016—2018 年 A 股上市公司分红率的分布。可以看到，上市公司的平均分红率超过 30%。这还不是最夸张的，分红最多的 10% 的公司，分红率超过 60%。现在 A 股有 3 000 多家上市公司，其中有 300 多家分红率在 60% 以上。所以说，A 股不分红这样的说法，和真实的数据并不符合。

表 6–1　A 股上市企业分红率情况（2016—2018 年）

	2016 年	2017 年	2018 年
上市公司数量	3 017	3 455	3 560
净利润为正公司数量	2 800	3 232	3 111
平均分红率（%）	31.54	31.52	35.85
10% 分位数	0	0	0
25% 分位数	10.73	11.23	10.66
中位数	25.32	27.38	27.01
75% 分位数	39.36	39.32	39.86
90% 分位数	61.85	61.63	65.47

注：计算分红率之前先剔除了该年度净利润为负值的公司，分红率等于公司年度累计分红总额除以年度归属母公司股东的净利润。截至本表制作时间（2019 年 11 月），2019 年的分红数据还没有公布，因此使用的是 2016—2018 年的数据。

数据来源：Wind 资讯。

实际上，你需要注意的不是那些不分红的公司，而是有些公司的分红率太高，高得有点不正常，需要看看到底是怎么回事。为了说明这种情况，我们专门整理了表 6–2，列举了这几年分红率最高的公司。整理表 6–2 的时候，我们做了筛选，只考虑利润为正且市值很大，在 100 亿元以上的大中型公司。小微企业的数据波动大，我们暂且不考虑。

表 6–2 百亿元以上市值公司分红率前三十（2016—2018 年）

2016 年		2017 年		2018 年	
证券简称	分红率（%）	证券简称	分红率（%）	证券简称	分红率（%）
恒生电子	337.76	中海油服	865.80	中海油服	471.75
中化国际	327.48	农产品	610.77	光大证券	446.25
焦作万方	303.06	雅戈尔	482.79	海油工程	277.10
京蓝科技	271.58	海正药业	355.86	兴业证券	247.39
中国神华	260.09	江铃汽车	329.45	华宝股份	209.54
龙蟒佰利	229.83	哈药股份	312.67	大唐发电	149.89
柘中股份	219.02	华映科技	269.88	南京证券	118.60
浙江永强	214.19	ST 银亿	176.08	国海证券	115.27
巨化股份	209.45	杰瑞股份	169.56	九鼎投资	112.88
振华重工	206.68	招商港口	168.57	华能国际	109.10
盘江股份	202.64	海南海药	149.77	长城证券	105.97
海特高新	185.63	九阳股份	144.32	美亚光电	105.65
盛达资源	178.78	中国联通	144.27	华泰证券	103.29
*ST 工新	172.59	海思科	126.07	梅花生物	102.28
哈药股份	161.23	金钼股份	120.31	西部证券	101.33
双汇发展	157.30	中国石化	118.42	吉比特	99.43

（续表）

2016年		2017年		2018年	
证券简称	分红率（%）	证券简称	分红率（%）	证券简称	分红率（%）
厦门钨业	147.15	重庆啤酒	117.52	双汇发展	97.35
冀中能源	144.83	中联重科	117.03	水井坊	96.28
通裕重工	144.17	大豪科技	114.53	重庆啤酒	95.84
飞科电器	142.07	陕鼓动力	105.36	重庆水务	94.55
红太阳	137.83	中国石油	104.39	中联重科	92.34
中国石油	137.43	搜于特	101.96	中南传媒	88.50
九牧王	135.86	安图生物	101.58	金钼股份	84.61
开山股份	129.40	宝钛股份	100.14	方大特钢	84.09
新华网	125.99	贵人鸟	99.90	泛海控股	83.73
重庆水务	125.83	依顿电子	99.22	恒力石化	82.85
海南海药	121.73	格力地产	98.99	圣农发展	82.33
西部矿业	119.39	际华集团	98.89	九阳股份	81.39
新华文轩	114.34	顺发恒业	98.57	中国石化	80.60
海思科	108.68	浙江美大	98.44	伟星新材	80.40

注：数据来源于Wind，计算分红率之前先剔除了该年度净利润为负值的公司，以及年底总市值小于100亿元的公司。

表6–2中很多公司的分红率很高，一些公司分红率甚至超过100%，也就是分红超过盈利。为什么会出现这种情况呢？总结一下，大概有三种情况。

第一种情况是企业暂时利润很少，但是为了维持分红的稳健性，依然保持一贯的分红水平。这种情况下，即便公司暂时现金不足，但是经营依然稳健，所以多分红是为了向市场表明，一切都在控制之中，无须惊慌。

比如中石油就做过这样的事情。由于较低的油价和天然气价格，中石油2016年比2015年净利润下降了近80%。但是中石油为了保持稳健的分红，在2016年动用了往年留存的未分配利润进行分红，从而分红率达到了137.43%。到2018年，公司利润有所改善，分母变大，分红率就回落了。

这样的情况在小公司中更常见。因为小公司业绩波动大，某一年的利润可能很低，但是公司往往会维持稳健的分红，用往年的留存利润进行分红。所以，遇到这种情况不需要感到奇怪，也不用担心。

表6-3 中石油近年分红情况

分红日期	归母净利润（万元）	现金分红总额（万元）	股利支付率	资本回报率	每股股利（元）
2018-12-31	5 258 500	3 272 415	62%	4.59%	0.18
2017-12-31	2 279 300	2 379 272	104%	2.69%	0.13
2016-12-31	790 000	1 085 680	137%	2.28%	0.06
2015-12-31	3 565 300	1 598 322	45%	3.13%	0.09
2014-12-31	10 717 300	4 822 785	45%	7.48%	0.26
2013-12-31	12 957 700	5 831 963	45%	9.37%	0.32
2012-12-31	11 532 300	5 189 742	45%	9.46%	0.28
2011-12-31	13 298 400	5 983 138	44%	11.53%	0.33
2010-12-31	13 987 100	6 299 582	45%	13.25%	0.34

（续表）

分红日期	归母净利润（万元）	现金分红总额（万元）	股利支付率	资本回报率	每股股利（元）
2009-12-31	10 317 300	4 652 393	45%	10.63%	0.25
2008-12-31	11 379 800	5 149 478	45%	14.38%	0.28
2007-12-31	13 457 400	2 870 867	21%	20.32%	0.16

第二种情况是公司前些年没怎么分红，有累积的未分配利润，今年因为某种原因，一次性给分了。这种情况有个经典例子：微软2004年的一次性大分红，号称商业史上最大的一次分红。

微软是当今世界市值最大的公司之一，其市值达到1万多亿美元。和很多新兴贵族不同，微软已经很有历史沉淀了。在20世纪90年代的互联网大潮中，微软就已经是当仁不让的王者。现在大家都离不开的Windows操作系统，就是微软的拳头产品，是那时候做出来的。

很多人不知道的是，这么一家牛气冲天的公司，上市17年不分红。微软1986年就上市了，直到2003年才第一次宣布分红，而且每股只有可怜的8美分。到2004年，多年吝啬的微软忽然宣布一次性大分红。

当时微软表示，将在未来4年内，以派发股息和股票回购的方式，向股东支付总计760亿美元的现金。具体来说，这个宏伟的分红计划包含三部分：微软于当年一次性向股东支付每股3美元的特别股利，总计320亿美元；未来4年，微软在2003年的基础上将股息提高一倍，总计发放140亿美元的现金股利；未来4年，累积回购300亿美元的股票。

为什么要发放这么多股利？因为微软多年盈利都很好，而且不分红，累积了大量现金。实施完这一计划后，微软账上仍有 390 亿美元的现金储备。说微软富可敌国，是不过分的。

微软分红这么慷慨，那它的股价表现如何？虽然公布分红方案后，微软股票应声大涨 3.7%，但遗憾的是之后好几年，表现持续疲软。一直到 2011 年，微软才重新找到发展方向，股价才开始上涨，微软也东山再起，成为当今世界总市值最高的几家公司之一（2019 年底的时候，微软市值 12 000 亿美元，仅次于苹果的 13 000 亿美元，位列世界第二）。

微软这个例子也从侧面说明，其实大量的分红不一定是好事情，而是要具体情况具体分析。有的时候，大量分红是因为没什么好的投资机会，预示着未来企业发展进入了一个平台期、瓶颈期，股价也会比较疲软。如果公司面临高增长，需要留存利润进行扩大投资，是不需要进行大规模分红的。否则分完了还要去融资，白白增加融资成本，很不划算。要知道，融资的成本很高，少说五六个百分点，多说十几个百分点，有时候甚至更高。分红之后再融资，是非常不合理的事情。

关于分红问题，以前我专门做过系统研究。具体而言，我比较过 A 股的分红率和美国纳斯达克市场的分红率，发现 A 股的平均分红率高于纳斯达克市场。为什么把 A 股和纳斯达克比？因为过去这些年，中国经济是高增长的，大部分公司的成长性都很高，和在纳斯达克上市的企业可比性很高。公司高成长的时候，不应该大规模分红，纳斯达克的公司也不分红。这就进一步说明，分红不分红真不能一概而论。

第三种情况是大股东可能需要钱，但是因为各种原因没法借钱，于是就向上市公司借钱，上市公司通过分红的方式把钱发给股东。因为大股东占比大，所以可以分到很多红，相当于把上市公司作为工具，变相借了钱。这就进一步说明，公司分不分红有很多原因，有的原因可能很复杂，不一定有利于中小股东。

比如说，2019 年 3 月 12 日晚间，华宝股份公布了 2018 年度利润分配预案，拟向全体股东每 10 股派发 40 元（含税）现金股利，共计派送现金约 24.64 亿元。这意味着什么？这个公司 2018 年净利润其实不到 12 亿元，分红率达到 200% 以上。而且半年以前，也就是 2018 年 6 月的时候，华宝股份还募资 6.5 亿元，补充流动资金。

那华宝股份为什么要在没有业绩支撑的情况下进行大手笔分红呢？公告中当然会有各种理由，我们不细说。但是有一个实际情况是，华宝股份的控股股东持有华宝股份大约 5 亿（4.995 亿）股，约占公司总股本的 81%。换言之，公司此次派送的 24.64 亿元现金，有 20 亿元都将分派给控股股东，而其他股东和散户仅能分得 4.6 亿元。

为什么控股股东要进行这样的分红呢？根据上市规则，控股股东和实际控制人从公司上市之日起三年内，不得转让股份，也就是不能套现。可上市规则没有明确说不能分红，于是这样大手笔的分红，实际上帮助控股股东套现近 20 亿元。

简单总结一下。我们买股票，首先买的是公司的分红，股票市场上很多公司都分红，而且很慷慨，但是分红不一定就是好事情，要具体情况具体分析。

说完了分红问题，我们再来说说不分红的问题。现实中，很多公司不分红，甚至没有利润，可是股价还是很高，这到底是为什么？

这里的经典例子是亚马逊。现在亚马逊的总市值是 8 800 多亿美元，位列全球第三，仅次于苹果和微软。它的股价高达 1 700 多美元，折合人民币 12 000 元左右，可见这只股票真的很贵。当然，这只股票不是一开始就这么贵，1997 年最低的时候只有 1.31 美元，22 年涨了 1 300 多倍，可谓是奇迹了。

亚马逊的风光无限，大家都看得到。很多人不知道的是，上市至今，22 年了，亚马逊从来没有分过红，一分钱都没有分过，但是这完全不影响亚马逊成为当今世界市值第三大的公司。

事实上，亚马逊不仅从来没有分红，甚至盈利也不多。亚马逊 1997 年上市，到 2004 年才开始赢利。之后利润虽然有所增加，但一直在几亿美元徘徊，有时候甚至是亏损的，比如 2014 年就是亏损的。直到 2016 年，亚马逊才实现 20 亿美元以上的利润。自 1997 年到 2018 年，亚马逊总共才赢利 200 多亿美元，而且其中有 101 亿美元是 2018 年获得的。这样的盈利数字，相对于其市值而言简直是少得可怜。

那亚马逊的钱都到哪里去了？要知道，亚马逊是美国最大的线上零售商和线上销售平台，有巨大的营业收入和现金流。比如说 2014 年，亚马逊的营业收入达到 890 亿美元，但依然是净亏损的。要知道，这些营业收入就是亚马逊得到的现金流，扣除成本以后都可以是利润。这么多钱去了哪里？

稍微梳理一下可以发现，亚马逊几乎每年都进行大规模的投资或者收购，比如大规模的研发，支出数十亿美元建仓库、服务器中心，购买视频内容，等等。有了这些投资，亚马逊才是当今最大的零售商、最大的云计算提供商，才有世界第三大的市值。

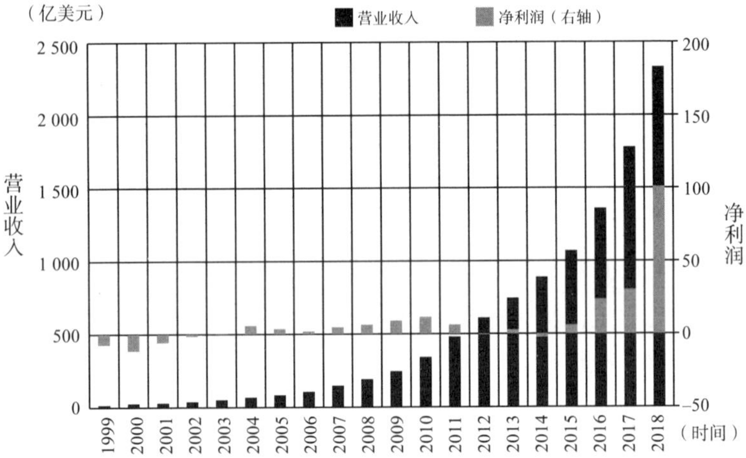

图 6–1　亚马逊营业收入和净利润（1999—2018 年）

因此可以说，亚马逊一直致力于花光赚到的每一分钱，用花光的钱赚更多的钱。也可以说，亚马逊是主动不赢利的。亚马逊不致力于当下的赢利、当前的分红只是一种表象，是一种战略选择。

有人这样评价亚马逊："在我看来，亚马逊是一家慈善机构，为用户利益在许多领域进行投资。"这个评价看起来有道理，但是不够深入。实际上，这些投资不仅是慈善，也为股东带来了巨大的回报。只是，这种回报不体现为盈利和分红，而是体现在股价上涨上，是 1 300 多倍的股价上涨。因为这样的上涨，亚马逊的创始人杰夫·贝佐斯（Jeff Bezos）连续三年蝉联全球首富（2017—2019 年），超过了比尔·盖茨（Bill Gates）和沃伦·巴菲特（Warren Buffet）。

所以，回报股东有两种办法，一种是分红，另一种是股价上涨。股价上涨是因为投资者看好公司的未来，大量的投资、研发可以带来市场份额、技术突破，可以成为未来的盈利和分红。这时候投资者买的不是现在的盈利和分红，而是未来的盈利和分红。或者说，投资者买的是期望，这种期望如果被市场认可，就会表现为股价上涨。

简单总结，我们买股票，买的可能是两种东西：一种是现金流，也就是现在的盈利和分红；另一种是期望，期望未来的盈利和分红，这时候的投资回报表现为股价上涨。

本讲重点

这一讲关于买股票买的是什么这个基本问题，可以概括成三句话。

1. 我们买股票，买的可能是两种东西：一种是现在的现金流，也就是盈利和分红；另一种是期望，也就是对未来盈利和分红的期望。

2. 公司分红不一定好，不分红不一定不好。一些公司，比如微软和亚马逊，很长时间都不分红。

3. 有很多投资机会的公司，不应该进行分红，而是应该抓住机会，投资增长。这时候分红，相当于割自己的肉喂给自己吃，因小失大。

思考

现实中，不管是分红的还是不分红的股票，都既有表现好的（回报率高），也有表现不好的。根据这两项可以把股票分成4类，分别是：分红、回报率高的，分红、回报率低的，不分红、回报率高的，不分红、回报率低的。你可以对照这个分类，从自己投资过、关注过的股票中，分别找一个典型代表，并想想为什么回报率高或者低。

第七讲

买“仙股”，是成仙，还是成佛？

本讲我们讨论的问题，是如何看一只股票贵不贵。买股票的时候不能贪便宜，看起来便宜的股票，最后可能很贵；看起来贵的股票，最后反而可能很便宜。

先转述一位同事的真实故事。他的发小向他推荐 只股票，说很便宜。为什么呢？因为这只股票的股价只有 1 元。

这句话乍听起来没毛病对不对？可是稍微一想毛病就来了。只卖 1 元就很便宜吗？卖几百元、几千元的就很贵吗？这个“便宜”和“贵”，是相对什么讲的呢？对这些问题的回答，便是这一讲的核心知识点。不过，在答案揭开之前，我们还是回到刚才的故事中。

这类价格在 1 到 2 元之间的股票，其实有一个专有的名字，叫作“1 元股”。我同事的发小向他推荐股票自然是好意，而我的同事也出于好意，建议他谨慎购买。

为什么呢？因为在我同事的印象中，大多 1 元股最终都会走向两种结局。第一种是被退市处理，原因可能有很多，比如财务指标不良、违法违规，或股价连续 20 个交易日低于面值等。而低于面值，就是跌破 1 元的意思，因为我国股票的发行面值都是 1 元。这些低于 1 元的股票，还有一个别称，叫作“仙股”。因此，跌破面值也叫“成仙”。很多 1 元股的命运就是成仙，然后很可能被退市。

第二种是“续命”保壳，也就是通过重组、补贴等措施，提高公司的业绩，从而保住上市公司资格。而在我同事看来，无论从哪一种结局来看，这只股票都不是理想之选。但发小依然坚信自己发现了“价值洼地”，大量买入。

在接下来的几个月中，这个公司陆续被曝出债务危机、报告造假、重组“罗生门”等不良事件，并受到证监会立案调查，以及深交所纪律处分。我同事发小“力荐”的这只1元股，一路跌至价格低于1元的“仙股”，最后因股价连续20个交易日低于面值而被迫退市。在其退市的最后一个交易日，股价仅有0.22元。发小虽中途撤离，但也损失惨重。回头看看，这个因为“便宜”而开始的故事，最终却以“贵”收尾了。对于他而言，这只1元股真的很贵。

这是个真实的故事，这只股票叫中弘股份，已经在2018年12月27日退市。

听完这个故事，我们来做三件事。

第一件事，上网搜一搜今天有哪些1元股和仙股。在我写这一部分内容时，也就是2019年11月1日，我搜了一下，当天一共有61只1元股、3只仙股。我做了一张表，表里给出了这些股票的名称、现价、市值、每股收益、历史最高股价，以及从最高价到现价的跌幅（表7–1）。

表7–1　A股市场上的仙股和1元股（2019年11月1日）

序号	证券简称	当前价（元）	总市值（亿元）	每股收益	历史最高价（元）	跌幅
1	印纪退	0.25	4.42	–0.71	27.79	99.10%
2	退市大控	0.38	5.56	–1.07	9.05	95.80%

（续表）

序号	证券简称	当前价（元）	总市值（亿元）	每股收益	历史最高价（元）	跌幅
3	*ST 华业	0.95	13.53	–7.97	24.08	96.05%
4	*ST 欧浦	1.04	10.98	–4.24	17.72	94.13%
5	ST 锐电	1.05	63.32	0.03	10.94	90.40%
6	*ST 鹏起	1.06	18.58	–2.33	17.6	93.98%
7	*ST 飞马	1.07	17.69	–1.76	17.17	93.77%
8	ST 天宝	1.1	8.43	–0.84	16.1	93.17%
9	*ST 九有	1.12	5.98	–0.52	13.34	91.60%
10	*ST 秋林	1.14	7.04	–7.01	17.32	93.42%
11	*ST 庞大	1.14	74.54	–1.21	8.36	86.36%
12	*ST 中安	1.16	14.88	–1.68	46.97	97.53%
13	ST 中南	1.17	16.48	–1.68	16.91	93.08%
14	*ST 信威	1.22	35.67	–6.13	67.98	98.21%
15	ST 银亿	1.23	49.54	–0.51	13.27	90.73%
16	*ST 节能	1.25	7.97	–1.13	8.5	85.29%
17	*ST 德豪	1.29	22.76	–0.59	3.5	63.14%
18	ST 慧业	1.3	18.44	0.01	17.17	92.43%
19	*ST 百特	1.31	9.77	–0.66	24.37	94.62%
20	*ST 利源	1.33	16.16	–3.99	3.76	64.63%
21	*ST 富控	1.37	7.89	–9.94	2.1	34.76%
22	包钢股份	1.37	624.5	0.05	4.57	70.02%
23	山东钢铁	1.43	156.5	0.02	2.15	33.49%
24	*ST 仁智	1.44	5.93	–1.48	7.29	80.25%

（续表）

序号	证券简称	当前价（元）	总市值（亿元）	每股收益	历史最高价（元）	跌幅
25	永泰能源	1.45	180.1	0.01	2.8	48.21%
26	*ST 东网	1.45	10.93	–0.59	8.49	82.92%
27	天广中茂	1.47	36.64	–0.35	3.46	57.51%
28	*ST 中孚	1.47	28.83	–1.19	3.5	58.00%
29	*ST 中捷	1.52	10.45	–0.44	3.9	61.03%
30	和邦生物	1.54	136.0	0.04	2.34	34.19%
31	坚瑞沃能	1.56	37.95	–1.49	2.67	41.57%
32	*ST 北讯	1.57	17.07	–2.18	13.45	88.33%
33	盛运环保	1.57	20.72	–2.62	3.11	49.52%
34	*ST 刚泰	1.6	23.82	–1.04	6.84	76.61%
35	梦舟股份	1.6	28.31	–0.76	3.16	49.37%
36	*ST 赫美	1.62	8.55	–3.38	21.41	92.43%
37	爱康科技	1.64	73.62	0.01	2.77	40.79%
38	*ST 莲花	1.64	17.42	–0.13	2.58	36.43%
39	*ST 华源	1.66	32.65	–0.23	2.88	42.36%
40	奥特佳	1.7	53.23	–0.12	3.18	46.54%
41	*ST 瑞德	1.71	20.99	–2.29	6.13	72.10%
42	*ST 工新	1.71	17.69	–4.31	3.13	45.37%
43	海航控股	1.73	290.7	–0.24	2.55	32.16%
44	*ST 中绒	1.75	31.59	–1.74	2.55	31.37%
45	*ST 金山	1.76	25.92	–0.23	2.98	40.94%
46	中珠医疗	1.76	35.07	–0.98	3.75	53.07%
47	*ST 海马	1.77	29.11	–0.83	11.42	84.50%

（续表）

序号	证券简称	当前价（元）	总市值（亿元）	每股收益	历史最高价（元）	跌幅
48	ST 新光	1.78	32.54	–0.33	3.9	54.36%
49	大康农业	1.78	97.64	–0.12	2.31	22.94%
50	重庆钢铁	1.79	159.6	0.12	2.42	26.03%
51	通裕重工	1.79	58.49	0.07	2.52	28.97%
52	*ST 高升	1.83	19.38	–2.16	6.67	72.56%
53	怡球资源	1.84	37.27	0.03	3.16	41.77%
54	ST 东电	1.85	16.16	–0.02	3.36	44.94%
55	金洲慈航	1.87	39.71	–2.38	4.08	54.17%
56	ST 天润	1.87	28.66	–0.2	5.15	63.69%
57	酒钢宏兴	1.87	117.1	0.2	2.63	28.90%
58	神雾环保	1.89	19.09	–2.21	5.06	62.65%
59	美都能源	1.89	67.60	–0.41	4.94	61.74%
60	*ST 天马	1.91	22.69	–0.83	3.78	49.47%
61	*ST 游久	1.92	15.99	–1.11	5.76	66.67%
62	*ST 津滨	1.92	31.05	–0.08	3.61	46.81%
63	ST 天成	1.96	9.98	–0.27	5.89	66.72%
64	*ST 新海	1.98	27.22	–0.81	6.94	71.47%

第二件事，我们仔细看看这张表，问一下这个问题：这些股票为什么这么便宜？很多股票以前也是很贵的，这中间发生了什么？比如说 ST 信威，最贵的时候有 67.98 元，现在只剩下 1.22 元，跌幅达到了 98.21%。一只股票跌了这么多，一定是发生了某种很不好的事情。

表 7–1 中的所有股票，都有辉煌的过去，也有不堪回首的经历。综合起来看，这些股票这么便宜，往往是因为某种原因经营不善，而且很难扭转。股价便宜本身，是基本面不健康的反映。

有一句话是这么说的：厨房里不可能只有一只蟑螂，你看到了一只，后面就会跟着很多只。既然这些股票已经暴发了问题，想彻底改善，是很难的。

第三件事，我们来想一想，这些股票未来会怎样？你可能已经注意到，表 7–1 中很多股票前面都有“ST”或者“*ST”的标志，有这两个标志的股票占到了 2/3，只有 1/3 没有。

这个标志是什么意思呢？ ST 是英文 Special Treatment 的缩写，意思是特别处理。前面有 ST，是说这只股票经营不善，已经被特别处理；而如果前面有 *ST，是指连续 3 年亏损，已经被警示退市风险。也就是说，这张表有近 2/3 的股票，已经被特别处理，甚至被警示退市风险。

所以，这些股票虽然便宜，但是风险很大。其中最便宜的只有 0.25 元，买一手 100 股，只需要 25 元，真的很便宜。做个比较，现在猪肉很贵，一斤要 30 元，买一手这样的股票，还不到一斤猪肉的价钱。可是呢，这样的股票更像“注水肉”，过几天之后风干了，可能只剩薄薄一片了。到那时候，可谓是“千里孤坟，无处话凄凉”了。

前面我们说的是“低价股未必便宜”。那么反过来，高价股票一定“昂贵”吗？

举一个大家耳熟能详的例子，贵州茅台的股价一直很高。2018 年夏天，也就是我同事的发小向他推荐 1 元股的那会儿，茅台的股价在700元左右，一手要7万元。一些特别小的散户，比如拿着2万~3万元练手的大学生，连1手茅台股票都买不起。看起来，茅台股票是很贵。可是，后来茅台的股价不跌反涨，1年时间涨了70%，到2019年11月1日已经涨到了1 200元左右（1 181元），是A股市场上唯一的千元股。回头看，那些在一年前每股花700元买茅台股的人，究竟是买贵了，还是便宜了？看起来，这个以“贵”开始的故事，反而是以“便宜”结束的。

实际上，很多业绩很好的股票，因为长期上涨，都会很贵。比如我们上一讲讲的亚马逊，每股股价1 700美元左右，相当于人民币12 000元。还有因为在上海建厂而引起关注的特斯拉，每股股价也很贵，涨到了800多美元。这几个例子说明，股票之所以贵，是因为涨得多。涨得多是因为业绩好，或者被市场看好。从这个角度看，这些股票反而不贵了。

因为茅台的股价贵，市场上还有一个热火朝天的讨论，就是茅台该不该拆股。所谓拆股，就是把单价较高的股票分拆，比如把1股10元的股票拆成10股1元的股票。对于茅台而言，一股1 000多元太贵了，每一股拆成10股，变成每股100多元就很便宜，更多人可以买得起。对于上市公司而言，拆股后，股东权益不变，公司的总市值也不变。对于投资者而言，单价便宜了，能够给予更多散户参与交易的机会。

对于茅台来说，拆股有没有必要？一些人认为有必要。因为拆股一方面可以照顾中小投资者，增加流动性；另一方面也能彰显公司管理层对于后市股价的信心，吸引更多的投资者。这样一来，股价就有动力继续上涨。

另外一些国内投资者则认为，拆股只是二级市场的炒作行为，不能改变股价基本面。未来，茅台股的价值还会不断增长，没有必要为了讨好市场进行拆股。

的确，一手茅台股票要几十万元，已经超出了许多人的购买能力。不过，在美股市场上，至少有 200 家以上的企业股价高于茅台股价，其中包括网易、阿里巴巴等中概股[①]。更不用说世界上最贵的股票——股神巴菲特的伯克希尔–哈撒韦，目前股价高达 32 万美元左右。如果放在 A 股市场，一手就需要 3 200 万美元，约 2.2 亿元人民币。这一手，不仅超过了 A 股绝大多数散户的购买能力，甚至超过了很多基金的购买能力。值得庆幸的是，美股市场上交易单位为 1 股，而不是 100 股，而且伯克希尔–哈撒韦有 B 股，每股 B 股只相当于 A 股的 1/1 500，目前的价格在 210 多美元，虽然还是很贵，但是已经在很多人的购买范围之内了。看起来，太贵的股票拆股还是有必要的。不然，太多人买不起也不太好。

讨论到最后，我们用一个追问来总结：拆股真会让茅台变便宜吗？自然不会。

这只是一个数字游戏。数字的大小，可以通过拆股或者并股来实现。拆股之后，茅台的价值、基本面、未来走势，都完全不受影响。这就好比是改变了尺子的刻度单位，以前是 1 米，现在是 100 厘米，除了数字不同，其他都是一样的。这里唯一的不同，是拆股之后散户买得起了。但是长期看，散户买不买得起，并不影响股价趋势。

---

① https://baijiahao.baidu.com/s?id=1637999314725123397&wfr=spider&for=pc.

说到这里有一点清楚了，看一只股票便宜还是贵，不能只看绝对股价的高低，还要看相对于基本面的高低，也就是相对估值。市场上经常用的估值指标，比如市盈率（PE）、市净率（PB），都是相对估值指标。这些估值指标锁定基本面作为参照基准，拆股或者并股都不改变这些指标。所以，当一只股票的市盈率是好几十、上百倍，我们说这只股票贵是有些道理的。可是，是不是这样的股票就不能买呢？完全不是这样。

本讲重点

1. 市场上价格很便宜的股票，比如 1 元股或者仙股，都经历过大幅的下跌，反映出基本面不健康，风险会很大。

2. 价格很高的股票，完全可能进一步上涨，实际上反而很便宜。

3. 衡量股价是否贵，不应该只看绝对价格水平，而应该锁定基本面，看相对估值水平。

思考

表 7-1 是 2019 年 11 月 1 日的 1 元股和仙股，到本书出版，已经过去很长时间了，其间还经历了 2019 年 12 月到 2020 年 2 月的一轮小牛市，而且这轮牛市主要是中小创的牛市。你可以对照这张表，看看里面的股票后来表现如何，哪些复苏了，哪些退市了，哪些依然在挣扎；然后想想，那些复苏的股票为什么能复苏。

第八讲

买估值低的股票，回报率高吗？

判断一只股票贵不贵，不能只看绝对价格水平，还要看相对价格水平，也就是相对估值。你经常听说的一些指标，比如市盈率、市净率，都是相对估值指标。如果一只股票的相对估值不高，比如市盈率很低，我们可以说这只股票便宜；反之，则可以说这只股票贵。

说到这里，有人可能会有一种想法，说我买便宜的股票，这些股票相对于基本面被低估，这种低估早晚被修正，那时候我就挣钱了。根据我的了解，市场上很多人有这种想法，尤其是倾向于稳健的价值投资者，看重股票的基本面，不愿意用太高的价格买那些炫酷的股票，会更加青睐低估值的股票。这种想法对不对呢？

我的回答是：既对，也不对。为什么呢？我们先来看一个例子。

腾讯是大家很熟悉的一只股票，是香港市场上总市值最大的股票之一，达到 3.6 万亿港元（2019 年 12 月 31 日），这个估值比“宇宙行”工商银行（2.1 万亿港元）和“巨无霸”中石油（1.1 万亿港元）还要高很多，腾讯市值是工商银行的 1.7 倍，中石油的 3 倍多。

有人可能会疑惑，腾讯不过是个卖游戏的，外加卖一点社交广告，怎么会值那么多钱？相比之下，工商银行是内地最大的银行，网点无数、员工无数、资金实力雄厚，背后还有国家的强力支持，为什么市值不到腾讯的 2/3？看起来工商银行股票很便宜，应该买工商银行的股票。

刚才的分析看起来有道理，不过这样的策略并不挣钱。以往经验上看，买腾讯股票比买工商银行股票回报率高很多。不信，我们来看看历史数据。

让我们回到 2010 年底，那时候微信还没有问世，《王者荣耀》这样的王牌游戏更是未知，腾讯也还远远没有现在的知名度；而工商银行可以说是根红苗正、家喻户晓，当时已经是全球市值最高的银行。而且，从估值水平上看，工商银行的市盈率是 11 倍，可以说非常顺眼，而腾讯则高达 36 倍，比工商银行贵了 3 倍多（表 8–1）。

表 8–1 腾讯和工商银行股票对比（2010 年与 2019 年）

	2010 年		2019 年		累积回报	
	价格	市盈率	价格	市盈率	增长倍数	年化（%）
腾讯	32.98	36.37	375.6	37.65	10.39	31.03%
工商银行	3.57	11.2	6.0	6.32	1.24	9.38%

注：2010 年和 2019 年数据都是年底（12 月底最后一个交易日）数据，价格为前复权，单位是港元，市盈率是价格和过去 12 个月盈利的比率（TTM 市盈率，动态市盈率），累积增长考虑了分红和拆股。

那时候，估计很少有人敢买腾讯股票。可是呢，后来的变化出乎很多人的意料。从 2010 年到 2019 年，腾讯股价涨了 10.4 倍，每年回报率 31%。而工商银行呢？只涨了 1.24 倍，每年回报率 9.38%。也就是说，腾讯的总回报是工商银行的 8 倍多。这些年投资股票的人，不少人后悔错过了腾讯。早年重仓腾讯的人，现在已经财务自由了。

刚才的例子表明，估值高的股票，回报率不一定低，反而可能很高。仔细梳理，可能的原因有两个。

第一个原因，估值很高的股票可能是未来增长率很高。这时候，高估值是对高增长的提前反应。比如说，一只股票的市盈率是40倍，看起来很高。可是如果盈利每年增长一倍，第二年就只有20倍，第三年就只有10倍，就不贵了。

所以，高估值的股票不一定贵，低估值的股票不一定便宜，一切都取决于未来的增长。这里的核心是用未来的成长，来衡量现在的股价高不高。如果增长很快，估值高就是对未来高增长的提前反应，就不贵了。买股票，其实就是买增长。

腾讯就是这样。从2010年到2018年，腾讯净利润从80亿元增长到787亿元，累积增长接近10倍，每年增速平均45%。因为利润增长这么快，当初的高估值就不高了。

本书写作时，腾讯的市盈率是40倍左右，如果未来还能保持高增长，那么这个估值就不高。讲到这里，你可能有个问题，就是到底多高算高。这是个非常好的问题，也有一个非常好的回答。

根据以往的经验，我们有一个公式，就是市盈率和业绩增速应该大致差不多。如果一个公司业绩的年均增速是10%，那么合理的市盈率应该是10倍左右，如果年均增速是20%，那么合理的市盈率应该是20倍左右。刚才讲腾讯现在的市盈率在40倍左右。如果未来的增速在40%左右，那么腾讯的估值就是合理的。如果未来的增速超过40%，那么买腾讯股票就赚了。如果不到40%，就亏了。2010—2018年，腾讯营收的平均增速达到41.3%，利润的平均增速达到 33%。如果未来能保持这一增速，腾讯的估值并不贵。

图 8–1　腾讯营收、净利润快速增长（2007—2018 年）

数据来源：Wind 资讯。

当然，也有人认为，腾讯的体量已经很大，增长面临困难，而且游戏业务面临监管风险，继续找到新的增长点比较难。从这一角度看，腾讯保持较快增速确实有点难度，需要进一步观察。当然，投资是预判未来，本来就没有一定的事情，要不停观察新的情况，做出分析判断。

第二个原因，估值高的股票可能并不是企业基本面不好，而是盈利水平暂时较低。什么意思呢？我们还是来看一个例子，就是京东。京东是中国最大的电商（阿里巴巴不是电商，是电商平台），股票在纳斯达克上市，目前总市值 570 亿美元，折合人民币 3 300 多亿元。这么高的市值背后，是 54 倍的市盈率，比腾讯还要高。可是你看这几年的营收增长，只有 20%~30% 的水平，按照刚才的讨论，京东合理的估值应该在 20 多倍。那么京东 54 倍的估值是不是贵了呢？

不一定的。因为盈利这个数字，是可以被操作的，既可以做多，也可以做少。有的公司想炒作股价，就往多里做；如果不在意短期股价，也可能往少里做。你可能奇怪，往少里做是什么意思呢，还有公司隐瞒利润？当然有。隐瞒利润有很多好处的。比如，利润要缴税的，隐瞒利润可以节约税收。再比如说，公司预计后面两年进入平台期，增长缓慢，先隐瞒一点利润，让明后年的报表好看一点。这样的账很容易做，多做一点投资支出，或者多做一点折旧等，就可以了。

说到这里，你可能觉得这些都是做假账。其实公司把利润往少里做，也不完全是做假账，而可能是经营战略。比如说，有的公司在意市场份额，在意长远发展，就加大投资力度，把钱花掉。给定营收，花掉的钱多了，剩下的利润就少了。比如说，京东的毛利率有 15% 左右，但是净利率只有 1%~2% 的水平，这就说明挣的钱大部分都花掉了。仔细看京东的财务报表，大部分的现金流都被投资花掉了，因此京东的盈利数字不高，并不是经营不好，而是扩张较快。以后投资数额减少了，利润增长就快了，而且可能会很快。所以，对于市盈率这样的估值指标，不能只看账面值，还要看看到底是怎么回事。这也提醒我们，如果要挑选股票，一定要做系统、全面的研究，不能蜻蜓点水，更不能人云亦云。

刚才我们讲的是估值高的股票，不一定回报率低。这种高估值如果是未来业绩增长的提前反应，往往会带来更高的回报。

进一步，你可能会问，腾讯和工商银行只是个案，京东上市以来的回报率也不是特别突出，这些例子的说服力可能不够。这种质疑非常有道理，也非常有必要，投资就是要反复质疑，反复验证，防止犯错误。否则，最后会拿真金白银来交学费。

对于这个问题，我们可以用两句话来回答。

第一句，很多高增长的股票，估值都比较高。比如说，A股市场上这些年高增长的股票，大部分估值都很高，比如贵州茅台、恒瑞医药、片仔癀、伊利股份等。这些股票涨幅好、业绩好，估值也高，因为市场都看到了它们的潜力。

当然，这不是说高增长的股票估值就一定高，而是说想找到低估值、高增长的股票不太容易，很多投资者都在寻找这样的股票，找到的难度比较大。比如格力电器、美的集团、万科、招商银行、中国平安，过去这些年的涨幅很不错，但是估值并不高，可以说非常亲民（表8–2）。比如说格力电器，从2010年到2019年每年收益率是30%，9年累积上涨9.48倍，是一只耀眼的明星股票。可是，估值只有13倍，非常便宜。可以说，市场当初大大低估了格力的增长潜力。早先能看到格力增长潜力的人，会有机会低价买入优质资产。

表8–2 A股著名白马股的表现

证券简称	营收年复合增长率（%）	净利润复合年增长率（%）	年化收益率（2010—2019年）	2010年底市盈率（TTM）	2019年底市盈率（TTM）
万科A	24.76	23.96	20.08	16.01	9.56
招商银行	16.88	15.36	17.28	10.74	10.48
中国平安	22.76	26.88	15.09	21.78	9.91
云南白药	12.96	17.17	10.27	49.47	27.75
苏泊尔	15.54	18.04	20.76	34.94	34.76

（续表）

证券简称	营收年复合增长率（%）	净利润复合年增长率（%）	年化收益率（2010—2019 年）	2010 年底市盈率（TTM）	2019 年底市盈率（TTM）
伊利股份	13.12	29.9	21.49	45.49	26.86
中国国旅	21.95	27.75	22.55	63.21	37.88
片仔癀	23.74	24.57	23.48	58.02	49.76
恒瑞医药	21.19	23.4	27.24	59.03	79.18
上海机场	10.51	15.43	25.04	20.25	29.84
长春高新	21.05	35.78	27.17	86.16	64.22
贵州茅台	26.69	27.73	29.35	36.94	36.31
美的集团	11.41	16.32	33.98	17.10	17.09
格力电器	16.05	25.44	29.51	13.40	14.50

注：营收和净利润增长率为 2010—2019 年复合增长率，美的集团于 2013 年 9 月 18 日上市，有关美的集团 2010 年的数据均以其上市首日的数据代替。

数据来源：Wind 资讯。

第二句，并不是所有的高估值股票都会有高增长。还有些高增长是人们预期的增长，不一定能实现。如果不能实现，就相当于高价买了个坑。实际上，很多高估值股票都是镜中花、水中月，不一定能实现。比如乐视、蔚来汽车，都被证明是虚高（蔚来汽车因为得到大笔投资而股价反弹，但是发展前景有待观望）。

还有一家著名的企业，叫特斯拉，生产高端电动汽车，名气很大，估值也很高，但是上市十年了，一直没有太赢利。特斯拉在上海建成投产，引起了很大反响，市场短期乐观观点占了上风，股价长得很快。2019 年 10 月到 2020 年 2 月，短短 4 个多月时间，股价从 200 多美元涨到了 800 多美元，涨了 3 倍多，可见市场非常看好特斯拉的前景。

这里我要强调一下，这是一门投资课，我肯定会举很多例子，涉及很多股票、基金等。这些例子只是为了说明课程要点，完全没有推荐或者不推荐的意思。从职业操守的角度，面对瞬息万变的资本市场，我不可能在一个静态的课程里推荐任何股票或者基金，这样是很不负责任的。市场瞬息万变，而这个课程还会在那里，其中的原理和思路会一直有效，不随市场改变。比如说，我本人就不是特别看好特斯拉，市场对于特斯拉高增长的预期也不一定能实现，我认为至少有两个风险要特别注意。

第一，是传统汽车企业的竞争，现在很多世界顶尖的车企，像奔驰、宝马、丰田，都在做新能源汽车。这些企业底蕴很厚，资金研发实力很强，不仅能搞新能源，还有百年汽车技术的基础。而特斯拉没有汽车技术的沉淀，这是一个很大的劣势。

第二，特斯拉的电动车定价偏高，降价之后依然偏高，但性价比并不高，大规模销售有困难。

所以，尽管很多人都看好特斯拉，市场估值也很高，但我个人不是特别看好。

这里借特斯拉的例子，再强调一下，这是投资课程，不是投资建议。

刚才讨论的都是个案，都是单个股票的估值和回报率的关系，需要我们一个一个分析。我们可以进一步问，平均而言，高估值的股票涨得好吗？这个问题非常好，国外学术文献里系统研究过这个问题，答案是不一定，而且高估值的股票往往回报率比较低。这个规律在中国是否适用呢？也是适用的。

图 8–2 中，我们以沪深 300 股票为例，比较了高市盈率和低市盈率股票的未来回报率。可以看到，市盈率越高，回报率越低，而且相差还很大。所以，平均而言，低估值的股票回报率并不低，高估值股票的回报率并不高。为什么呢？其实不复杂。高估值的股票是预期未来增长率高，但是其中只有少部分能符合预期，很多股票都低于预期，因此平均回报反而低。低估值的股票是预期增长不好，但是其中不乏超预期的股票，比如万科、格力这样的，很少人觉得这样中规中矩的股票业绩能长久保持增长。这样的股票不需要很多，几只就足够

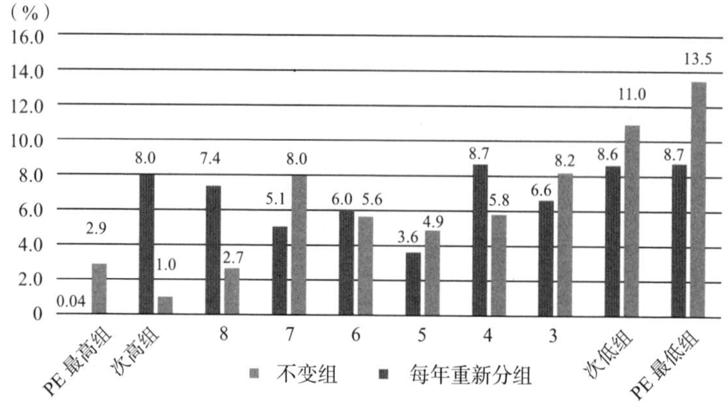

图 8–2　沪深 300 成分股市盈利率和未来回报

注：图中把沪深 300 指数在 2010 年初的 300 只成分股按市盈率分成 10 组，每组 30 只股票，比较未来的回报率，具体有两种做法。第一种是用 2010 年底的市盈率（TTM）对应，回报率是 2010 年底到 2019 年底的回报率，也就是分组保持不变。第二种做法，每年底根据市盈率重新分组，比较的是第二年全年的回报率，也就是每年分组轮动。

把平均回报率拉起来。因此，低估值股票的平均回报率反而高。

本讲重点

1. 在个股的意义上，很多高估值的股票未来回报率很高，所以实际并不贵，比如腾讯、恒瑞医药、贵州茅台等。

2. 在个股的意义上，也有一些估值很低，但是涨幅很好的股票，比如万科、格力电器、招商银行。这些股票，市场低估了其增长潜力。

3. 平均而言，高估值的股票回报率反而低，因为很多股票没有实现预期的高增长，比如乐视、蔚来汽车。

4. 平均而言，低估值的股票回报率反而高，因为其中有一些被低估的好股票。

最重要的信息可以浓缩成一句话：不能简单用估值水平来挑选股票，估值只是一个参考。至于什么样的股票回报率高，我会接着给你讲。

思考

对照本讲总结的4句话，想想自己的投资经历，有没有买过估值低、回报率很高的股票，或者估值高、回报率很低的股票，通过想这些例子，加深理解。

第九讲

股票指数，巡航股海的导航仪

本讲我们来学习一类特别重要的知识，就是股票指数。

为什么要专门学习股票指数？你打开任意一个交易软件，想研究股票行情，发现有那么多股票，很难理清头绪，应该怎么办呢？其实不难，“股海无边，指数导航”。股票指数就像汽车导航仪，在无边的股海里为你导航，帮你快速了解市场情况。

具体说，股票指数有三大功能。

第一，让投资者快速了解市场的总体行情、总体涨跌。

第二，让投资者快速了解市场的板块行情，就是知道什么板块在涨、什么板块在跌。

第三，让投资者在了解指数之后，选择相应的指数基金。

所以，了解股票指数，对投资者而言可谓“一石三鸟”。

在这一讲，我先简单介绍一下股票指数的编制方法，提醒你注意里面的一些小猫腻，然后介绍几种主要的指数及其使用方法。

本讲内容较多，我最后会总结一下，概括股票指数的“三大要素”、“四大类别”，以及刚才说的“三大功能”。

- 股票指数的三大要素 -

先来说股票指数的“三大要素”。股票指数的编制，从技术上讲有点复杂，因为有很多技术细节。但是从原理上讲并不复杂，我们重点介绍原理，然后提示一些小细节。

编制股票指数的基本原理，其实就一句话：计算股票价格的平均值。为了算这个平均值，你要考虑 3 个问题：

1. 哪些股票的平均值？就是选择哪些股票来计算平均值。

2. 如何平均？就是选好了股票之后，如何计算平均值，每只股票给什么样的权重。

3. 如何处理常见的股权变化？比如高送、分股拆股、股票分红等。

第一步：选择股票

我们用最常见的上证综合指数来说明这三个问题。上证综合指数是中国股票市场上最常用的指数，我们平常说的股指点数，如果不特别说明，指的就是上证综合指数。比如说，2020 年初，股票开始上涨，市场上很多人看到 3 500 点，这个 3 500 点指的就是上证综合指数。

上证综指选择的股票是上海证券交易所的所有股票，包含 A 股和 B 股，这是很少见的。一般来说，很少有指数既包含 A 股，又包含 B 股。我们接下来要说的其他指数，一般都不包含 B 股，只包含 A 股。

这里简单加一句话，B 股是中国股市特殊发展阶段的产物，一开始是专门给外国人买的，当时国内资金缺乏，是为了向外国人融资，后来 B 股发行就慢慢被边缘化了。现在交易的 B 股，均是 2000 年及以前上市的，没有太优秀的公司。目前市场上共有 96 只 B 股股票，总市值 1 320 亿元，平均市值只有 10 亿元多一点，都是很小的股票，流动性也不太好（成交量很小，2019 年 B 股换手率中位数为 33.8%，而 A 股换手率中位数为 470.2%）。我不建议普通投资者投资 B 股。

我们刚才说了，上证指数既含 A 股又含 B 股，那么上证指数是不是没有剔除任何股票？也不是，上证综指剔除的股票有两种，一种是上市时间不足一个季度的股票，另一种是暂停上市的股票。上市不到一个季度的股票，股价通常波动比较大，不被纳入指数是有道理的[①]；暂停上市的股票，剔除当然也在情理之中。所以，上证综指的包含范围还是很广的，做到了尽可能不剔除。

第二步：计算平均值

计算平均值的时候，最重要的就是每只股票的权重，一只股票权重越大，在均值中的占比越大，对均值的影响就越大。一般来说，有两种加权方法：一种是市值加权，就是用每只股票的市值作为权重；另一种是等值加权，就是每只股票的权重是一样的，计算价格的简单平均数，相当于不加权。

后一种方法，国内市场上很少见，但是国外有，比如历史最悠

---

① 对于市值特别高的股票，会启动快速进入指数的规则，即在上市第十个交易日结束后将其纳入指数，比如 2007 年 11 月 5 日中石油上市，就启动了快速进入指数的规则。具体而言，这个规则如下：把新发行股票的 A 股发行总市值和全部 A 股自该新发行股票上市公告日起过去一年的日均 A 股总市值进行比较，对于 A 股发行总市值排名在市场前 10 位的新发行 A 股股票，启用快速进入指数的规则。简单说，就是这个股票总市值特别高，和过去 1 年所有股票的日均总市值进行比较，如果进入前 10 就满足条件。

久的股票指数道琼斯工业指数，就是不加权的，计算的是 30 只大型工业企业股价的简单平均值。但是这种不加权的指数，现在真的很少了，美国最具有代表性的标普 500 指数和纳斯达克 100 指数都是市值加权的，国内的所有指数也都是市值加权的。

市值加权就是用股票的股数作为权重，股数多的权重大。因为股数乘以价格就是市值，所以最后衡量的是总市值的变化，因此叫作市值加权。作为对比，等值加权就是不看股票的股数，相当于假定每一只股票的股数都是一样的，所以叫等值加权。显然，等值加权更偏向股数少、小市值的股票，市值加权偏向股数多、大市值的股票。

二者的区别大不大，要看你的目的是什么。如果你只看短期的市场涨跌，比如每天的股票涨跌，那二者区别不大。如果你看长期的市场回报，那区别就很大。比如说，长期看小股票的涨幅大一些，时间足够长的话，等值加权就会比市值加权高很多，因为等值加权给小股票的权重大一些。

等值加权和市值加权是两种主要的股指计算方法，了解这两种方法基本就够了。我国的股票指数都是市值加权的。说到股票数量，还有一个小细节，就是我国的股票分为流通股和非流通股。那我国的股票指数用的是哪一个股票数量呢，是流通股数还是总股数？其实差别也不大，因为随着 2004 年股权分置改革的推进，两者的差异越来越小，大部分股票都变成了流通股。[①]

第三步：除权不除息

如何处理一些常见的股权变动情况，比如除权除息？这个比较简单，你只需要知道，所有的指数都是“除权不除息”的。

什么叫“除权”？就是如果股票的数量发生变化，那么权重就要变。比如说，前几年流行的高送转，其实就是一个拆股的游戏，10送10的话，股本数增加一倍，股价折一半，总市值不变，你持有的股票价值也不变。这时候，股本数翻倍，加权权重也要翻倍，正好抵消价格的腰斩。这就是除权。

---

① 有的指数为了保持权重的稳定，采用了“分级靠档”的办法。所谓分级靠档，简单说就是把自由流通股的比例分成几档，比如不到15%的，简单上调到最接近的整数（注意是上调，不是四舍五入），超过15%不到20%的按照20%，超过20%不到30%的按照30%，以此类推，超过80%的就按照100%算。这样的好处是靠档之后的股本相对稳定。目前，一些重要的指数，比如上证综合指数、上证50、沪深300、中证500都采用这种分级靠档的办法。

具体而言，分级靠档法详情如下：根据自由流通股本占A股总股本的比例（即自由流通比例）赋予A股总股本一定的加权比例，用这个加权比例乘以总股本得到调整股本数，然后用调整股本数作为计算指数的权重。这样的好处是计算指数的股本权重相对稳定。具体来说，分级靠档的做法如下表。

自由流通比例(%)	≤15	(15，20]	(20，30]	(30，40]	(40，50]	(50，60]	(60，70]	(70，80]	>80
加权比例(%)	上调至最接近整数值	20	30	40	50	60	70	80	100

自由流通比例 = 自由流通股本 /A 股总股本，调整股本数 =A 股总股本 × 加权比例；其中，自由流通股本 = 总股本 – 非自由流通股本，非自由流通股本包括（1）公司创建者、家族、高级管理者等长期持有的股份；（2）国有股份；（3）战略投资者持有的股份；（4）被冻结的股份；（5）受限的员工持有的股份；（6）上市公司交叉持有的股份。

但是，所有 A 股指数都是不除息的。比如说，工商银行 2018 年度的分红方案是每股分红 0.25 元，除息日是 2019 年 7 月 3 日，那么到了这一天，因为每股分了红，股价自然会下跌，这时候包含工商银行的股票指数，比如上证综指，是不做调整的，任随价格自然回落。这里面的说明是，各个股票的分红量都不大，除息当天的价格也不一定是下跌的。而且，各个股票的分红日期也都不一样。

这里需要强调一下，我们平时所说的股票指数，一般都是除权不除息，叫作价格指数。与之对应的还有一种指数，叫作“全收益指数”，全收益指数会按照除息参考价以及分红再投资的收益，对股价进行修正，让其回落幅度相较来说更小一些。比如 2019 年，沪深 300 年化全收益率指数比沪深 300 价格指数高 3% 左右。

如果不做说明，市面上所说的所有指数，通常都是指价格指数。如果是全收益指数，则会专门注明。

- 中国股市上的四类指数 -

指数的编制方法最重要的是第一步，选择哪些股票。另外两步，如何计算平均值，以及如何处理一些常见的股权变动状况，都可以归结为技术细节，简单了解就好。

现在我们来看看股票指数的分类。根据覆盖的股票不同，我们可以把股票指数分为 4 类，分别是综合指数、规模指数、行业指数、概念指数。

综合指数是反映全市场，或者某一个板块的价格走势的股票指数，选择的股票可以是这个板块的所有股票，也可以是具有代表性的抽样。比如常见的上证综合指数、深证成分指数、中小板指数、创业板指数，都是综合指数，分别反映上交所、深交所、中小板、创业板这几个板块的综合情况。

另外，有一家数据提供商，叫作 Wind（万得资讯），是中国市场上的主要数据提供商，很多金融机构都用 Wind 的数据库。Wind 计算了一个“万得全 A”指数，该指数反映的是整个 A 股市场的情况，也是综合指数（考虑分红，因此是全收益指数），见表 9–1。

表 9–1 综合股票指数

代码	指数	起始时间	起始点位	2019 年底点位	编制以来年化回报（%）	近 10 年年化回报（%）
881001	万得全 A	2006–06–14	1 000	4 316	11.39	3.91
000001	上证综指	1991–07–15	100	3 050	12.75	–0.71
399001	深证成指	1995–01–23	1 000	10 431	9.85	–2.69
399005	中小板指	2006–01–24	1 000	6 633	14.53	1.65
399006	创业板指	2010–06–01	1 000	1 798	6.31	6.31

注：回报率均为年化几何平均回报率，近 10 年为 2010—2019 年，成立不足 10 年从成立开始计算年化回报。其中万得全 A 为全收益指数，考虑了分红。其他为价格指数，不考虑分红。

第二类指数为规模指数，反映特定规模的股票的涨跌情况。市场上常见的规模指数有上证 50、上证 180、沪深 300，这些都是反映大股票情况的。反映中小股票情况的有中证 500 和中证 1000。

这里面有三个指数需要特别注意，就是沪深 300、中证 500、中证 1000，这三个指数的成分股是不重合的，沪深 300 是大盘股，中证 500 是排除沪深 300 之后的中盘股，而中证 1000，是排除沪深 300 和中证 500 之后的小盘股。任何一只股票，只能在这三个指数的一个里面，这三个指数一共涵盖 1 800 只股票，占 A 股总股票数的一半左右。实际上，中证 1000 指数成分股的平均市值，与中小板指、创业板指、中证 500 指数相比都更小一些，更能反映沪深两市小市值公司的状况（表 9–2）。

表 9–2 股票规模指数

代码	指数	起始时间	起始点位	2019 年底点位	编制以来年化回报（%）	近 10 年年化回报（%）
000016	上证 50	2004–01–02	1 000	4 345	9.61	4.51
000010	上证 180	2002–07–01	3 299	12 230	7.77	3.64
000852	中证 1000	2005–12–31	1 000	5 992	13.63	2.98
000905	中证 500	2007–01–15	1 000	5 939	14.73	2.48
000300	沪深 300	2007–07–02	1 000	5 228	14.14	3.40

注：回报率均为年化几何平均回报率，近 10 年为 2010—2019 年，成立不足 10 年的按照成立以来计算年化回报。回报率为全收益指数回报率，考虑了分红。

第三类指数是行业指数。市场上有各种各样的行业分类，这些分类有相同的地方，也有不同的地方，各有优缺点。我们简单看看 Wind 的二级行业分类指数，共 24 个行业分类，大致能反映不同行业的情况。

大致看起来（表 9–3），食品、饮料、耐用消费品、制药、医疗、软件服务、技术硬件等行业表现比较出色。在产业升级、消费升级、人口老龄化的大背景下，未来这些行业值得关注。关于什么行业值得重点关注，我们在分析哪些股票涨得好的时候，再展开细讲。

表 9–3 Wind 二级行业指数

代码	指数	2019 年底点位	编制以来年化回报（%）	近 10 年年化回报（%）
882100	能源Ⅱ指数	2 226	4.08	–7.76
882101	材料Ⅱ指数	3 490	6.44	0.19
882102	资本货物指数	3 742	6.81	2.29
882103	商业和专业服务指数	2 094	3.76	4.07
882104	运输指数	2 705	5.10	0.14
882105	汽车与汽车零部件指数	6 861	10.10	3.47
882106	耐用消费品与服装指数	5 646	9.03	9.32
882107	消费者服务Ⅱ指数	6 234	9.57	7.99
882108	媒体Ⅱ指数	2 241	4.11	–0.92
882109	零售业指数	3 350	6.23	–1.55
882110	食品与主要用品零售Ⅱ指数	6 402	9.72	5.05
882111	食品、饮料与烟草指数	10 473	12.45	11.72
882112	家庭与个人用品指数	5 877	9.25	7.29
882113	医疗保健设备与服务指数	6 963	10.18	9.49
882114	制药、生物科技与生命科学	9 388	11.84	10.14
882115	银行指数	4 843	8.20	6.09
882116	多元金融指数	8 335	11.17	–0.24
882117	保险Ⅱ指数	2 445	4.57	9.80
882118	房地产Ⅱ指数	3 867	6.99	3.71
882119	软件与服务指数	5 334	8.72	11.88

（续表）

代码	指数	2019 年底点位	编制以来年化回报（%）	近 10 年年化回报（%）
882120	技术硬件与设备指数	3 785	6.88	9.90
882121	半导体与半导体生产设备	2 199	4.01	8.72
882122	电信服务Ⅱ指数	2 894	5.45	–0.74
882123	公用事业Ⅱ指数	3 084	5.79	2.01

注：Wind 二级行业指数起始时间均为 1999 年 12 月 30 日，起始点位均为 1 000 点，回报率均为年化几何平均回报率，近 10 年为 2010—2019 年，成立不足 10 年按照成立以来计算年化回报（回报率为价格指数回报，未考虑分红）。

第四类指数是概念指数。概念指数是以某一种题材作为支撑，选取的股票并不是以业绩或者市值大小为标准，而是依靠相同的话题，将同类型的股票列入标的，有利于我们快速了解相关概念股的表现。

比如，黄金珠宝概念指数，所选标的为金、银、铂、珠宝首饰等有关的上市公司。在人们的观念里，这些贵金属、珠宝有保值、增值的属性，逐渐成为市场规避风险的工具。在市场低迷或者风险增加的时候，黄金珠宝概念指数往往逆市反弹。

再比如，曾比较火的 5G 概念指数，反映的是 5G 产业链相关公司的情况。这个指数还有一个功能，就是连接着相关的指数基金。你如果想参与 5G 相关股票的投资，不需要去研究每一个公司，只需要去购买这个指数基金，这样既做到了分散风险，还能参与这个产业。

我简单挑选了一些概念指数（表 9–4），挑选的标准是 2018—2019 年这两年收益率最高的 40 个概念指数。这个表可以让你一目了然地了解最近两年哪些概念比较火、涨得比较多。我要提醒你，概念股火起来快，冷下去也快，建议你把概念股作为一种知识了解，不建议跟风炒作。

表 9–4 Wind 概念指数（收益率排名前 40）

代码	指数	起始时间	起始点位	2019 年底点位	编制以来年化回报（%）
8841234	科技龙头指数	2019–06–14	1 000	2 773	234.50
8841228	护城河指数	2019–05–07	1 000	1 998	189.14
884705	白酒指数	2017–10–30	1 000	39 629	83.74
884133	网络安全指数	2013–12–31	1 000	13 656	54.57
884131	大数据指数	2013–12–31	1 000	12 596	52.51
884134	智能穿戴指数	2013–12–31	1 000	9 746	46.13
884116	苹果指数	2013–12–31	1 000	9 689	45.98
884160	芯片指数	2014–02–12	1 000	6 388	37.04
884153	智能家居指数	2014–01–14	1 000	6 498	36.86
884157	智慧医疗指数	2014–01–29	1 000	6 179	36.00
884091	云计算指数	2013–12–31	1 000	5 162	31.45
884080	网络游戏指数	2013–12–31	1 000	5 002	30.76
884156	在线教育指数	2014–01–29	1 000	4 738	30.03
884093	智能交通指数	2013–12–31	1 000	4 367	27.83
884110	安防监控指数	2013–12–31	1 000	4 155	26.78
884163	在线旅游指数	2014–02–26	1 000	3 914	26.29
884099	移动互联网指数	2013–12–31	1 000	3 823	25.03
884039	锂电池指数	2013–12–31	1 000	3 737	24.56
884146	第三方支付指数	2013–12–31	1 000	3 713	24.43

（续表）

代码	指数	起始时间	起始点位	2019 年底点位	编制以来年化回报（%）
884111	文化传媒概念指数	2013–12–31	1 000	3 698	24.34
884087	卫星导航指数	2013–12–31	1 000	3 688	24.28
884068	核高基指数	2013–12–31	1 000	3 649	24.07
884136	互联网金融指数	2013–12–31	1 000	3 607	23.82
884161	传感器指数	2014–02–12	1000	3 425	23.27
884126	机器人指数	2013–12–31	1 000	3 506	23.24
884098	IPv6 指数	2013–12–31	1 000	3 210	21.44
884113	金融改革指数	2013–12–31	1 000	3 129	20.93
884144	网络彩票指数	2013–12–31	1 000	3 100	20.74
884129	生物疫苗指数	2013–12–31	1 000	3 084	20.64
884125	污水处理指数	2013–12–31	1 000	2 967	19.86
884140	二胎政策指数	2013–12–31	1 000	2 962	19.83
884119	3D 打印指数	2013–12–31	1 000	2 931	19.62
884123	智能 IC 卡指数	2013–12–31	1 000	2 896	19.38
884069	移动支付指数	2013–12–31	1 000	2 887	19.32
884135	电子商务指数	2013–12–31	1 000	2 852	19.08
884030	物联网指数	2013–12–31	1 000	2 830	18.92
884086	稀土永磁指数	2013–12–31	1 000	2 822	18.87
884162	无人驾驶指数	2014–02–12	1 000	2 723	18.55
884089	装饰园林指数	2013–12–31	1 000	2 771	18.51
884148	民营医院指数	2013–12–31	1 000	2 764	18.46

注：Wind 概念指数起始点位均为 1 000 点，回报率均为年化几何平均回报率（回报率为价格指数回报，未考虑分红）。

本讲重点

关于股票指数，你只需要知道“334”。

1. 股票指数的“三大功能”：了解市场总体行情，了解板块行情，选择有关指数基金。

2. 编制指数的“三大要素”：选择哪些股票，如何计算平均，如何处理除权除息。

3. 股票指数的“四大类别”：综合指数、规模指数、行业指数、概念指数，其中很多指数都有指数基金可以购买。

思考

为了快速了解市场，重点关注哪几个指数？思考这个问题的时候，我给两点提示：（1）你关注的指数不能太多，也不能太少，以快速了解市场行情为目的；（2）这个答案是因人而异的，你需要根据自己的投资经历、投资偏好来回答。

第十讲

投资 A 股到底赚不赚钱?

如果你留意理财类的新闻，可能看过这样的文章，说投资 A 股不赚钱，为什么呢？从 2007 年到 2019 年底，上证指数从最高的 6 124 点，跌到 3 000 点左右。12 年时间，不仅没涨，还跌了差不多半。

这个故事在网上很流行，很多人可能都见过。但是明眼人一看就知道里面有问题，不以为然。因为 6 124 点是 2007 年 10 月的点位，是 A 股泡沫的顶点，也是 A 股的历史高位，至今没有突破。你从历史高位开始算，当然不挣钱。

可是，即便从泡沫破灭之后开始算，比如从 2009 年底开始算，到 2019 年底，正好 10 年，上证指数从 2 995 点涨到 3 050 点，10 年小涨 55 点，涨幅不到 2%，也是几乎没涨。所以，即便不从泡沫顶点看，投资 A 股不赚钱这句话，似乎依然成立。

说到这里，投资 A 股不赚钱，似乎是板上钉钉，很难翻身了。可是，这里面有一个悖论：如果 A 股不赚钱，那么多钱在里面干什么呢？这些钱都是傻的吗？但很多职业投资者，包括职业散户，其实很多人是挣了钱的，这到底是怎么回事呢？

这一讲我要告诉你的是，投资 A 股不是不赚钱，而是不是谁都能赚钱，只有深刻理解 A 股的人才能挣钱，而且可以挣很多钱。今天我主要讲两个要点。

第一，A 股板块之间、个股之间，表现差异很大，选择板块、个股很重要。

第二，A 股波动大，买入、卖出的时机很重要，也就是“择时”，选择买卖的时机很重要。

我们先来看图 10–1。图 10–1 是 A 股 4 个代表性指数的表现。这 4 个指数分别是上证 50、沪深 300、中证 500 和中小板综指。简单说，这 4 个指数代表了从大股票到小股票的 A 股总体表现，可以帮助我们看清 A 股的全貌。图 10–1 的时间跨度是从 2006 年 1 月 1 日到 2019 年 12 月 31 日，一共 14 年时间。

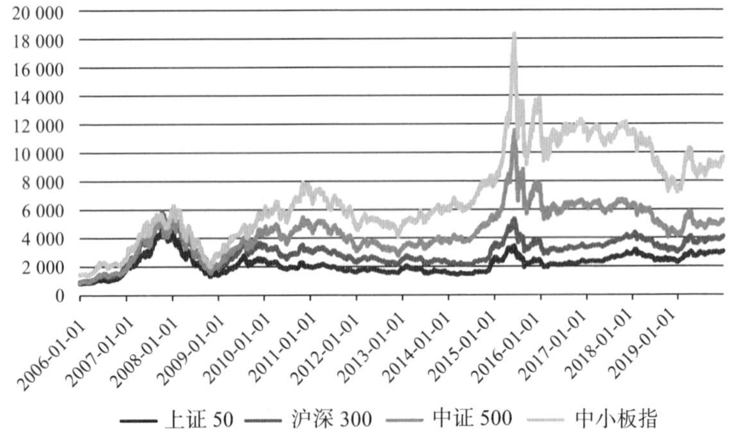

图 10–1　A 股指数表现（2006 年 1 月 1 日—2019 年 12 月 31 日）

图 10–1 看起来平淡无奇，股票指数大家在很多地方都见过。其实，图 10–1 中的信息量很大，至少有 3 条信息很重要。

第一，2007 年 10 月并不是 A 股的历史高位。

这和很多人的印象完全不同。在很多人的印象里，上证指数在

2007 年 10 月 16 日达到 6 124 点的历史高位，后来再也没有突破过。不仅没有突破，甚至都没有接近过。

唯一的一次接近，是在 2015 年夏天。当时 A 股经历过一轮快速上涨，上证指数在 2015 年 6 月 12 日达到 5 178 点，比 2007 年的高点还差了大约 1 000 点，然后就开始下跌了，后来再也没有突破 4 000 点。所以，2007 年 A 股达到历史高点这句话，在很多人脑海里印象深刻。在很多人印象里，A 股有两个高位，对应 A 股的两次泡沫，第一高位出现在 2007 年，第二高位出现在 2015 年。

但是，在图 10–1 中，2007 年的高点根本不是历史高点，而只是阶段性高点。中证 500 指数和中小板综合指数，在 2015 年的值都远远高于 2007 年，高了一倍还要多。实际上，2010 年的时候，这两个指数就已经超过 2007 年了。

问题出在哪里呢？出在大股票上。在图 10–1 中，代表大股票的上证 50 指数和沪深 300 指数，确实一直都没有超过 2007 年的高点。即便是 2015 年的峰值，也比 2007 年的高点低了不少。因为大股票的权重大，对上证指数影响也大，所以拖累了上证指数。小股票虽然涨得多，但还是不能改变上证指数的基本格局。

这告诉我们，A 股是个很大的市场，不同板块表现差异很大，不能用一个指数完全衡量。打个比方，这就像中国是个很大的国家，东部、中部、西部差距很大，城乡差距也很大，不能用一个指数来衡量全中国的经济表现，至少要用好几个指数，看看不同地方的表现。这就像看中国经济情况，不仅要看全国 GDP（国内生产总值），还要看各省的 GDP，因为各地差别很大。以后，还要看各个城市的 GDP，因为城市之间差别也很大。

第二，小股票的长期回报率高于大股票。

这一点在图 10–1 上已经能清楚看出来，前面也已经提到了。严格起见，我们再看一下具体的数字。总体上看，代表大盘股的上证 50、沪深 300 总体表现要差一些，代表中盘股的中证 500 和中小板综指要好很多。

看具体数字的话（图 10–2），这 14 年间，上证 50 涨了 3.8 倍，沪深 300 涨了 4.4 倍，中证 500 涨了 6.1 倍，中小板综合指数涨了 6.8 倍。也就是说，2006 年的时候，如果你投资中小板，比投资上证 50 的回报高了将近 1 倍。

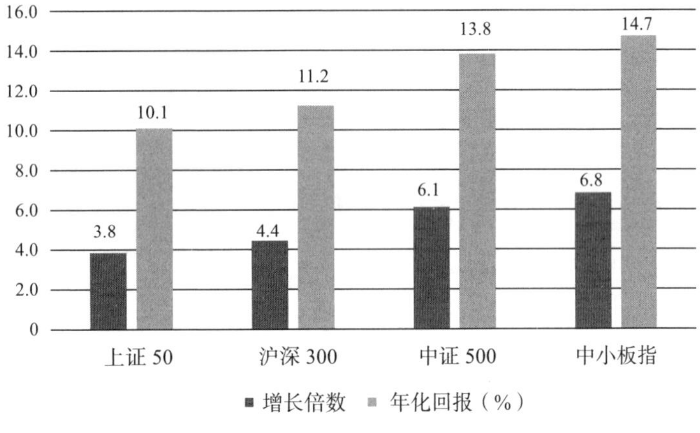

图 10–2　A 股指数累积涨幅和年化回报（2006—2019 年）

注：2019 年截止日期是 12 月 31 日。图中四大指数均为价格指数，这里的增长倍数和年化收益率都没有考虑复权，考虑复权之后的收益率略高。创业板指数从 2010 年 5 月 31 日才开始编制（初始点位 1 000 点），而且早期股票数量较少，这里没有考虑。年化回报取几何平均回报率。

为什么中小股票涨幅大？你可以这么理解。中国经济增长快，大中小企业都有机会。但是大企业本身已经很大，机构比较臃肿，对市场机会的反应慢，进一步成长比较困难。相比较而言，中小企业虽然在资金、人才上不一定占优，但是因为灵活，组织效率高，反而能够抓住机会，快速成长。反映在股票上，中小股票的回报率也高很多。

我们可以把企业类比成人。人成年以后就停止生长了，身体的代谢达到了平衡，企业的成长规律有类似之处。大企业虽然有资金、品牌、技术、人才、市场占有率等各方面优势，但是内耗也比较严重，成长难度较大。而小孩子虽然在和成年人的竞争中不占优势，但是内耗小，抓住机会就长。中小企业就像青少年，成长快，因此股票回报率也高一些。

第三，A 股的波动很大，波段非常重要。

图 10–1 中的第三条重要信息，就是 A 股波动很大，选择波段非常重要。这一点和美国股票有很大区别，美股虽然也有波动，也有回调，但是除了少数几次金融危机，大部分时间是上涨的。即使回调，幅度也很小，在 10%~20% 这个数量级上，其他时间都是盘整或者上涨的态势。相比之下，A 股要么大涨，要么大跌，涨的时候一两年翻一番，跌的时候一两年跌一半，大起大落是常态，平稳上涨的时间很短。所以，在 A 股市场上，对于波段的把握更加重要。在不同的时间段，投资 A 股的收益差距很大，有时候可以挣很多钱，有时会赔很多钱。

我们来具体看一下数据。根据历史数据，我们把 2006—2019 年这 14 年时间分成 6 段，分别看这 6 段时间 A 股的表现（表 10–1，图 10–3）。

表 10–1 A 股不同阶段表现（%）

指数	2006.01—2007.10	2007.11—2008.10	2008.11—2010.11	2010.12—2012.11	2012.12—2015.05	2015.06—2019.12
上证 50	469.50	–71.18	49.55	–22.00	103.07	–5.58
沪深 300	504.25	–70.32	89.71	–31.77	129.55	–19.30
中证 500	421.97	–64.75	231.92	–44.95	262.54	–49.78
中小板综指	270.15	–60.42	274.26	–44.58	296.12	–42.87
创业板指数				–48.46	496.78	–51.65

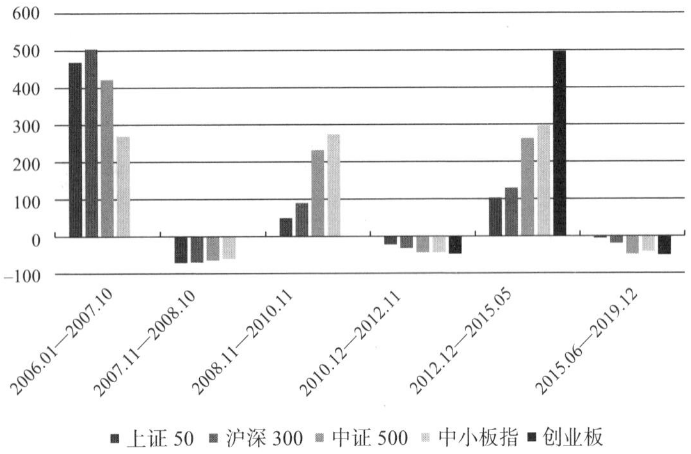

图 10–3 A 股的 6 个波段

注：指数均为价格指数，回报率没有考虑复权。创业板指数从 2010 年才有，因此从 2010 年底开始纳入计算。

数据来源：Wind 资讯。

这 6 个时间段分别是：

第一阶段：2006 年 1 月到 2007 年 10 月，这是个大涨的阶段，于2007年10月到达顶点，上证指数达到6 124点。这一阶段的最重要特点，是大股票涨得多，这样的现象以后再也没有出现过。这段时间，上证50上涨了470%，而中小板指数只增长了270%。

第二阶段：2007年11月到2008年10月，这是个大幅回调的阶段。在一年的时间里，四大指数都经历了大幅的回调，跌幅都超过了一半，在60%~70%。1年时间这样大的跌幅，足够令人触目惊心了。

第三阶段：2008年11月到2010年11月，两年的时间，A股又绝境雄起。当时的背景，是中央出了“4万亿”的大规模经济刺激，中国经济从世界金融危机中大幅反弹。这一轮小股票表现尤其亮眼，中小板在2年时间里上涨超过200%，达到惊人的274%。这时候投资股票的人，大概会有这样的感慨：人生的大起大落，实在是太刺激了。

第四阶段：2010年12月到2012年11月，也是两年的时间。这段时间，中国进入“4万亿”之后的宏观调控时期，政策上开始紧缩，A股也随之下行，四大指数跌幅在18%~50%之间，前期涨幅较高的中小板，跌幅也比较大，达到45%。不过，前一阶段涨幅超过270%，跌幅45%，综合起来还有1倍多的涨幅。

在这一阶段，我们新增了一个指数，就是创业板指数。创业板是2009年10月30日正式上市，创业板指数是2010年6月1日开始编制和发布，到2010年底，A股已经有153家创业板股票。创业板代表了A股更小、成长潜力更好的股票，因此我们加入创业板。可是呢，创业板有点生不逢时，开板一年多一点，就赶上了A股大回调，也跟着回调了接近50%，把之前的涨幅都吐了回去。2012年11月的时候，创业板跌到了600点左右的历史低位。不过，从此以后，创业板开始反弹，后来再也没有回到这么低的水平。

第五阶段：2012 年 12 月到 2015 年 5 月，两年半的时间。在此期间 A 股经历了一轮上升，尤其中小股票涨幅较大，沪深 300 只涨了不到 130%，而中小板涨了近 300%。之前生不逢时的创业板，这回扬眉吐气，涨了 497%，翻了两番还要多。

第六阶段：2016 年 6 月到 2019 年 12 月，共三年半时间。这一段时间，A 股经历了 2015 年夏天的大幅回调，然后就一直是震荡的状态。2019 年以来 A 股有起色，但是只有不到一年时间，幅度只有 30% 左右，还不构成一个成形的波段，所以没有单独列出来。

通过以上的整理，我们看到其实 A 股的大起大落很常见，一个波段经常是 2 年时间，有时候更长。所以，赶上了牛市，就赚很多；赶上了熊市，就赔很多。因此，对于这种波段的把握，在 A 股尤其重要。以后，我会在我的公众号“徐远观察”上，定期公布我对于波段的预判，供大家参考。

所以，投资 A 股不赚钱这话不对。投资 A 股不是不赚钱，而是不能躺着赚钱，需要做一点功课，选择波段和板块。A 股很多股票回报率很高，像万科、格力电器、泸州老窖、贵州茅台、东方财富、立讯精密、康泰生物等股票，都涨了上百倍。要在 A 股赚钱，你要么找到这样的股票，要么选好板块，要么会做择时。换句话说，在 A 股挣钱，需要一点技术。这也正是你需要学这门课的原因。

本讲重点

1. 投资 A 股不是不赚钱，而是不能躺着赚钱，需要一点技术，板块之间、波段之间差异很大。

2. 长期看，小股票比大股票回报率高。

3. 波段看，上涨的时候，小股票涨得多；下跌的时候，小股票跌得也多。

4. 投资 A 股赚钱有三大法宝：选股、选板块、选波段。

思考

思考两个问题。

第一，判断一下目前 A 股处于什么波段，大概会持续多久，哪个板块表现会好一些。你可以把这个判断记录下来，过一段时间回来检验。

第二，A 股市场上有一句话很流行，就是说 A 股“牛短熊长”，牛市很短，熊市很长，对照今天我们对 A 股波段的分析，你觉得这句话对吗？

第十一讲

股票涨跌的宏观全局因素

前面讲了股票的基本知识，破除了一些常见的误解。在这一部分的第六讲，我们来分析一个更直接的问题：每天股市开市，有的股票上涨，有的股票下跌，这涨涨跌跌，都是什么决定的?

你可以想象一下这样的场景，你站在一个巨大的电子交易屏幕前，屏幕上是跳动的价格，红红绿绿的，红的是上涨，绿的是下跌。到了每天收市，交易所和券商会给出当天的各种统计，比如沪深两市一共多少家上市公司，多少家上涨，多少家下跌，什么板块涨得多，什么板块跌得多，等等。

表 11–1 是一个典型交易日的市场统计，显示了 2019 年 11 月 1 日这一天的涨涨跌跌。这一天沪深股市有 3 672 家上市公司，2 798 家上涨，737 家下跌，其中 19 只个股涨停，涨幅在 5% 以上的个股有 60 只；有 41 只股票跌停，跌幅在 5% 以上的个股有 195 只。领涨个股包括钢研纳克、宝兰德、康盛股份等、领涨行业包括医疗服务、食品加工、白色家电等。

表 11-1　市场统计（2019 年 11 月 1 日）

沪深公司总数	3 672	
上涨数	2 798	
下跌数	737	

（续表）

涨停数	19	
跌停数	41	
指数名称	**收盘点**	**单日涨跌幅（%）**
上证综指	2 929	–0.3
深圳综指	1 616	–0.7
创业板指		
领涨个股	**最新股价（元）**	**单日涨幅（%）**
钢研纳克	6.48	44
宝兰德	100.20	26.36
康盛股份	2.71	10.16
丰华股份	10.29	10.05
飞力达	8.98	10.05
领涨行业	**单日涨幅（%）**	**月涨幅（%）**
医疗服务	2.67	34.76
食品加工	2.43	0.96
白色家电	1.67	8.99
燃气	1.05	–5.02
生物制品	0.96	17.91
领跌个股	**最新股价（元）**	**单日涨幅（%）**
中装建设	7.22	1.75
永利股份	3.87	3.55
科力尔	37.08	3.62
宏达股份	2.33	4.01
超讯通信	16.29	5.62

（续表）

领跌行业	单日跌幅（%）	月跌幅（%）
饲料	–4.08	–1.85
其他休闲服务	–3.20	–18.20
畜禽养殖	–2.95	12.47
农业综合	–2.84	–15.90
其他轻工制品	–2.42	27.52

数据来源：Wind，申万宏源。

你可以想象一下，对着这些涨涨跌跌，对着满屏幕的红红绿绿，你可能会头晕脑涨。这涨涨跌跌，都是什么因素决定的，有没有规律可循？答案是有的。我把驱动股价涨跌的因素分为三类，分别是：宏观全局因素、中观板块因素、微观个股因素。

我们在本讲先看宏观全局因素。

宏观全局因素：不仅要看基本面，还要看情绪面

宏观全局因素是影响整个市场、影响所有股票的因素，比如宏观经济运行、国际关系变化、外围市场变化等。这些因素的共同特点是影响市场上所有的股票。

我们来看一个例子。比如说，2019 年 5 月 6 日星期一是 A 股市场上一个值得记住的日子。为什么？因为这一天，沪深两市跌停的个股 1 000 余只，只有百余只上涨。上证指数跌幅达到 5.6%，创下 3 年以来最大单日跌幅。

这一天发生了什么？原来是中美贸易摩擦再度升级，具体表

现是美国总统特朗普又发推特了，表示对中美经贸磋商进度很不满，提出要对来自中国的商品增加关税。具体计划是，在几天后的周五（5月10日），对2 000亿美元从中国进口的商品加税，税率从10%提高到25%。另外，还要对额外3 250亿美元商品也加征关税。

美国总统发一个推特，为什么会有这么大的影响？因为中美关系是当今最重要的大国关系。中美谈判的进展不仅影响两国贸易，还影响中国经济政策的制定，影响所有公司的经营业绩和现金流。这时候，特朗普说谈判不理想，市场当然觉得很严重，于是有了刚才说的千股跌停。

类似于这样的宏观全局因素还有很多，比如关于宏观经济的冷暖、货币政策松紧、资本市场改革等方面的信息，都会影响所有的股票。关于宏观全局因素，你肯定听过很多次了，但是很多人还是会觉得很陌生。觉得陌生的原因是抓不住要点。概括起来，关于宏观全局因素有三个要点。

第一，宏观全局因素很重要。你所知道的金融市场的大起大落、千股跌停等，背后都是宏观全局因素。比如：2008年的美国次贷危机，背后是金融市场的流动性枯竭；2010年的欧洲主权债务危机，背后是欧洲经济的长期停滞。毫不夸张地说，每一次金融危机，背后都是宏观全局因素主导，中观板块和微观因素是不会导致金融危机的。

第二，宏观全局因素不限于经济因素，还包括其他因素，比如地缘政治、军事冲突、自然灾害、大型的公共卫生事件等。这些事情影响经济的整体运行，影响所有的公司，所以也都是宏观全局因素。比如说，2019 年 12 月暴发的新冠肺炎疫情，对股市也有很大的影响，A 股先后经历了千股跌停和大幅反弹。

第三，宏观全局因素从两个方面影响股票市场，一个是基本面，一个是情绪面，这两个方面都很重要。

基本面比较直观，就是影响企业的经营和业绩。比如说，宏观经济下行的时候，企业利润增速下降，大盘自然也会下行。再比如，货币政策“大放水”的时候，很多企业都能拿到资金，扩大生产，增加利润，这时候大盘大概率是上涨的，这也是基本面因素。

情绪面因素也很重要，不注意的话，会损失惨重。什么叫情绪呢？就是大家觉得好，或者觉得不好，但是，也说不清到底有多好，或者多不好。比如说特朗普发推特，大家都说影响很大。可是到底有多大，很多人其实也是不清楚的。不清楚没关系，到底有多大影响也没关系，有关系的是大家都已经很悲观了，对市场前景不看好了，于是就开始卖股票，导致股价大面积下跌。前面提到的千股跌停，就有很大的情绪面的因素。

情绪面的因素是把双刃剑。如果你看不清，受到情绪影响，可能会遭受损失。但是如果你看得清，反而有操作的机会。比如说，如果你事先知道中美摩擦，就是个谈谈打打的局面，最后谁也不能把谁怎么样，你就会明白，过度悲观的情绪终究会散去，就会逢低买入。比如说，千股跌停的时候，如果你买入，到了年底，悲观情绪慢慢消散了，就有很高的回报，沪深 300 指数从 3 600 点左右，涨到了 4 100 点左右，涨幅 14%。创业板指数涨幅更大，达到 20% 左右。当然，前提是你看得准。而且提醒你，抄底的时候，一定要注意不要操之过急。抄底不当的话，风险很大。

情绪面因素比较难把握，但是非常重要，我再举个例子。2020年2月3日，也就是春节假期之后的第一个交易日，A股再次上演了千股跌停的好戏。那一天，A股市场一共3 765只股票，其中下跌股票3 596只（占上市公司总数的95.6%），其中，跌停股票3 212只（占上市公司总数的85.4%）。所以，这次下跌的更准确表述，不是千股跌停，而是“三千股跌停”，甚至可以说是“普遍跌停”。

“三千股跌停”固然“精彩”，但是更加精彩的是后面的超级大反转。第二天，A股开始大幅反弹，而且此后的两周里连续反弹。反弹的主力军不是大盘蓝筹股，而是受情绪影响更大的中小创，也就是中小板和创业板。短短一周，创业板不仅收复了失地，还创了新高，新高之后，继续高歌猛进，屡创新高。

回头看，新年开市的“三千股跌停”和后面的超级大反转，显然是矛盾的。如果三千股跌停是理智的，后面的超级反转就是不理智的。如果后面的超级反转是理智的，前面的三千股跌停就是不理智的。二者必居其一。

综合来看，开始的下跌，显然是受了情绪的影响。后来，市场才意识到，疫情终究会过去，疫情的经济影响大概率是短期的，而且之后会出台扩张性经济政策，有利于股票市场。于是，市场就开始大幅反转。

事后看，这次三千股跌停和后面的超级大反转，其实是一次财富的超级大转移。谁能预判这样的情绪性恐慌，然后预判后面的超级反转，都会获利丰厚。当然，准确把握市场情绪很难，但是能理解市场同时受基本面和情绪面影响，能尽量少受情绪影响，比如不在三千股跌停的时候清仓，就可以少受很多损失。

说完了宏观全局因素的三个要点，我再讲个小故事，通过这个小故事，进一步强调宏观全局因素的重要性。

这个故事是我的真实经历。我在准备这门课的时候，花了很长的时间，光写第一遍草稿就花了近一年。课程推出的时候，要起个名字，一开始叫作“宏观投资课”，后来还叫过“宏观投资决策课”，最后才改成很普通的名字——“徐远的投资课”。总之，我一开始是想把“宏观”两个字加进去的。可是没有一堂课是专门讲宏观的，都是讲投资、投资理念、投资工具、投资实务，为什么我想加“宏观”两个字呢？我不是想故意往宏观上靠，而是宏观思维贯穿课程的始终，贯穿在每一讲中。

比如，我在分析投资A股赚不赚钱的时候，是放在中国经济增长的大背景下进行分析的。中国经济涨了这么多倍，其中一定有很多公司的业绩涨了很多倍，A股怎么可能不赚钱呢？就是在这样的思路下，我们找到了板块现象、波段现象。没有宏观的大思路，连这样的大现象都会淹没在流行的误解里面。

在下面几讲，我会讲什么样的股票涨得多。讲述的大背景也是中国经济增长，然后结合人口老龄化、产业升级、科技进步进行分析。这世界上没有纯粹的微观投资，任何投资决策都是在宏观经济背景、产业转换背景下进行的。好的投资者，能抓住历史的大趋势，过滤干扰和噪声，和时间一起挣钱。

这样的例子还有很多，后面讲债券、黄金，我也都会在宏观经济变迁的大背景下讲。做好微观投资，也要把握宏观背景。

本讲重点

影响股价涨跌的因素可以概括成三类：宏观全局因素、中观板块因素、微观个股因素。关于宏观全局因素，你需要记住4个要点。

1. 宏观全局因素是影响整个市场，影响所有股票的因素。

2. 每次金融危机背后，都有宏观全局因素；每次股市大起大落，背后都有宏观全局因素。

3. 宏观全局因素不限于经济因素，还包括其他因素，比如地缘政治、军事冲突、自然灾害、大型的公共卫生事件等。

4. 宏观全局因素从两个方面影响股市，一是基本面，二是情绪面，这两个方面都很重要。

思考

市场情绪的大幅波动，会导致股价的大起大落。那么，应该如何处理这样的大起大落，是泰然不动，还是逢低抄底，还是采取其他策略？这个问题没有标准答案，你要寻找适合自己的答案。

第十二讲

股票涨跌的中观和微观因素

上讲我们讲了决定股票涨跌的宏观全局因素，概括了宏观因素的三个要点，特别强调了情绪面的重要性。今天我们接着讲决定股票涨跌的因素，讲中观板块因素和微观个股因素，这两个因素同样重要。讲完这两个因素之后，我们再简单讨论如何分解、使用这些因素，增加我们的投资收益。

- 中观板块因素：行业、区域或者概念 -

我们先来说中观板块因素。这里的中观对应刚才的宏观，关键词是板块。中观板块的意思是不影响所有股票，但是影响某一类股票，板块可以是行业，也可以是一个地区，还可以是相关的概念。

我们先说一个行业板块的例子。2019 年 10 月底的时候，有一个板块曾经一下子很火，就是区块链。火起来的原因是新华社报道了中央高层“集体学习”区块链的事情。报道中指出，习近平总书记专门强调了区块链技术的重要作用，“要把区块链作为核心技术自主创新的重要突破口，明确主攻方向，加大投入力度，着力攻克一批关键核心技术，加快推动区块链技术和产业创新发展”。[①]

---

① http://www.xinhuanet.com/mrdx/2019-10/26/c_1210327764.htm.

高层这么重视，市场当然会浮想联翩，甚至想入非非了。特别是高层提到“加大投入力度”，自然会让人想到资金补贴、税收减免等。不管怎么说，这个行业看来要迎来大发展，相关概念股也自然闻风而动了。

中央集体学习是2019年10月24日进行的，那天是星期四，公开报道是第二天，也就是星期五。然后，在随后那个周末，很多股票已经在“意念中”涨停了。到了周一股市开市，也就是10月28日，A股市场里有150只“区块链概念股”涨停，整个区块链板块涨幅达8.05%，远超大盘指数涨幅。更夸张的是，据媒体统计，已有超过500家A股上市公司公布自己和区块链有直接或间接的关系。相当于每7家上市公司就有1家宣布涉足“区块链”，侧面反映了板块的火爆程度。

表12-1 部分区块链概念股

股票	周涨幅	市值	市盈率	和区块链关系
新湖中宝	61.25	420.5	13.17	公司控股区块链公司趣链科技49%的股权
易见股份	47.93	206.1	22.56	2017年9月12日公告参与设定区块链投资基金
文化长城	43.60	26.27	47.64	子公司开发的区块链技术软件进行了著作权备案登记
浙大网新	26.03	119.6	72.16	参股趣链科技
顺利办	24.69	52.23	–46.41	参股公司广州网融的区块链信息服务在备案名单中
众应互联	24.23	51.03	79.78	董事长是深圳区块链金融服务有限公司的实际控制人
宣亚国际	23.78	32.66	427.81	公司成立区块链实验室

（续表）

股票	周涨幅	市值	市盈率	和区块链关系
乐心医疗	22.96	29.59	93.75	公司公告拟与佰客云共同设立区块链研究实验室
海联金汇	22.83	129.8	–72.1	设计开发了一款基于区块链的公益社群互助创新产品
环球印务	20.60	29.37	51.82	拟与区块链服务商爱斯瑞特等共同出资设立子公司

注：涨幅是2019年10月28日—2019年11月1日这一周的涨幅（%），市值是2019年11月1日的市值（亿元），市盈率是TTM市盈率（现价和过去12个月盈利的比率）。

实际上，区块链作为一种探索性技术，落地场景很少，这么多企业涉足区块链是不可能的。这里面鱼龙混杂，不少股票就是蹭热度的。我们不展开讨论这个，只想用这个例子说明，有些消息会刺激一个行业，行业相关股票会受到很大影响。而且，这个“相关”不一定是真的，只需要大家觉得是真的，就足以闻风而动了。不过，真假还是有区别的。真的有影响，这个影响会持续下去。如果这种影响实际上不存在，是假想出来的，就会消退，当初的涨幅会吐回去。区块链热潮里，很多牵强附会的概念股，第二天就开始回调了。

关于中观板块，还有很多例子。比如，以前有个政策，叫作“家电下乡”，就是补贴销往农村地区的家电。这样的政策出台，家电股当然是闻风而动。类似这样的政策，还有对新能源汽车的补贴。你要注意的是，这些都是双刃剑，到补贴结束的时候，就是利空，相关板块要受到负面影响。

中观板块不仅可以是行业，还可以是一个地区，我们来举个例子。比如说，2019 年 2 月 18 日，中共中央、国务院印发了一个文件，叫作《粤港澳大湾区发展规划纲要》。这个纲要的出台，把大湾区建设的定位一下子拔高很多，定位为立足全局和长远发展做出的重大谋划，定下了“加快基础设施互联互通、打造高水平科技创新载体”等具体目标。这样的定位显示了中央的重视和决心。

纲要发布以后，粤港澳大湾区概念股在当天就迎来了大涨，那些业务在粤港澳地区或者与该地区相关的股票集体涨停，包括基建、港口、物流、金融、地产等多个行业板块。

其中的道理不难理解，要发展大湾区，进行地区间产业融合，一定是基础设施先行，高速公路、机场等行业需求增加；大湾区建设联通以后，贸易港口更加繁荣，相关的物流、供应链等行业也将受益；然后买地产其实就是买这个城市未来的发展潜力，因而地产股也会跟着上涨。

- 微观个股因素：不作死，就不会死 -

微观个股因素是属于单个公司的特殊因素，这种因素只影响这家公司，以及与其业务直接相关的公司，不影响其他公司。

比如，A 股市场上有一只股票曾经很出名，叫乐视网，曾经很风光，短短 5 年时间股价最高涨了 46 倍，市值一度超过千亿元，是创业板上市值最高的股票，一度被称为下一个阿里巴巴。可是，如今乐视已暂停上市，市值仅剩下 67 亿元，不到当初的零头了，乐视老板贾跃亭滞留美国已经 3 年，至今未归（截至 2019 年底）。很多看好乐视，没有及时卖出乐视股票的人，现在是欲哭无泪。

乐视股价为什么这么惨呢？我们简单分析一下。乐视是靠卖视频起家的，在视频业务上顺风顺水。乐视在比较早的时候，就意识到版权的重要性，早在2007年就开始低价买版权，到了2009年的时候，版权价格水涨船高，乐视靠版权价差，赚得盆满钵满。在整个行业都还在烧钱的时候，乐视最早实现了赢利，挖到了第一桶金，并且在2010年，成功在创业板上市。

比如说，乐视在视频内容上最成功的操作，是购买电视剧《甄嬛传》的独家播放权。后来，这个电视剧红遍大江南北，为乐视网带来了数十亿元的现金流。

到这里，一切都是完美的。可是乐视网和贾跃亭不满足于影视内容，要不断拓展业务，先后涉足电视、手机、汽车这些行业。这些行业都是硬件行业，硬件行业特别烧钱，乐视又没有基础，进展很艰难，最后终于导致资金链断裂。乐视这家本来被视为下一个阿里巴巴、下一个腾讯的企业，就这样失败了。

乐视的大规模扩张，进而资金链紧张，最后资金链断裂，都是自身决策、自身原因，怪不到宏观政策和产业政策的头上。这样的因素，我们称为微观个股因素。

表12-2 乐视简史

时间	事件	市值影响
2004年	贾跃亭成立乐视，赶上全球各大视频网站萌发期，甚至早于2005年成立的YouTube（优兔）和土豆网	注册资本5 000万元
2007—2009年	大量采购电影电视剧版权，通过版权分销赚取差价	在行业内率先实现赢利，获得了IPO（首次公开募股）资格

（续表）

时间	事件	市值影响
2010 年	乐视网在深交所创业板上市	首家 A 股上市的在线视频网站，首发市值 43 亿元
2011—2015 年	乐视扩展业务，成立乐视影业、乐视电视、乐视手机、乐视云等七大子公司，单独融资发展	乐视网的估值达到 1 784 亿元的峰值，成为创业板龙头
2014 年	乐视移动成立，开始造车	
2016 年 8 月	乐视体系爆发资金链危机	市值约 400 亿元
2017 年 4 月	乐视网停牌，业绩巨亏、供应商讨债，创始人贾跃亭被计入老赖名单	市值约 200 亿元
2019 年 5 月	乐视网被暂停上市	市值仅 67.4 亿元
2020 年 5 月	乐视网被终止上市	

- 如何使用三大要素？ -

到这里，我们讨论完了影响股价波动的三类因素，分别是宏观全局、中观板块、微观个股。理解这三类因素对我们投资有什么启发呢？其实很多、很重要，我整理一下，列出三条。

第一，这三类因素都既可以让股价上涨，又可以让股价下跌。事先，我们并不知道股价会上涨还是下跌，因此也经常称其为三类风险，分别是系统风险、板块风险、个股风险。我们理解投资风险，就是要理解这三类风险。把风险分解为三类，就为我们理解风险理清了思路，避免了一团乱麻，越理越乱。

第二，这三类风险里面，系统风险是无法规避的，除非你不买股票。作为对比，板块风险和个股风险是可以规避的，这样我们就找到了规避风险的方法。通过避开相关板块或者个股，或者通过充分分散资产，都可以规避板块风险和个股风险。

比如说，你买很多股票，而且是不同行业的股票，那么每只个股在你的持仓中占比就很小。这时候，你的风险就充分分散了，只承担系统风险。当然，你还有一个简单的办法，就是买一个大盘指数，比如沪深300指数，或者中证500指数，这时候你的风险也是充分分散的。

第三，也是最重要的一点，这三类因素，既是风险，也是收益的来源，你可以根据自己的判断和偏好进行选择。

比如说，最简单的一种情况是，如果你看好的是宏观大势，是全局的因素，但是没有时间、精力去选择行业和个股，那么你可以买个大盘指数，不要碰个股和板块。

再比如说，如果你看好某个行业，比如科技行业，买这个板块的一个基金就好了，不要碰个股。这时候，你还可以有一些复杂一点的操作，来提高你的回报、降低你的风险。比如，如果只是看好一个行业，但是对于大盘总体走势比较悲观，你可以在买这个行业基金的同时，做空一个大盘指数，这样就对冲掉系统风险，只保留对于这个行业的乐观判断。关于做空和对冲，有点复杂，我们在讲期货的时候，再仔细讲这个原理。

最后还有一种可能性，就是如果你看好某个个股，比如腾讯或者阿里巴巴，就可以买这个个股，同时做空一个大盘指数，对冲掉系统风险。通过这样的方法，你买了你仔细研究和看好的资产，还能规避其他风险，是一个比较高效的操作。当然，如果你觉得大盘也是看涨的，就不用卖空大盘指数。

当然，这些对冲操作都是有一定经验积累之后才需要考虑的事情。对于投资经验不多的投资者，我的建议还是被动投资，买主动或者被动管理的基金，详情参见投资实务部分。

本讲重点

1. 股价的涨跌有三类原因：宏观全局因素、中观板块因素、微观个股因素。

2. 这三类原因导致的风险，我们分别称为：系统风险、板块风险、个股风险。其中系统风险是不能分散的，板块风险和个股风险是可以分散掉的。

3. 投资的时候，可以购买你看好的资产，同时对冲掉不必要承担的风险。

思考

学会把系统风险、板块风险、个股风险分开来看，是正确看待股价波动的开始。你不妨想一想，在未来的投资中，你想通过哪个因素获得收益？换句话说，你在分析哪个因素上具有比较优势？或者你愿意承担哪种风险，并借此获得收益？

第十三讲

为什么 2C 的公司，股票涨得多？

前面我讲过，投资 A 股不是不赚钱，而是不能躺着就赚钱，需要有一点技术含量。我们来讨论一个有技术含量的话题：什么样的股票涨幅大？在讨论这个话题之前，我们先区分两个不同的概念：一个叫作事后（ex post），另一个叫作事先（ex ante）。

什么叫事后？就是看过去什么股票涨得多，是看历史上已经发生的事情。我们在做分析研究的时候，所有的真实世界的数据，只要不是造假的，都是历史数据，都是事后研究。

什么叫事先？就是我们站在现在，预判未来什么股票涨幅大。预判是比较难的，怎么办呢？我们还是要看历史经验，看事后数据，从中寻找规律，用这个规律预判未来。

所以，研究过去是为了从中寻找规律，是为了更好地预判未来。这就是事后和事先的关系。这一讲，我们也分为两个部分。

第一部分，看看过去哪些股票涨得多，里面有什么规律。

第二部分，在此基础上，我们来做一些预判，判断未来哪些股票机会大。

先来看第一部分，过去哪些股票涨得好。说到这儿，就不能不说腾讯。腾讯是家喻户晓的互联网巨头，主要业务是社交软件，比如微信、QQ，还有网络游戏、社交广告等。关于这个公司，我就不多介绍了。腾讯 2004 年 6 月 16 日在港交所上市（股票代号 00700），发行价为 3.7 港元。到了 2019 年 12 月底，腾讯股价累积上涨了将近 540 倍，这个涨幅比几乎所有 A 股上市公司都高（图 13–1）。

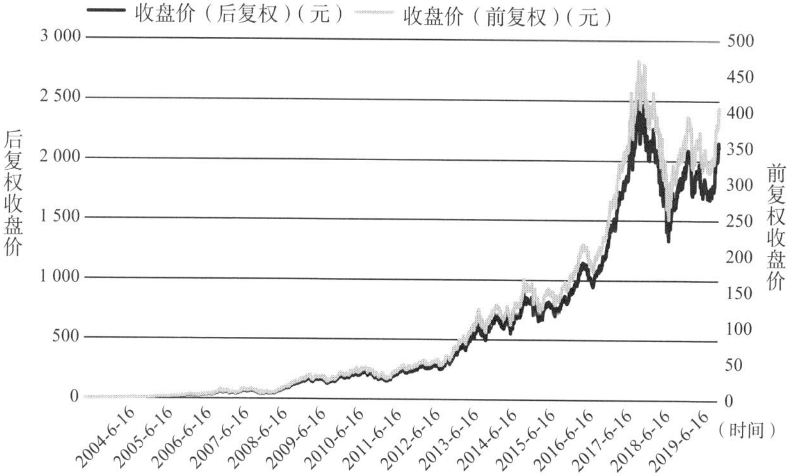

图 13–1 腾讯控股股价趋势（2004 年 6 月 16 日—2020 年 1 月 17 日）

数据来源：Wind 资讯。

假如当初腾讯控股上市时，你以 3.7 港元一股的价格投资了 10 万港元并持有到 2019 年底，则仅仅 15 年时间，你所持有腾讯的总市值将达到 5 400 万港元；如果你投了 20 万港元；就有 1.08 亿港元。纵观过去 20 年 A 股和港股公司，在主要大股票中，腾讯的总涨幅应该是最高的，说是“股王”也不为过了。

在北京大学的课堂上，我每年都会讲这个案例。为什么呢？这是我的一个真实教训。2005—2007 年的时候，我在香港大学教书，用港大的工资买了几十万港元的腾讯股票。但是后来因为去加拿大任教，就将这些股票卖了。如果不卖的话，现在总市值也上亿港元了。所以这对我来说是一个教训，投资眼光不够的教训。当初没有看明白、想通透，所以持仓不坚定，因为一点儿不相关的事情就卖掉了。当时我要离开香港了，腾讯是香港上市的公司，就把腾讯卖掉了。其实我去不去加拿大教书，在不在香港，和我持不持有腾讯的股票，根本是不相关的两件事。

事后想一下，腾讯那时候已经是很大的线上交流社区，而且面对的主要是青少年，消费意愿很高，现金流量很大，即便没有后来的微信，也是潜力非常好的投资。没有微信的话，腾讯股票也许没有 500 多倍的涨幅，但是 100~200 倍的涨幅还是会有的，依然是非常好的投资。因为对资产的性质看不彻底、看不通透，所以就不敢坚定持有，这就是教训。

其实市场上回报率高的股票很多，像腾讯这样的优质股票并非个例。表 13–1 是 A 股市场中自上市以来至今累积回报率最高的股票，一共 25 只。其中格力电器也是 500 多倍的涨幅，相比腾讯也不逊色，万科、泸州老窖也有 300 多倍的涨幅。其他像伊利股份、贵州茅台、云南白药、恒瑞医药等，也都是 100 倍以上的涨幅。表 13–1 里面涨幅最低的，也涨了 40 倍。20 多年涨 40 倍，这样的投资应该很让人满意了。

表 13–1 中的信息，和很多人说的投资 A 股不赚钱，显然是背道而驰的。要想在 A 股挣钱，你只需要找到这些公司，买入持有它们的股票。然后，什么也不需要做，等待时间给你升值。现实中很多人不挣钱，很可能是因为相信了很多暴富的神话，去学习所谓的炒股技巧和捷径，结果不仅没有挣到钱，还经常被套牢，然后抱怨 A 股不挣钱，说什么"赢了指数输了钱"。其实稍微想一想，这是不可能的。你买指数就可以赚钱，为什么要抱怨"赢了指数输了钱"呢？逻辑上完全不通的。

表 13-1 A 股累积回报率最高的 25 只股票

证券简称	上市日期	总市值	增长倍数	年增长率（%）	行业
格力电器	1996 年 11 月	3 945	583	30.82	可选消费
万科 A	1991 年 1 月	3 599	327	21.56	房地产
泸州老窖	1994 年 5 月	1 270	311	24.39	日常消费
伊利股份	1996 年 3 月	1 886	253	25.44	日常消费
贵州茅台	2001 年 8 月	14 861	250	34.12	日常消费
云南白药	1993 年 12 月	1 142	185	21.59	医疗保健
恒瑞医药	2000 年 10 月	3 871	143	28.72	医疗保健
华域汽车	1996 年 8 月	819	115	21.96	可选消费
方正科技	1990 年 12 月	80	114	17.26	科技
长春高新	1996 年 12 月	905	106	21.87	医疗保健
五粮液	1998 年 4 月	5 163	76	21.60	日常消费
万华化学	2001 年 1 月	1 764	73	24.73	材料
恒生电子	2003 年 12 月	624	72	29.75	信息技术
海尔智家	1993 年 11 月	1 251	59	16.52	可选消费
华夏幸福	2003 年 12 月	865	58	28.15	房地产
山西汾酒	1994 年 1 月	782	54	16.20	日常消费
苏泊尔	2004 年 8 月	630	51	28.46	可选消费
山东黄金	2003 年 8 月	931	49	26.26	材料
金融街	1996 年 6 月	243	47	17.45	房地产
双汇发展	1998 年 12 月	964	46	19.53	日常消费

（续表）

证券简称	上市日期	总市值	增长倍数	年增长率（%）	行业
中天金融	1994 年 2 月	233	45	15.53	房地产
片仔癀	2003 年 6 月	663	44	25.14	医疗保健
老凤祥	1992 年 8 月	198	42	14.28	可选消费
福耀玻璃	1993 年 6 月	589	41	14.73	可选消费
三安光电	1996 年 5 月	749	40	16.59	信息技术

注：收益率为上市之日起至 2019 年底，以上市当天开盘价（不是发行价）为基准，总市值为 2019 年底（12 月 31 日）总市值（亿元），已剔除总市值小于 50 亿元人民币的股票，行业为 Wind 一级行业。

数据来源：Wind 资讯。

A 股挣钱的大背景，是从 1990 年到现在，中国经济总量翻了好几番，A 股从无到有，现在有将近 3 800 家上市公司，约 60 万亿元的总市值（2019 年 12 月底，A 股共有 3 760 家上市公司，总市值 59.3 万亿元人民币），里面一定有涨了很多倍的公司。你需要做的，是找到这些公司。

怎么找呢？我们再来看一下表 13–1，表 13–1 的最后一列给出了这些高回报的公司的行业分类。可以看到，这些行业是高度集中的，总共 25 家公司，消费、医疗类占了 16 家，占绝对主导，其余还有 4 家地产公司（包括万科、华夏幸福、中天金融、金融街），3 家科技公司（方正科技、恒生电子、三安光电），2 家材料公司（山东黄金、万华化学）。

这张表看起来很简单，其实信息量很大。我们仔细看，可以总结出一条重要的规律，就是绝大多数涨幅高的股票，都是和居民家庭直接相关的，也就是通常说的2C（对顾客）的企业。比如说消费、医疗，都是直接向居民家庭销售的；而地产公司，大部分也是向家庭直接销售的。这3个行业的公司，在25家中占了20家，占比80%。刚才说的“股王”腾讯，主要的营收来自游戏，也是直接面向家庭销售的。

作为对比，很多其他公司，比如建筑公司、汽车零配件公司，客户不是居民家庭，而是其他公司，也就是通常说的2B（对商家）企业。依据销售对象，我们可以把企业分为居民企业和公司企业，也就是通常说的2C企业和2B企业。表13–1中的发现，是2C企业的股价涨幅更大，占据了涨幅排行榜前面的大多数位置。

那么，为什么会这样？2C企业和2B企业有什么不同，导致股票涨幅有如此大的区别？总结起来，有4点区别都很重要。

2C企业市场潜力大，向上空间大

消费、地产、医疗，都是和居民生活直接相关的，用户都是居民，是亿万家庭。在中国经济快速增长的背景下，14亿居民的需求，衣食住行这些日常生活的小事就不再是小事情，而是大市场，巨大的蓝海市场。

这时候，无论是大件、超大件的需求，像地产、家电，还是小件的需求，像牛奶、药品，都是巨大的市场，都孕育了巨大的公司。你看地产公司的市值，像万科、恒大，都是好几千亿元的市值。云南白药的市值也接近上千亿元，这就是市场大的好处。伊利股份也有接近2 000亿元的市值，因为居民每天都要喝牛奶，所以总量非常大。

当然，说居民品牌市场潜力大，不是说公司企业市场潜力就小。中国经济总体体量大，为公司企业也提供了机会，我们下面要讲到，只是公司企业更容易面临市场分割，不容易占领稳定的市场份额。换句话说，市场潜力大是一个前提条件，是必要条件，但并不是充分条件，还需要其他条件一起发挥作用。

2C 企业品牌忠诚度高

为什么这么讲？这是因为面向居民的品牌，黏性很高。和居民家庭直接相关的品牌，有着巨大的品牌黏性。

我们可以这样想一下。一个企业在购买产品的时候，往往有专业手段来检验产品性质，质量不好就换。而且，即便质量好，也可以换，因为新的供货商不停进入，可能提供质量更好、价格更低的产品。

居民和企业不一样，居民购买的时候不是用专业手段检测的，大部分时候居民也没有那么多的专业知识去识别产品。所以居民更看重品牌，更相信品牌，甚至相信产品概念而不是产品性质。这就意味着，一个居民品牌一旦得到认可，居民就不愿意随便换，这就是一条很宽的护城河，别人很难跨越，因为人们的观念是很难改变的。

作为对比，企业就不太一样。企业买东西不完全看品牌，品牌忠诚度很低。这就意味着，面向企业的产品，除了少数情况，时刻面临着激烈的竞争，而且没有护城河，很难做得很大、占领所有企业的市场。这对我们的启示是，以后买股票，要想找一个护城河宽的股票长期持有，那就在直接面向居民的品牌里面找。

护城河的概念，还可以得到进一步的验证。你仔细看表 13-1，里面没有服装、鞋帽类的上市公司。A 股不是没有服装、鞋帽类上市公司，而是很多，比如雅戈尔、海澜之家、森马服饰、太平鸟、七匹狼、红蜻蜓、奥康国际等，但是这些公司涨幅都不是特别大。为什么呢？按道理，衣食住行，都是人们的基本生活需求，都有巨大的市场潜力，为什么涨幅很大的公司没有服装鞋帽类？因为人们买衣服、买鞋帽的时候，是要反复试的，不会特别忠于品牌。比如说，你喜欢李宁，可是也会去看耐克，货比三家。过阵子出个新品牌，你觉得更潮，就会购买。这和饮料、白酒、药品这些不一样，这些品牌用上了，你一般不换，品牌忠诚度很高，因此这些公司容易做得很大，股价就容易涨得很高。

举个例子，白酒当中，喜欢茅台的人，一般不会换到别的牌子。这些年茅台盈利和股价都涨得很厉害，和品牌忠诚度有很大的关系。你可能会说，茅台价格高和炒作有关系，很多人买茅台存起来，导致市面上供应减少。其实这和我们讨论的护城河不矛盾，反而恰恰证明了护城河理论。人们为什么炒茅台？还是因为茅台牌子硬，最后有人买单，这其实恰恰说明了茅台的品牌忠诚度。一个没有广泛认可的东西，是没有人炒作的。

2C 企业产品的标准化程度高，2B 企业产品标准化程度低

这点很多人可能不熟悉，需要解释一下。你可以到超市看一下，看到一排排的牛奶、鸡蛋、杂粮等，都是包装好的，包装、价格都是统一的，这就是产品标准化的意思。

标准化的含义远超你的预期。如果你和一个做 2B 业务的人聊天，他会告诉你，2B 业务都是非标准化的，每个客户都有特殊要求，都要定制。一旦定制，就要设计、施工，没办法批量生产，成本一下子就上去了。2C 产品就没有这些烦恼，都是标准化的。只要产品质量过关，可以大规模生产，成本一下子就分摊了。2C 品牌有很大的成本优势，这是很多人没有意识到的。

2C 品牌抗周期能力强

居民品牌还有一个隐藏的性质，就是抗风险能力强。为什么这么讲？这和前面讲的护城河是不是一回事？不是的，前面讲的护城河说的是长期的潜力，说的是竞争对手很难赶超，抗风险说的是短期的、逆周期的性质，说的是经济下行的时候，居民品牌的表现也会相对较好。一个说的是长期潜力，一个说的是短期抗风险，是两个问题。

居民品牌为什么抗周期能力强？因为其特点就是家庭会直接购买这些产品。不要小看这种直接购买，直接购买里面隐含着两个非常重要的商业性质：

1. 居民习惯变得慢，这和护城河理论的底层逻辑是一致的。把这个逻辑应用在短期周期上，在经济周期下行的时候，居民依然会购买，因此居民品牌受经济下行的影响较小，具有一定的逆周期的性质。而且，居民消费是很稳定的，在经济下行的时候也很稳定，下降很少，这也意味着居民品牌的抗风险能力强。你可能经常听说医药、食品是逆周期行业，说的就是这个道理。

2. 居民购买，一般都是一手交钱，一手交货，不赊账。不赊账，就没有应收账款的问题。经济下行的时候，很多企业不是没有营业收入，而是有营业收入，但是没有现金流，因为账款收不回来，导致资金链紧张甚至断裂。但是，居民直接购买的行业，像餐饮、零售、医药行业，有大把的现金流，只要营业收入好，就根本不担心资金链断裂的问题。

从这个角度讲，居民企业就像银行一样，从居民手中获得了大量的流动资金。因此，居民企业的流动性非常好。比如说，2017—2019 年，我国进行了比较严厉的金融去杠杆，取消了很多融资渠道，很多企业资金链紧张。但是居民企业完全不受影响。那几年虽然经济下行，但居民类企业的股票大部分表现都比较好，像格力电器、美的集团，股价都创了新高。

本讲重点

A 股市场上什么样的股票回报率高，我的重要发现是三条。

1. 涨幅最高的股票，绝大多数都是居民企业的股票，居民企业就是直接向家庭居民销售产品的企业，又称为 2C 企业，包括消费、医疗、地产等。

2. 我国人口总量大，市场潜力大，是居民企业股价涨幅大的前提条件。

3. 只有市场潜力是不够的，居民企业股价涨幅大，还因为和公司企业相比，居民品牌有三大优势，分别是：品牌忠诚度高、产品标准化程度高、抗周期能力强。

思考

从历史数据中总结出来的规律，在什么条件下可以预测未来，在什么情况下不可以预测未来？然后，结合你的思考，想想我们在本讲总结出来的 3 条规律，未来还是否有效。

第十四讲

科技股的潜力有多大?

从过去经验看，A 股市场上的 2C 企业，也就是直接面向居民家庭销售的企业的股票涨幅高。除了市场潜力大这个原因，还因为 2C 企业有 3 个重要特征，分别是品牌忠诚度高、产品标准化程度高、经营抗周期能力强。这些特征都是行业的固有特征，未来还会继续发挥作用，未来我们还是要关注居民企业的股票，主要就是消费、医疗、地产等。

随着时代变迁和技术进步，我们要不断寻找新的机会。关于这一点，著名的股神巴菲特就吃过亏。互联网时代来了之后，因为看不懂新商业模式，股神迟迟不愿意介入。不过，股神不断学习，看懂了之后，就大举买入。目前，巴菲特买入了大量苹果和亚马逊的股票。而且，苹果股票高居巴菲特持仓的首位，是他的第一重仓股。由于苹果股价近年来的出色表现，巴菲特获益丰厚。

- 科技公司的崛起 -

巴菲特的转变，是顺应了时代特征和未来趋势的转变。为了看清这一点，我们先来看一张图。图 14–1 展示了 2007 年和 2019 年全球市值前十的公司。2007 年是金融危机之前，代表了危机以前的传统商业格局。2019 年是现在，代表危机之后的新商业格局。

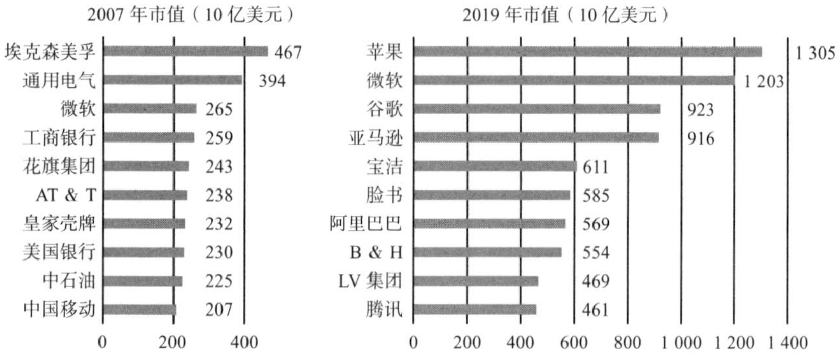

图 14-1 2007 年和 2019 年全球市值十大公司

注：工商银行就是中国工商银行（ICBC），AT&T 是美国电话电报公司，B&H 是巴菲特旗下的伯克希尔－哈撒韦（Berkshire Hathaway），LV 集团是著名奢侈品牌 LV 的母公司（LVMH）。

数据来源：Wind 数据库，数据单位为 10 亿美元。

通过比较可以发现，这两个年份的全球前十大市值的公司几乎完全不同。2007 年全球市值前十的公司主要属于石油、金融、电信这些传统行业，完全没有互联网公司的身影。到了 2019 年这种情况则完全变了，全球市值前十的公司几乎都是新兴的科技互联网公司。前十大公司中，有 7 家互联网公司，其中美国 5 家，分别是微软、亚马逊、苹果、谷歌、脸书，中国 2 家，就是阿里巴巴和腾讯。短短十多年，互联网公司从无到有，10 家中占 7 家。从这个对比可以看到，世界商业巨头的格局，已经完全改变了，互联网已经取代石油、金融、电信这些传统商业中令人生畏的元素，成为支撑商业巨头的基础元素。

这张图里面的故事，到这里还远没有讲完。你再仔细看，可能还会注意到这七大互联网公司，全部是平台型企业[①]，比如微软提供的是操作系统的平台，苹果提供的Apple Store（苹果商店）是一个开发者平台。平台型企业就是其提供的产品和服务形成了一个巨大的生态圈，可以覆盖消费者生活的很多方面，形成巨大的市场。然后，这个平台从中收取费用，因为平台很大，收费不用高，就可以赚很多的钱。打个比方，这些平台就像一个很大的集贸市场，招揽很多买家和卖家来做生意，收地皮费。人多了，地皮费的生意自然兴隆，利润丰厚。像苹果这样的公司，地皮费还很贵，而且还能招揽到很多人，利润就更丰厚了。靠的是什么？非常尖端的技术、非常好的用户体验，是这些公司的护城河。这个护城河很宽，其他公司很难一下子跨过去。

中国的阿里巴巴和腾讯也是典型的平台型企业，比如说阿里巴巴，旗下的核心资产天猫和淘宝，就是典型的交易平台，供买方和卖方进行信息发布、展示和交易。阿里巴巴的职能是建设基础设施，制定平台的规则，然后维护平台运行，在这一过程中收取平台服务、广告费用。迄今为止，这依然是阿里巴巴的主要商业模式。

腾讯也是典型的平台型企业。腾讯的核心资产是微信和QQ两大社交空间，把全球华人吸引进这两个生态空间之内，然后通过游戏、广告、音乐、文娱等各类服务获利。由于社交空间体量很大，用户黏性很高，所以腾讯的核心资产也很稳固。

刚才我们强调平台模式，是想强调一下，这些平台很强大，护

---

① 平台型企业：搭建一个产品和服务的生产、发布、浏览、互动的平台，通常提供免费的基础服务，以广告和增值服务为营收点的企业，称为平台型企业。

城河很宽，因此估值也很高。

说到这里，我们需要问一个问题：为什么现在平台企业这么强大，而以前平台企业起不来呢？这还是托了互联网革命的福。这些公司都是依赖互联网技术，特别是移动互联网技术，快速建立互联网平台，形成生态系统的。而互联网技术特别是移动互联网技术，其实是最近十多年才发展成熟起来的。在此之前，这样的企业不具备技术基础，也就发展不起来。但是一旦技术基础具备之后，这些企业就飞速发展，成为过去十多年的现象级企业，并且彻底改变了商业世界的版图。到现在，传统企业已经退居商业世界的第二梯队，第一梯队是这些新兴的商业贵族。

- 富可敌国：不是小国，而是大国 -

前面我们仔细分析了互联网公司的优势，包括技术优势和平台优势。现在我们再回来仔细看一下这些公司的估值。

美国的 4 家科技巨头，简称 GAFA，4 个字母分别是 4 家巨头的第一个字母，分别是谷歌（Google）、苹果（Apple）、脸书（Facebook）、亚马逊（Amazon）的首字母，这 4 家公司的总市值是 3.7 万亿美元。如果再加上 MAT，也就是微软（Microsoft）、阿里巴巴（Alibaba）、腾讯（Tencent），那么这 7 家全球科技巨头（GAFAMAT）的总市值就达到了 6 万亿美元。

6 万亿美元是什么概念？当今世界只有美国和中国的 GDP 超过这个数，日本 GDP 位列世界第三，但是也只有 5 万亿美元左右。也就是说这 7 家公司的市值，超过世界上几乎所有国家的 GDP，除了美国和中国。而且，这些公司的市值增长很快，超过所有国家的GDP的增长速度。富可敌国这个词，原来不是神话，而是活生生的现实。而且，不是敌小国，而是敌几乎所有大国。

让我们再做一个比较。现在A股的总市值8.5万亿美元左右。①这7家公司的市值，就相当于A股总市值的70%了。所以说，科技时代已经来了，不仅在财经媒体的讨论中已经来了，在资本市场的估值中也已经来了。技术进步是一条单行道，新技术一旦被发明，就不会消失。对于未来科技公司的增长潜力，我们虽然看得很高，但可能还是低估了。

- 成长的速度与潜力 -

刚才我们重点强调了科技巨头在商业世界和资本市场上的分量。你可能会问，是不是即将到来的科技时代，是大公司、大寡头的时代，而小公司、初创公司没什么机会了？完全不是这样的。

技术进步日新月异，现在商业的迭代速度很快，创新企业的机会不是变小了，而是变大了。这些科技巨头其实都是很新的公司，创立年份都不长。谷歌（1998年创立）、亚马逊（1995年创立）、阿里巴巴（1999年创立）、腾讯（1998年创立）的创业年份，也都才20多年；更年轻的是脸书（2004年创立），只有16年，就已经成为全球巨头了。这些科技巨头，除了微软和苹果的年份稍长一点，其他都很短。

---

① 2019年12月底，A股总市值59.29万亿元人民币，折合8.51万亿美元。本文的公司市值数据，除非另外说明都是2019年底的数据。

表 14-1 高科技公司的创立年份和市值（截至 2019 年底）

公司	创立年份	市值（亿美元）
谷歌	1998	9 211
苹果	1977	12 876
脸书	2004	5 854
亚马逊	1995	9 202
微软	1975	12 003
阿里巴巴	1999	5 691
腾讯	1998	4 607
美团点评	2010	760
字节跳动	2012	750
快手	2011	200

注：美团创立于 2010 年，美团和大众点评于 2015 年合并，2018 年 9 月在香港上市。

数据来源：Wind。字节跳动和快手尚未上市，数据来自中国人民大学中国民营企业研究中心与北京隐形独角兽信息科技院联合发布的《2019 全球独角兽企业 500 强发展报告》。

这些巨头之外，一些新兴的科技企业，像今日头条、美团，都已经在快速追赶了，形成了一股不可小瞧的新兴势力。根据最新的估值，还没上市的今日头条（字节跳动旗下公司）已经达到 750 亿美元，而香港上市的美团已经接近 800 亿美元（2019 年底数据为 6 052 亿港元，折合 760 亿美元），都已经是很大的公司。

事实是，商业世界是一个巨大的生态系统，需要各种各样的企业，需要大企业，也需要中小企业。我至少可以给你提供两个角度，告诉你中小企业其实有很多机会。

第一个角度，你仔细看的话，这些巨无霸公司的技术很多都不是自己研发的，而是收购其他小公司的技术。苹果公司的很多技术，就不是自主研发而是从其他公司购买的。国内的阿里巴巴和腾讯，也大量入股或者收购小的科技公司。所以，小公司并不是没有机会，而是可以在技术上寻求突破，并可以和大公司合作。如果既没有核心技术，没有管理运营能力，又没有市场渠道，还抱怨环境恶劣，就只能自哀自怜了。这样的公司，不在我们投资考虑的范围内。商业世界的竞争很残酷，没有怜悯，也不要心存幻想。

第二个角度，很有意思的是，刚才这些科技巨头都是平台型公司。平台型公司的特点是既然是平台，就需要有人参与，否则平台上空空如也，就失去了平台的意义。这些大型的平台企业提供平台服务，然后小企业可以依托平台做生意，比如苹果 App（应用程序）的众多开发者、微软操作系统的各种软件提供商、淘宝网上的众多商家，等等。所以，中小企业可以依托这些大平台，更好地拓展自己的市场，实现自己的价值。

现实中你可能听到这样的说法，就是很多人抱怨阿里巴巴和腾讯垄断了国内互联网市场，其他公司举步维艰。对于这样的言论，我只能说，抱怨是没什么用的，你可以不跟它们玩，自己玩。任何一个创业者都要明白，市场是充满竞争的，你不能要求别人退出，把市场留给你做。说得更直白一点，你不能因为别人做大了，占领了市场先机，就埋怨。

其实，相比于20年前它们起家的时候，现在市场推广容易多了，融资容易多了，做不起来不要埋怨别人。如果你嫌它们在合作中霸道，就问问自己的分量。真正做事的人，从来不抱怨。原因很简单，因为抱怨没有用。我看到的实际情况是，过去 10 年互联网创业风起云涌，比过去容易多了。少数人成功了，但是很多人没成功，但是创业成功本来就是小概率事件，初创公司 3 年内倒闭的概率超过 90%，中国、美国都一样。所有人在开始创业的时候，就要明白这是一次冒险，是九死一生的。很多看起来很好、很靠谱的想法，很多时候也不能落地。

何况，有很多创业，一开始商业模式就不对，即便看起来模式对了，认真考较之下，商业逻辑也不过硬，我把这些创业失败的原因称为“逻辑失败”。这时候埋怨市场环境，没有意义。作为投资者，我们不需要去同情创业者，我们的本分是推敲他们的商业逻辑是否过硬，商业模式能否落地，寻找里面的投资机会，规避其中的投资风险。一个常见的错误是以为公司上市了就是成功了，完全不是这样，其实上市只是创业的开始。一些上市公司，表面很风光，但是仔细分析，明显存在“逻辑失败”的硬伤，对于这样的公司，我们最好不要碰。

创业不是这门课的重点，我们不展开细说，还是回到投资，回到股票市场上。我们用数据来回答一个问题：股票市场上，科技行业的总体表现如何？如果表现很好，不仅仅是巨头表现好，而且是整个行业好，就说明很多中小企业也有机会。我们来看行业指数。

我们比较了最近 10 年（2010—2019 年）美国股市行业指数的表现（图 14–2），排在前三位的是信息技术、可选消费、医疗保健，涨幅分别是 354%、338%、277%。其中信息技术位列第一，十年增长354%，每年增长16.5%。要知道，这是在金融危机以后，美国经济经历漫长停滞的背景下实现的增速，可谓是非常出色了。所以说，高科技企业的崛起，不仅体现在大企业上，也表现在全行业上。

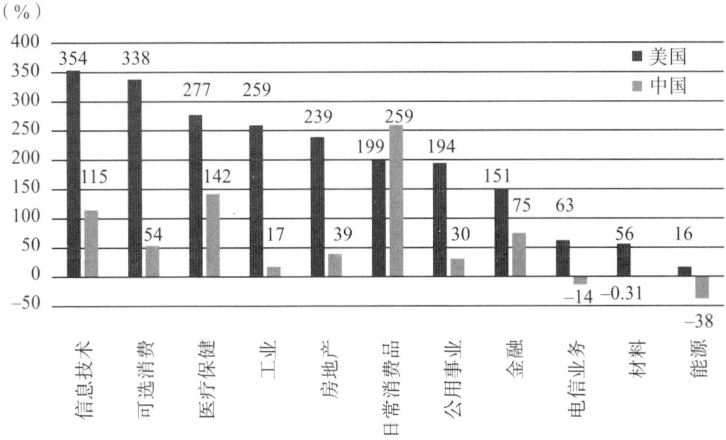

图14-2 中美股市过去10年涨幅（2010—2019年）

数据来源：Wind数据库。

美国是经济发展和技术进步的前沿，很多事情都先在美国发生，然后在其他国家发生，看美国股市，是为了看清中国未来的方向。那么A股呢？如果我们仔细看，A股市场上科技类股票的优势也已经开始显现，信息行业在中国市场的表现也很好。

从2010年到2019年这十年，A股表现最好的行业是日常消费和医疗保健，这和我们上一讲的分析是一致的。消费和医疗在中国的崛起，既有经济成长的大背景，也有消费品牌自身的一些特点，包括品牌忠诚度高、产品标准化程度高、经营抗周期能力强，这些特点使得在经济增长的大背景下，消费和医疗脱颖而出。

除了日常消费和医疗保健之外，中国股市表现最好的就是信息技术了。所以，在中国市场上，信息技术在过去十年的表现也是排在前三的。要知道，信息企业一般都是 2B 的，不是 2C 的，并没有消费企业的那些优点。尽管如此，信息技术还是排在前三，排在消费和医疗之后。可见，信息行业的潜力在 A 股也已经开始显现，而且是很突出地显现。

仔细看的话，很多信息技术类的企业大家可能都没有听说过，比如涨幅靠前的隆基股份、中科曙光、立讯精密、兆易创新等。因为这些企业都是 2B 的，除非相关行业的人，或者专门研究过这些公司的人，否则不太熟悉。尽管如此，这些公司在信息技术的大潮下，表现亮眼。

本讲重点

1. 互联网巨头已经取代传统的石油、金融、电信公司，统治了全球最大市值公司的榜单。

2. 这些公司的总市值，已经达到富可敌国的程度，而且还在快速增长。

3. 互联网巨头几乎全部是平台公司模式，具有很宽的护城河。

4. 信息技术行业的总体表现都很好，不是没有机会。目前人类正处在第四次工业革命的前夜，科技公司有很大的增长潜力，不仅是你看得见的那些科技巨头，很多其他的中小企业也有很多的机会。

思考

消费、医疗、科技三大行业是未来投资的重点考虑对象。你可以进一步思考一下，这三个行业的底层逻辑哪一个最强，分别对应哪个行业？这样的思考，可以帮助你决定在哪个行业上配置更多的资金。

本章小结

股票：关于股票的那些流行谬误

股票是大家最熟悉，也是误解最多的投资工具。希望这部分内容的学习，可以破除你对股票的误解，帮你正确认识股票。

关于股票，我们一共讲了8讲，围绕6个问题展开。

1. 我们买股票，买的到底是什么？

关于这个问题，我告诉你的是，我们买股票，买的可能是两种东西：一种是现在的现金流，也就是盈利和分红；另一种是期望，也就是未来的盈利和分红。这个期望如果被市场认可，就会表现为股价上涨。一些现象级的企业，比如微软和亚马逊，很长时间都不分红，但是股价上涨很多，投资者获利很大。

我们判断一只股票好不好，不能简单看是否分红。分红的公司不一定好，不分红的也不一定不好。一个公司如果有很多投资机会，就不应该进行分红，而应该把资金拿来投资，把握增长机会。这时候分红，相当于割自己的肉，喂给自己吃，因小失大。

2. 如何判断股价的高低？有的股票股价很低，是不是很便宜？有的股票单价很高，为什么还一路上涨？

关于这个问题，我告诉你的是：市场上很便宜的股票，比如1元股和仙股，都经历过大幅的下跌，反映出基本面的问题，风险很大。而一些价格很高的股票，是因为业绩好，或者暂时业绩一般，但是被市场看好其发展潜力，完全可能进一步上涨，实际上反而很便宜。所以我们衡量股价是否贵，不应该看绝对价格水平，而是应该锁定基本面，看相对估值水平。

买股票只看相对估值水平也是不行的，估值高低和未来回报率的高低，并没有必然的关系。很多高估值的股票未来回报率很高，比如腾讯、恒瑞医药、贵州茅台等；也有一些估值很低，但是涨幅很好的股票，比如万科、格力电器、招商银行等。这里面的经验是，选股票没有“一招鲜，吃遍天”的招数。认识到这种复杂性，是认识股票的第一步，可以少走很多弯路。

3. 市场上股票那么多，我们怎么样快速了解市场情况？

这个不难，股票指数这个工具，可以帮你在股票的海洋里快速巡航。关于股票指数，你只需要知道“334”，就是股票指数的“三个功能”、编制股票指数的“三大要素”，以及股票指数的“四大类别”。在此之外，股票指数编制的很多技术细节，你知道一下就好，不需要全部掌握。

4. 股票价格的涨涨跌跌，到底是怎么决定的？

这个问题很重要，我帮你把股价涨跌的因素分为三类，分别是：宏观全局因素、中观板块因素、微观个股因素。和这三类因素对应的是投资股票的三类风险，分别是：系统风险、板块风险、个股风险。其中系统风险是不能分散的，板块风险和个股风险是可以分散的。这种风险的分解不是文字游戏，而是有很实际的指导意义。

第一，在投资的时候，你要思考一下，你的收益来自哪里，你愿意承担哪一种风险。

第二，你不愿意承担的风险，有没有办法分散掉，或者对冲掉。

5. 投资 A 股到底赚不赚钱？

关于这个问题，有一个很流行的误解，就是投资A股不赚钱，股民都是等待被收割的“韭菜”。

通过梳理历史数据我们发现，投资A股不是不赚钱，而是不能躺着赚钱，需要一点技术，板块之间、波段之间差异很大。长期看，小股票比大股票回报率高。从波段上看，上涨的时候，小股票涨得多，下跌的时候，小股票跌得也多。在A股挣钱有三大法宝：选股、选板块、选波段。

6. 什么样的股票回报率高？

关于这个问题，通过梳理历史数据，挖掘底层逻辑，我们发现需要特别关注三个行业，分别是消费、医疗和科技行业。这三大行业，都有坚实稳健的底层逻辑。

消费行业的底层逻辑，是中国经济的持续增长。14亿人口中，大部分还是中低收入人口，消费升级是持续进行的过程，会延续很长时间。过去基础消费的涨幅好，未来可选消费的涨幅可能较大。

医疗行业的底层逻辑，是收入增长背景下的老龄化。收入增长了，医疗需求自然就增加。而且，老龄化背景下，预期寿命延长、老年人口占比增加，医疗需求就进一步增加。对于老年人而言，医疗是不可避免的、最重要的支出。

对于消费和医疗行业，因为品牌黏性大、产品标准化程度高、企业经营抗周期能力强，所以整体上企业的护城河比较宽。如果你要选个股的话，现在的龙头企业就是比较好的备选项。

信息行业的底层逻辑，是我国面临产业升级，世界又恰好处于第四次工业革命的前夜。两大因素叠加作用，未来信息技术行业有非常大的发展潜力。

第四次工业革命可以简单概括为ABCD，ABCD分别是四类核心技术的第一个英文字母，分别是人工智能（Artificial Intelligence）、区块链（Block Chain）、云计算（Cloud）、大数据（Big Data），这些都与信息技术密切相关。未来信息科技类股票，会有比较好的前景。

对于信息技术行业，我不建议普通投资者去挑选个股，因为这里面有很多的专业知识，外行很难完全看懂，看懂了技术，还要看懂哪些企业能抓住行业的机会。这些都比较复杂，而且很耗费精力。我建议对于这一行业，还是通过买行业指数，或者购买有关的基金来参与。

第三章

债券

第十五讲

关于债券，投资者有哪些误解？

从这一讲开始，我们讲第二种主要投资工具，债券。很多人可能没有买过债券，不太熟悉，因为不熟悉，所以会有很多误解，比如债券不太重要，不如股票、基金、理财、保险、信托等产品。其实，债券是最重要的金融工具之一，体量比股票还大，对于构建投资组合很重要。本讲我澄清一下关于债券的误解，接下来再讲什么样的人适合投资债券、怎么投资债券。

讲之前，我们先来简单介绍一下债券的概念。债券的原理其实很简单，就是债券发行人，比如政府或者企业，需要资金，就跟你借，然后打个借条，借条上说明本金、利息、期限、还款计划等。这个借条，就是债券。如果你购买了债券，你的收益就在这个借条里面固定下来了，因此债券也叫作固定收益证券，简称固收。可是，债券的收益真的是固定的吗？不是的，这就涉及对于债券的第一个误解。

误解 1：债券的收益是固定的

债券是固定收益证券，但是收益固定有两个前提条件，缺一不可。

第一个条件是买了债券之后会持有到期，不买也不卖。这其实比较难，大家投资，总要保留一定的流动性，需要钱的时候可以快速变现。买债券这样的流动性资产，保持流动性本来就是目的之一。所以，这个持有到期的条件，有点强人所难。尤其是，如果你购买长期债券，这个条件就更难满足。为什么要强调长期债券呢？因为长期债券的收益率一般要高一点。

我们来举个例子。假设财政部发国债，约定票面利息 3%，每半年付息，10 年后到期还本。你一看，这个很划算，还很安全，比银行存款利率高多了，就买了 20 万元。可是，过了两个月，你的情况发生变化，需要用钱，可是一看这个国债现在价值只剩下 191 600 元（准确一点的话，是 191 624 元），赔了 8 400 元。这是怎么回事呢？债券不是固定收益证券吗？

原来，你买的这个国债的价格在市场里也是波动的，过去两个月的价格下降了。下降的原因可能是央行加息了，市场利率水平从 3% 上升到了 3.5%。市场利率上升了之后，新发行的债券的利息是按照 3.5% 算的，比你的 3% 高，因此很多人卖掉了旧债券，去买新债券，很多人都这样做，就把旧债券的价格压低了。压低到多少呢？就是持有利息率为 3% 的旧债和持有利息率为 3.5% 的新债，最后的回报是一样的，这样大家就不买也不卖了。因为你的旧债的利息率低，所以价格也低，低于你购买时的 20 万元。刚才的 191 600 元，就是按照持有新债和旧债回报率相等，而算出来的数字。

刚才的例子告诉我们一个债券定价的基本规律，就是债券价格随着市场利率的变化而反向变化。利率上升，债券价格下降；反过来，利率下降，债券价格就上升。所以，你投资债券的收益并不完全是固定的，虽然还本付息是固定的，但是债券的价格不是固定的，是随着利率波动的。如果你中间需要用钱，就要承担价格波动的风险。这个风险，我们叫作利率风险。

关于利率风险，有一个基本规律，就是你购买的债券的期限越长，价格波动的风险就越大。10 年期的风险大于 5 年期的风险，5 年期的风险大于 1 年期的风险。而短期债券的价格波动，比如 3 个月到期的债券，价格波动是很小的，但是回报率也低。要买长期债券，获得高一点的回报，就要注意利率波动的风险。

第二个条件是债券不会违约。虽然还本付息的计划在借条里都说好了，但前提是发行人有能力还钱。如果发行人经营不善，没钱还你，钱就回不来了。这个风险，叫作债券的信用风险。

本来，我国的债券都是刚性兑付的，不用担心违约风险。可是 2014 年 3 月，发生了第一起债券违约事件，就是“超日债”违约。这是个有标志性意义的事件，2014 年 3 月 3 日晚上，上海超日太阳能科技股份有限公司发布公告，原定 3 月 7 日支付的利息将无法按期全额支付。这样，“超日债”正式宣告违约，并成为国内首例违约的公募债券。从那以后，我国发生了很多次债券违约事件，刚兑早已打破，违约风险是投资债券的首要风险，不能不考虑。

比如说，2018 年有 53 家公司发行的 125 只债券违约，违约总规模为 1 209 亿元，这些数据都是历史新高，违约总金额差不多是 2017 年的 4 倍。到了 2019 年，由于经济不景气，违约大潮还在继续。2019 年全年，有 65 家公司违约，违约债券为 173 只，超过 2018 年，违约金额为 1 178.29 亿元，与 2018 年相近。

不仅如此，在违约债券中，不乏一些著名的品牌。比如，2019 年 11 月 11 日，著名体育运动品牌贵人鸟发生了违约，一笔总额 5 亿元、期限 3 年的债券到期不能还本付息。所以说，现在投资债券，一定要注意违约风险。图 15-1 为 2014—2019 年债券违约情况。

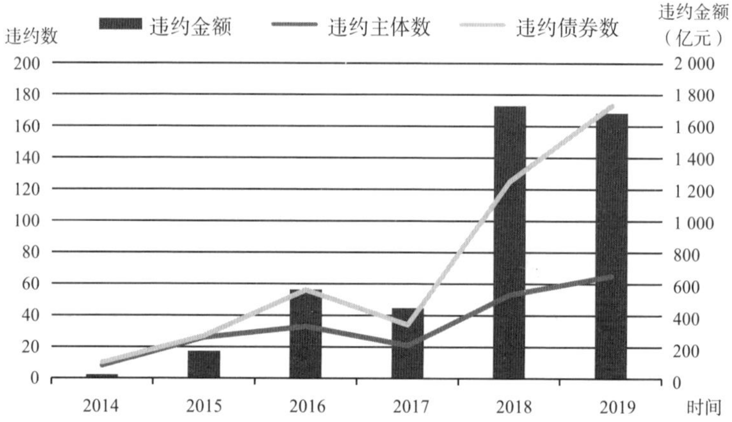

图 15-1 债券违约统计（2014—2019 年）

注：统计范围为信用债，包括金融债、企业债、公司债、中期票据、短期融资券、资产支持证券、定向工具和其他信用债。

数据来源：Wind 数据库。

那么，哪些债券有违约风险呢？根据有没有风险，我们把债券分为两类，一类叫利率债，另一类叫信用债。利率债只有利率风险，信用债既有利率风险，又有信用风险。

利率债是政府发行的，或者政府担保的，包括国债、中央银行票据、政策性金融债，也就是国家开发银行、农业发展银行、进出口银行三家政策性银行发行的债券。这些债券是政府直接发行的，或者有政府的担保，不会发生违约，因此只有利率风险，没有信用风险。

信用债是公司发行的，公司可能会违约甚至破产，因此有信用风险。根据债券的违约风险的大小，也就是债券违约概率的大小，给债券评级，叫作信用评级。评级高的债券违约风险低，比如 AAA 级、AA 级。评级低的债券违约风险高，比如 BBB 级、BB 级、B 级。

一般来说，B 级债券的风险就比较高了，C 级债券的风险就更高了。即便是 A 级债券，也有可能违约。投资债券的时候，这些都是必须了解的常识（表 15–1）。

表 15–1 国内债券评级常见等级以及说明

信用等级	说明
AAA	偿债能力极强，基本不受不利经济环境的影响，违约风险极低。
AA	偿债能力很强，受不利经济环境的影响不大，违约风险很低。
A	偿债能力较强，较易受不利经济环境的影响，违约风险较低。
BBB	偿债能力一般，受不利经济环境影响较大，违约风险一般。
BB	偿债能力较弱，受不利经济环境影响很大，有较高违约风险。
B	偿债能力较大程度依赖于良好的经济环境，违约风险很高。
CCC	偿债能力极度依赖于良好的经济环境，违约风险极高。
CC	在破产或重组时可获得的保护较小，基本不能保证偿还债务。
C	不能偿还债务。

注：本表参考联合资信、中诚信、大公资信官网。

误解 2：债券总值低，不重要

对于债券的第二个常见误解是债券总量很少，是不重要的金融产品。很多人都玩股票，或者身边的朋友玩股票，觉得股票是最重要的金融产品。其实，这是完全不对的，甚至是相反的。在主要的大国，包括我国，债券都是比股票更重要的金融产品。

图 15–2 显示了美国、中国、日本 3 个经济体的债券总市值和股票总市值。为了数据统一，我们都用 2018 年的数据。这三个国家的

GDP 总量分别为世界第一、第二、第三，加起来占世界经济总量的 45% 左右。我们看到，在这些国家，债券的规模都比股票大。比如说美国，这几年股票涨得厉害，屡创新高，可是债券的市值还是比股票大了 10%。回到几年前，股票没涨得这么厉害的时候，债券市值是股票的 2 倍左右。现在的日本，债券总市值也是股票的 2.3 倍。看中国的话，债市与股市的总市值之比达到了 1.9 倍，接近 2 倍。强调一下，中国的债市是股市的接近 2 倍，债市大很多，不是相反。

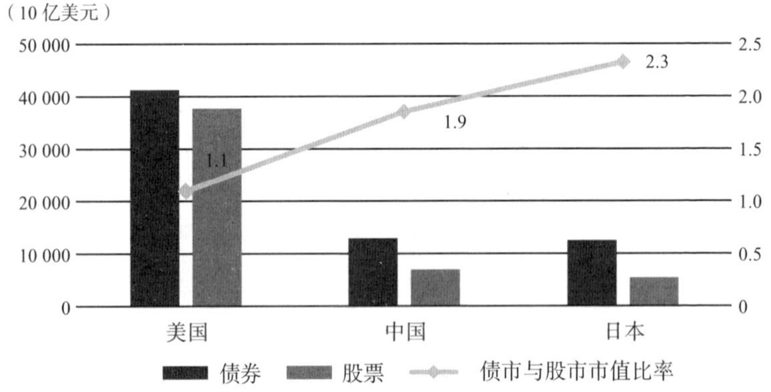

图 15-2 三大经济体的债券和股票市值（2018 年）

数据来源：Wind，BIS。

所以，债券市值不仅不比股票小，还比股票大，很多人都误解了，看反了。这个误解是从哪里来的？很多人都玩股票，自己不玩身边也有很多朋友玩，财经媒体上有关股票的报道也是占据了最重要的位置，所以大家觉得股票很重要。而债券呢，只是少数大机构在玩，个人投资者玩得少，所以被误以为不重要。我们下一讲再讲个人投资者可以怎样参与债券投资。

误解 3：债券流动性好

对于债券的第三个误解，是债券流动性很好。其实，这是个很大的误解。这种误解的存在和债券的市值很大、交易量很大有关。以我国为例，2019 年债券的总市值是 97.1 万亿元，总交易额是 213.5 万亿元，是股票的 1.7 倍，2019 年股市总交易额是 126.9 万亿元。而且，这里的债券交易额只包括现券交易，如果计入其他的，像回购交易、拆借交易，那么债券总交易额达 1 418.7 万亿元，是股票的 10 倍以上。这样看起来，债券的流动性应该很好，但实际情况不是这样的。其实，这么大的交易量主要集中在利率债上，信用债的交易量很小。

为了说明这一点，我们看一张图。图 15–3 显示，债券的成交主要集中在国债、同业存单、金融债上，其次是地方政府债、中期票据和短期融资券，合起来占到交易量的 94%。而公司债、企业债，交易

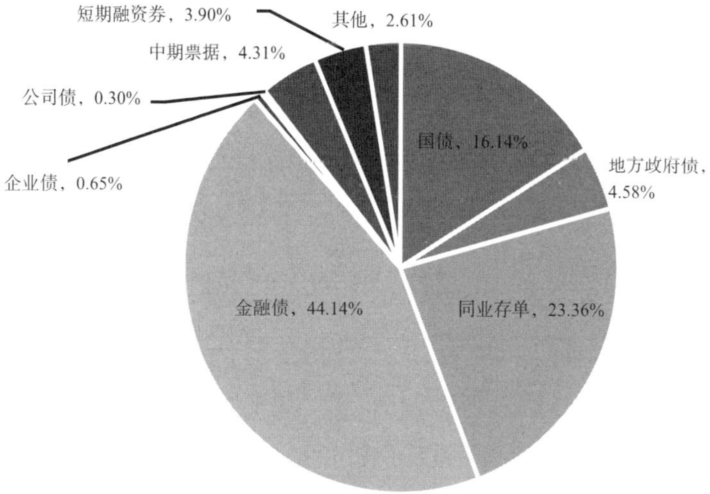

图 15–3　各类债券成交量占比（2019 年）

数据来源：Wind。

量占比不到1%。看换手率的话，地方政府债、企业债、公司债的换手率都很低。投资债券的话，一定要注意这些债券的流动性其实很低。

所以，不同种类债券的流动性，差异非常大。国债体量大，参与的机构多，很多机构缺现金的时候，就拿国债换现金用，所以国债的交投还是比较活跃的，流动性比较好。国开行的债类似于国债，流动性也比较好。但是很多信用债，就是企业和公司发行的债，尤其是评级较低的债券，流动性很差，想买想卖都比较难，经常一天也成交不了几单。各类债券换手率见图 15–4。

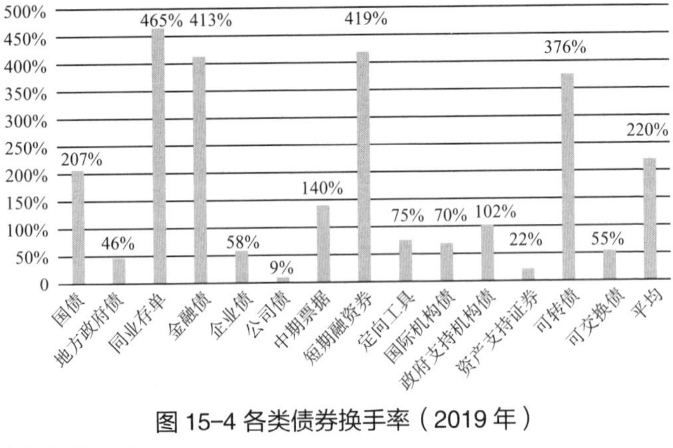

图 15–4 各类债券换手率（2019 年）

数据来源：Wind。

为什么会这样？可以设想一下，信用债一般是几个亿的规模，由几家主要的机构持有，这几家机构也会经常交流，对这种债券的观点也会很接近，所以要交易的时候，很难找到交易对手。这样看来，信用债的流动性低，也就不奇怪了。

我们可以把债券和股票做比较，就很容易弄明白了。股市的参与者很多，很多散户在参与股票交易，买来买去，这样就提供了流动性。而且大家对于股票的观点差异很大，估值不同，就导致交易发生，看好和不看好某只股票的人之间容易发生买卖行为，这也增加了股票的流动性。债券不一样，债券的投资人少，主要是一些机构，而且观点相似，所以交易量较低。

本讲重点

1. 债券的还本付息是事先约定好的，因此债券又名固定收益证券。但是，债券的实际投资回报并不是固定的，而是面临两大风险，利率风险和信用风险。

2. 利率风险是所有债券共同面对的风险，如果利率上升，则债券价格下降；反之，如果利率下降，则债券价格上升。

3. 信用风险是债券的违约风险，国债、政策性金融债只有利率风险，没有信用风险，而企业债、公司债等有信用风险。2014年来，我国已经打破刚性兑付，投资信用债要考虑信用风险。

4. 虽然债券的交易量很大，但是主要集中在国债、金融债和同业存单上，企业债、公司债的流动性并不好。

思考

你可以打开一个交易软件，分别找有关利率风险、信用风险、流动性的例子，加深对债券三个流行误解的理解。另外，这一讲我比较了中美日三个大国的债券和股票的市值，你还可以看看其他主要大经济体的债券和股票市值，看看哪个大一些。

第十六讲

什么样的人适合投资债券?

上一讲我们介绍债券，澄清了关于债券的几个常见误解。在了解债券的基本知识以后，你可以开始思考投资债券的事情了。在投资之前，你可能还有 3 个疑问。

1. 投资债券能获得什么？或者说，债券有哪些优点，哪些缺点？

2. 什么样的人适合投资债券？

3. 如何投资债券最安全、最高效？

这一讲，我们回答前两个问题。下一讲，回答第三个问题。

- 问题一：债券能给我们什么？ -

债券有三个重要的性质，是你要知道的。

第一，债券是相对安全的金融产品，偶尔会有损失，但是不会太大。

这里我说的是，总体上而言，投资债券的风险比较小，一般不会遭受损失，有损失也不会太大。为什么这么讲呢？我们来看数据。图 16–1 显示的是中债三个主要指数的走势，分别对应全部债券、利率债和信用债。这三个指数都是中央结算公司编制，已经考虑了利息的再投资，指数的涨幅就可以看作投资回报。

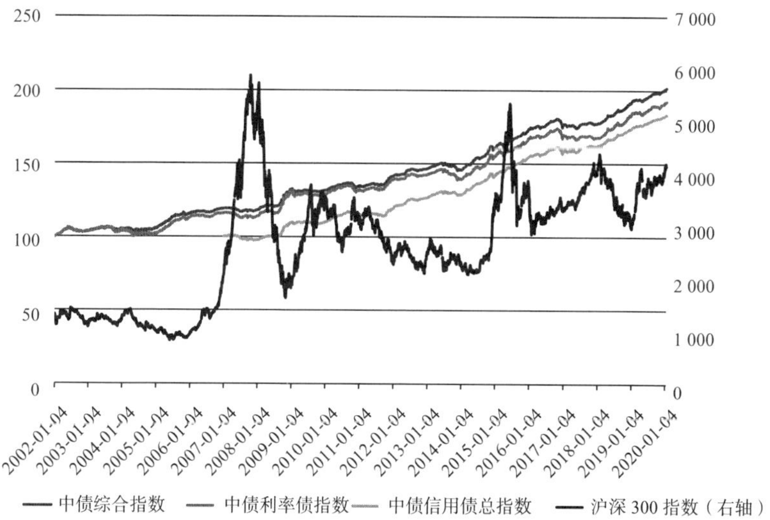

图 16-1　中国债券市场总体表现

注：图中显示的是中债综合指数、中债利率债指数和中债信用债总指数从编制以来的表现，已经考虑了利息再投资。中债综合指数包括除资产支持证券、美元债券、可转债之外在境内公开发行的债券（包括国债、政策性银行债券、商业银行债券、中期票据、短期融资券、企业债、公司债等），中债利率债指数包括在境内公开发行且上市流通的利率债（记账式国债、央行票据和政策性银行债），中债信用债总指数包括发行主体是企业的、在境内公开发行的债券（包括企业债、公司债、商业银行债、短期融资券、中期票据）。

你可以看到，三大债券指数都是稳步向上的。偶尔持平或者回调，但是回调幅度也不大。为了直观，我们在图中加上了沪深 300 指数的波动图。和沪深 300 的大幅波动相比，债券指数的波动非常平缓，几乎可以忽略不计。

为什么会这样？债券是固定收益证券，风险主要有两个，一个是利率风险，一个是信用风险。利率风险可能让债券跌一点，但是不太多，而且还有还本付息的收益来缓冲。信用风险是违约风险，只要不是大面积违约，问题就不大，不影响债券的总体收益率。

比如说 2019 年，是债券违约规模很大的一年。债券市场余额大约 97 万亿元[①]，违约债券价值 1 200 多亿元，大约占 1/1 000 多一点。这个规模的违约，对债券总体回报的影响不大。

当然，这是总体考虑，具体投资债券的时候，你要避开一些垃圾债[②]。作为一个普通投资者，你很难辨别哪些垃圾债是安全的。简单起见，避开为好。下一讲里我会讲，我不建议个人投资者买单只债券，建议买债券类基金，或者债券 ETF。

第二，债券的回报率虽然不高，但是依然很可观。

根据刚才的数据，我们来算一下债券每年的回报率，结果在表 16–1 中。从表 16–1 中我们可以看到，债券总体回报率不高，2007 年到 2018 年以来平均每年只有 4.62%。其中利率债低一些，有 4.61%；信用债高一些，达到 5.45%。这样的回报虽然不高，但是也很可观了。考虑到债券基本没有风险，其实是很好的投资选择。

你仔细看表 16–1 的话，会发现只有个别年份债券的收益是负的，其余年份都是正的，即便是负的，也只有 –1% 到 –2% 的样子，也就是赔钱并不多。这和我们前文在图 16–1 中看到的信息是一致的。而且，如果一年为负，第二年往往大幅反弹，回报率很高，比如 2007 年、2013 年、2017 年，债券回报率很低，但是第二年都有很高的回

① 其中信用债 33 万亿元（33 万亿元这个数字不包括同业存单，有的分类将同业存单视为利率债，有的将其视为信用债。如果纳入同业存单的话，信用债规模为 43.6 万亿元）。

② 垃圾债是市场上常用的词，指的是高风险的债券，有时候也叫作高收益债券，因为高风险的债券平均收益也比较高。根据债券评级，一般 BB 级及以下的都是垃圾债。

报。所以说，债券总体上很安全，而且回报率不错，是不错的投资选择。这一点，很多人都没有意识到，需要仔细琢磨一下。

表 16–1 债券综合和分类回报率（%）

年份	综合指数	利率债指数	信用债总指数	沪深 300
2007	–0.83	–1.84	–2.39	171.34
2008	11.87	14.89	12.03	–67.18
2009	–0.32	–1.24	0.51	96.71
2010	2.05	1.92	4.06	–12.51
2011	5.33	5.72	4.19	–25.01
2012	3.60	2.51	6.26	7.55
2013	–0.47	–2.10	1.71	–7.65
2014	10.34	11.23	10.09	51.66
2015	8.15	8.03	9.07	5.58
2016	1.85	1.30	2.27	–11.28
2017	0.24	–1.19	2.31	21.78
2018	8.22	9.63	7.44	–25.31
2019	4.59	4.36	5.04	36.07
算术平均	4.20	4.09	4.81	18.60
几何平均	4.12	3.96	4.74	5.51

注：综合指数包括所有债券，利率债包括记账式国债、央行票据和政策性银行债；信用债包括企业债、公司债、商业银行债、短期融资券、中期票据。

第三，债券和股票有互补关系。

债券能给你带来的第三个好处，是债券和股票有互补关系。在经济开始停滞的时候，或者受到意外冲击的时候，股票往往是不涨的，或者是下跌的，但是这时候债券会涨得很快。比如说 2018 年，经济形势不好，股市很惨，上证指数跌了大约 25%。但是中债综合指数上涨了 8.2%，可以说非常可观，为什么呢？因为股市不好，资金寻找安全港湾，就找到了债券。类似这样的互补情况，在 2008 年、2011 年也出现过。

我们讲过投资择时理论，理论基础是美林投资时钟理论，也就是根据经济周期判断资产价格的轮动。如果你花点时间研究经济周期和资产轮动，学会随着经济周期配置资产，回报率会显著提高。当然，这是比较高的要求，不容易做好。简单而言，你要综合配置股票和债券，因为二者价格是轮动的，可以抵消一部分下跌，平滑你的投资收益。

- 问题二：什么样的人适合投资债券？ -

首先澄清一下，讨论这个问题，不是因为债券只适合特定的人，其他人不应该投资债券，而是因为很多人不熟悉债券，可能会觉得债券是少数人玩的。现实中，很多人不投资债券，其实主要是不了解，刚才我们讲了债券的三个优点：（1）安全性高；（2）收益率不高，但是依然很可观；（3）和股票互补。因此，所有人都应该考虑投资债券，至少在自己的资产组合中配置一些债券。我们真正想回答的，是什么样的人应该多投资债券，什么样的人应该少投一点债券。

这就回到债券的最基本性质：安全、稳健。和股票相比，债券的波动很小，只要你集中在利率债和高等级债券上，遭受损失的概率很小，即便一时债券价格回调，也会涨回来。因此，债券总体上、基本上可以被看作安全资产。对安全性要求很高的人，可以多投资债券。我举两个例子。

第一个例子是老年人。老年人的未来现金流少，大部分人只有养老金，养老金也不一定很多。这时候，投资的目的首先是资产保值，以备不时之需，其次是获得一个稳定的现金流，补充自己的养老金收入。这种情况下，投资不宜冒险，应该少买股票，多买债券。尽管收益可能低一点，但是安全、安心，这对老年人很重要。反过来，如果是年轻人，或者年纪较轻的中年人，则可以相对多买些股票，少买些债券，因为这时候投资期限长，抗风险能力也强，更加看重长期平均回报率。而股票的长期回报，是高于债券的。

第二个例子是一些高净值人群。比如说，一些富裕的家庭，有房有车，还有上亿的流动资产，对于财务增长的追求不是首要考虑了，首要的考虑是资产的安全，并带来稳定的现金流。怎么投资呢？其实买债券挺好的。

比如说你努力工作，买车买房之后，还有 1 亿元储蓄。人到中年，你觉得赚更多钱意义不大，转变思路更加注重生活品质，比如陪伴家人、去好玩的地方旅游，或者发展业余爱好，看书、写字、画画等。这时候，你可以买一个以债券为主的基金，辅助买一些股票基金，每年的收益率有 5%~6%，而且风险很低，每年能给你带来 500 万元以上的净现金流。这 500 万元其实已经很多，日常够用，花不完的存起来继续投资。这样一来，你的财务问题解决了，生活质量也很高。对于高净值人士，这其实是一个很不错的选择。所以，债券投资特别适合高净值人群。

下一讲我会继续讲，应该如何投资债券，怎么买才最安全、最高效、最省心。

本讲重点

1. 总体上，债券是安全资产，收益率不高，但是依然很可观。

2. 债券的收益与股票有互补性，当股票大跌的时候，债券往往表现很好。因此，债券适合用来和股票构建组合，获得稳定的回报。

3. 债券特别适合追求资产安全和稳健回报的投资人，比如老年人和高净值人群。

思考

对于资金规模不大，或者比较年轻的投资者，要不要投资债券呢？是不是因为年轻，要追求较高的收益，就不投资债券？

第十七讲

投资债券，如何做到最高效？

上一讲我讲了债券投资的优点，以及什么样的人特别适合投资债券。这一讲，我讲如果决定投资债券，你怎么样操作最省事、最高效，而且风险低。本讲的内容，我分两步展开。

首先，我介绍一下，现在买债券，有哪些方式可供选择。

然后，我比较一下优劣，用哪一种方式省钱省心、风险小、收益高。

首先，我们来说第一个问题，买债券有几种买法？买债券，有三种买法：直接买债券，买债券基金，买国债期货。我们一个一个来说。

第一种，直接买债券就是在债券市场上直接购买债券。

这里你需要注意的是，债券总体量虽然很大，但是个人投资者可以直接购买的并不多。

目前，我国债券市场分为三大块（图 17–1）：（1）银行间债券市场；（2）交易所债券市场；（3）商业银行柜台市场。其中银行间债券市场虽然规模最大，但是只对机构投资者开放，不对个人投资者开放，我们略去不说；交易所债券市场对机构和个人都开放；商业银行柜台市场则主要针对个人投资者。我们仔细说一下后两个市场。

先说交易所债券市场。所谓交易所债券市场，就是设在上交所和深交所的债券市场，在这两个交易所你不仅可以买卖股票，还可以买卖债券，买卖的方法和股票一样，通过券商提供的股票交易软件，输入债券代码、买入价和数量即可，操作起来很容易。

在交易所，你可以买卖哪些债券呢？根据沪深交易所的规定，现在公众可以购买的债券包括：（1）国债；（2）地方政府债券；（3）政策性银行金融债券；（4）公开发行的可转换公司债券；（5）向公众投资者公开发行的公司债券。

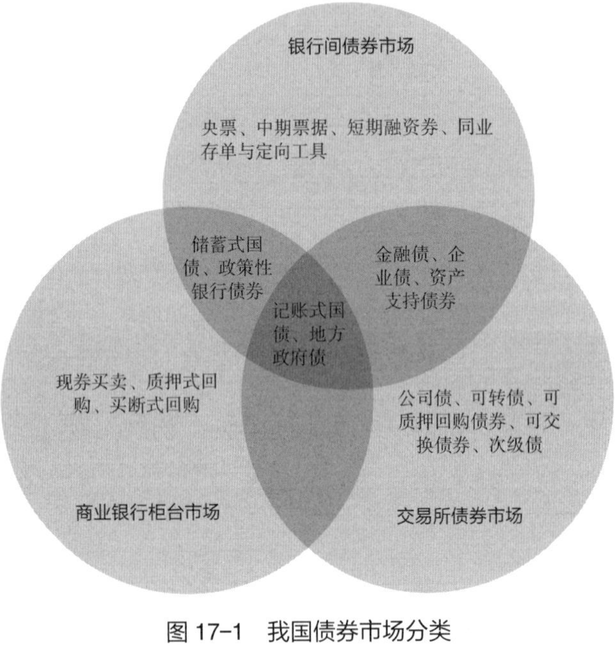

图 17-1 我国债券市场分类

不过，个人购买公司债有两个约束条件。一是债券的评级要是 AAA，就是很安全的债券，安全的债券一般收益率低，比国债高不了多少；二是要向公众公开发行。实际上，很少有公司债选择向所有投资者发行，通常只选择向合格投资者发行。个人要成为合格投资者，要有500万元金融资产（前20个交易日均值），50万元的年收入（最近3年均值），2年以上的投资经历，这些都是比较高的要求。而且，即便达到这些要求，你也只能多买一些非公开发行的AAA级债券（从2017年7月开始，合格个人投资者也不能购买AAA级以下的债券了），以及一些企业债，好处并不大。所以，不用太在意这个合格投资者的身份。

在商业银行柜台市场购买国债，是一种比较传统、大家比较熟悉的债券投资方式。目前在银行渠道可以买到凭证式国债、记账式国债和电子式储蓄国债3种。这3种名字有点长，简单来说，就是分为不能流通上市的储蓄型和能流通的记账式两类，其中不能流通的包括凭证式国债和电子式国债这两种。买了不能流通的国债，就只能持有到期，拿回本金和利息。

第二种投资债券的方式，是购买债券基金，也就是主要投资债券的基金，相当于间接购买债券。市场上这样的基金很多，你在开户的券商软件里就可以看到。那么相对于直接买债券，买债券基金有哪些好处，哪些坏处呢？

坏处是你要付管理费，一般来说在0.3~0.8个百分点（债券型基金的平均管理费为0.42%，25%、75%分位数分别是0.3%、0.6%，最大值为1%）。好处是基金帮你克服直接购买债券的缺点，主要有下面四个方面。

第一，能直接购买的债券，选择范围很小，很多债券都只能机构买，个人买不了，而且个人能买的都是安全的利率债，收益率不高。

第二，个人买信用债是有风险的。特别是2018年以后，信用债违约率比以前高了很多。一旦违约，全额亏损也是有可能的。因此，投资公司债需要较多的投资知识和经验。买基金，其实是利用了基金经理的专业技能，而且基金可以买很多只债券，做到分散风险。

关于违约风险，我再强调一下，即便 AAA 级的债券也会违约。已经违约的债券，不乏著名品牌，也不乏评级很高的公司。事情往往是这样的，一开始评级很高，过阵子出问题，会被降级。问题恶化了，再降级，这样一来，一开始的评级高并不是安全的保证。

第三，债券流动性普遍较差，直接买的话会面临流动性风险。债券基金有一个资金池，你只需要等待赎回到账，不需要担心流动性风险。

第四，个人买债券的话，无法加杠杆，放大收益。基金公司可以适当加杠杆，放大收益。

因为这四个好处，一般来说，不建议个人直接购买债券，而是购买债券基金。说到这里，你一定会问，应该买什么样的债券基金？其实债券基金的差异不大，只要挑选大一点的基金公司，盘子大一点的基金，然后选择长期回报高一点的就可以了。一般来说，债券基金的收益，信用债比利率债高一点，地方政府债比国债高一点，长期债比短期债高一点，但是差距并不大。盘子大一点的债券基金一般是安全的，所以你可以买信用债基金，或者地方政府债基金，获取高一点的收益。

除了主动管理的债券基金，还可以买被动管理的 ETF 债券基金。这些基金购买某一种类的债券，分散了风险，流动性较高。而且管理费很低，一般只有 0.15%~0.3%，而主动管理的债券基金一般在 0.3~0.8 个百分点左右，比 ETF 债券基金高了 0.15~0.5 个百分点。不要小看这点差异，考虑到债券的年均收益只有 4 个百分点左右，这个费率的差异相当于 10% 的投资收益，是不小的，不可以忽视。而且，主动管理的债券基金比被动管理的债券指数基金回报率也就高一点点，扣除管理费之后，差异并不大，甚至有可能更低。所以，买债券基金，如果你没有特别了解、特别靠谱的基金，其实买债券 ETF 也可以。省时省心，即便偶尔回调，幅度也不大，长期看是稳健的。

目前债券 ETF 基金已经不少，很多家基金公司也都有在债券 ETF 领域布局，包括一些比较大的基金公司（国泰、海富通、鹏华、平安基金、华夏基金、嘉实基金、富国基金、广发基金等）。目前全市场共有 12 只债券 ETF 基金已经上市，涉及国债、地方政府债、城投债、公司债等多个券种。为了方便查找，我收集了这些基金的基本信息，整理在表 17–1 中。

表 17–1 中有几只基金的规模较小，不到 10 亿元，估计是发行时间不长、市场上债券 ETF 还不太流行的缘故，购买的时候要谨慎。过几年随着债券 ETF 的流行，这样的情形应该会有改善，应该会有更多的债券 ETF 供选择。

表 17–1　已经上市的 ETF 债券基金

证券代码	基金名称	成立日	发行份额（亿份）	2019 年回报率（%）	管理费率（%）	托管费率（%）
511060	5 年地债	2019–11–07	109.79	—	0.15	0.05
159972	5 年地债	2019–08–23	44.72	—	0.15	0.05
511030	公司债	2018–12–27	51.04	3.63	0.25	0.08
511020	活跃国债	2018–12–21	11.35	2.97	0.25	0.05
511270	10 年地债	2018–10–12	60.46	5.30	0.25	0.10

（续表）

证券代码	基金名称	成立日	发行份额（亿份）	2019 年回报率（%）	管理费率（%）	托管费率（%）
511280	中期信用	2018–05–03	3.17	3.66	0.25	0.08
511290	国债十年	2018–03–26	2.02	1.20	0.30	0.10
511310	十年债	2018–03–19	2.40	2.72	0.25	0.05
511260	十年国债	2017–08–04	2.19	2.49	0.30	0.10
511220	城投 ETF	2014–11–13	66.88	4.57	0.30	0.10
159926	国债 ETF	2013–05–10	6.42	0.56	0.30	0.10
511010	国债 ETF	2013–03–05	54.24	2.97	0.30	0.10

注：在交易所内买卖 ETF 基金，没有主动型基金的申购费和赎回费，交易费用是按照证券公司确定的交易佣金（3/10 000 至 3/1 000）收取。

最后一种投资债券的方法，是买国债期货。关于期货的基本知识，我们在衍生品那一讲详细介绍，这里简单介绍一下国债期货的情况。目前已经上市的有 2 年期、5 年期、10 年期国债期货，上市的场所是中国金融期货交易所（简称中金所）。买卖国债期货的办法是先到期货公司开户，开户之后要先做 10 笔商品期货的交易，然后存入 50 万元的资金，就可以开通金融期货交易了。开通金融期货交易之后，可以买卖国债期货和股指期货。交易方法也是在线操作，在电脑和手机上都可以进行。

国债期货的好处是你可以很低成本加杠杆，坏处是加了杠杆之后风险很大，可能会遭受很大的损失，属于高风险的投资，一般不建议初学者参与。我自己操作国债期货的时候，一般是保留很大的安全边际，杠杆控制在 4~5 倍。这里再强调一下，国债期货的风险很大，不建议初学者参与。

本讲重点

1. 投资债券，有三种方式：直接买、买基金、买国债期货。

2. 直接买债券的缺点很多，包括限制多、流动性差，以及存在违约风险，买债券基金可以帮助规避这些问题。

3. 债券基金回报率差异不大，选择规模较大、流动性好的基金即可，其中被动管理的 ETF 基金管理费低，应重点考虑。

4. 买国债期货可以帮助你加杠杆，但是风险大，属于高风险投资，如果没有很多投资经验，不要轻易参与。

思考

找几只规模较大、流动性较好的主动管理债券基金，看看过去5年的回报率，扣除管理费以后，还有多高；并通过这个练习，筛选几只较好的主动和被动债券基金，供以后投资时参考。

本章小结

债券：不可忽视的常规武器

债券是非常重要的常规投资武器，安全性回报率都不错，不应该忽视。关于债券，我总结了3点。

1. 债券又名固定收益证券，因为债券的还本付息是事先约定好的。但是债券的实际投资回报并不是固定的，因为债券面临两大风险，利率风险和信用风险。

根据有没有信用风险，我们把债券分为两类，利率债和信用债，利率债只有利率风险，没有信用风险。信用债两个风险都有。利率债主要就是国债、金融债，信用债主要是企业债。

2. 债券投资有三大优点：安全性较高，收益率虽低于股票但是依然很可观，和股票互补。因此，债券适合用来和股票构建组合，获得稳定的回报。债券特别适合追求资产安全和稳健回报的投资人，比如老年人和高净值人群。

3. 投资债券，有三种方式：直接买、买基金、买国债期货。

直接买债券的缺点很多，包括限制多、流动性差，以及存在违约风险，买债券基金可以帮助规避这些风险。

债券基金回报率差异不大，选择规模较大、流动性好的基金即可，其中被动管理的ETF基金管理费较低，是不错的考虑。

最后一种方式，买国债期货，虽然可以帮你加杠杆，但是风险大，属于高风险投资。如果没有很多投资经验，不要轻易参与。

第四章

基　金

第十八讲

基金的五大优势

这讲开始讲基金。基金是非常重要的投资工具，尤其是对于普通投资者而言，基金有很多好处，有单只股票、债券没有的优点。一般而言，我不建议散户亲自挑选股票，而是建议买基金。对于基金的基本原理、购买基金的风险、如何挑选基金，你一定要有比较深入的了解。学完基金这几讲，你会发现，和买股票相比，买基金是事半功倍。

在基金的第一讲，我先讲一个非常基本，但是非常重要的问题：什么是基金，为什么要买投资基金？

关于基金，你可能听过很多种不同的定义，我选择最简单的一种，就是委托别人给你投资。为什么这么讲呢？投资有两种办法。一种是自己投，直接去找股票、找债券，很快你就会发现这样费时费力，弄得自己筋疲力尽，效果也不一定好。

另一种是把钱给一个专业的人或者机构，让他帮你买。而这个人或机构不能只为你一个人服务，这样的话效率太低，规模也做不大。于是，他就设计标准化的产品，叫作基金份额，你根据自己的实际情况买，可以多买，也可以少买。这样一来，很多人都可以来买这只基金，他就可以筹集很多钱，然后进行专业化的管理。

专业化管理是基金行业的核心。什么是专业化的管理？这个要从投资的成本和收益说起。天下没有免费的午餐，投资也一样。要想高回报、低风险，就要多做很多研究，这需要花费很多资源，成本很高。这些成本，包括学习很多的专业知识，雇用专业人才，进行很多的调查研究。此外，还要获得专门的牌照。

所有这些要花很多钱，普通散户没那么多钱。而专业的机构可以通过管理大规模的资金，分摊这些成本。因为规模大，就可以收很多管理费，从中拿出一部分，就可以买数据，买研究报告。最重要的是，雇最好的基金经理，必要的时候还可以购买外部专家咨询服务。所有这些事情，个人都很难做。

刚才说的是基金的基本原理，叫作专业化原理。这个专业化原理的含义很广，我们可以对这个原理进行分解，来看专业化到底有哪些优势。仔细分解之后，专业化有五大优势，分别是：信息优势、知识优势、规模优势、分散优势和通道优势。我一个一个来介绍。

- 信息优势 -

金融市场变化很快，做好投资，要及时掌握重要的信息，最好能做到事先知道重要的信息，这样才能走在市场的前面。这就要做大量的调查研究，做出预判，及时搜集信息，才能捕捉到市场上的投资机会。

比如说，基金要雇用专门的人，研究宏观经济，特别是研究各种政策变化。他们会有专门的人去整理政策脉络，打听最新的政策消息，其中有些消息会对市场有很大的影响。这些普通散户做起来都比较难，没有优势。

再比如说，基金的行业分析员，不仅要研究行业特征、行业走势，还要走访企业，获得第一手的资料和信息。这些普通散户做不了，一来没时间走访企业，即便去了，企业也不一定接待，接待了也不一定讲实话。

比如说，你看中了一只股票，觉得可能有价值，读了一些研报之后，还是不太放心，想去实地调研一下。这时候你就发现，自己没有这样的渠道去调研。而基金就没有这个困扰，基金可以直接联系企业，让企业负责投资者关系的人出来接待、介绍情况、安排参观。普通散户很难进行这样的操作。

- 知识优势 -

基金的管理团队会雇用各种各样的专业人才，这些人不仅是名校毕业，有相关领域的本科、硕士或者博士学位，还考了各种各样的专业资格证。很多工作需要持证上岗，比如基金从业资格证、基金销售人员从业资格证等，就是常用的资格证书要求（表 18–1）。

表 18–1 基金从业人员证书要求

岗位	证书要求	考试科目
基金经理	基金从业资格证（FQE）	基金法律法规、职业道德与业务规范，证券投资基金基础知识，私募股权投资基金基础知识
基金销售	基金销售人员从业资格证	基金销售基础
基金会计	注册会计师证（CPA）	会计、审计、财务成本管理、公司战略与风险管理、经济法、税法
证券分析师	注册国际投资分析师（ACIIA）	股票定价与分析、固定收益证券定价与分析、金融衍生工具定价与分析、法律法规
金融工程分析师	国际数量金融工程认证（CQF）	CQF 考试

我简单梳理了一下，招聘网站上常见的证书要求就有 20 多种，每个证都要考很多门课程，分很多级。这些证，虽然不一定都用得上，但是基金从业人员在考证的过程中，确实把有关的专业知识学习了一遍，把有关的政策、法规熟悉了一遍。以后需要用到的时候，至少知道去哪里查资料，这些还是很有必要的。而普通散户去学这些，费时费力不算，学完了也真没有太多用，可谓是事倍功半。

- 规模优势：节约成本 -

所谓规模优势，就是因为规模大，可以分担所有的管理和运营成本，这时候基金就可以雇用最好的人才，配置最好的设备，聘请最好的专家做咨询。

比如说，一只基金有 20 亿元的管理规模，这时候只要多挣一个百分点，就是 2 000 万元，用这 2 000 万元，这只基金的管理团队可以做很多事情，比如增加人手、外出调研、聘请行业和技术专家做咨询等，扣除这些成本之后，还有很多净利润。所以，大规模的基金是不在乎花钱的，只要能增加收益，这些成本都是值得投入的。

但是对小基金或者散户来说，这些花费就不一定值。比如说你自己操作一个 100 万元的小账户，对你个人而言不小了，可是这个账户很难购买专业的服务，一切只能自己来。为什么呢？因为不划算，即使你能够增加 1 个点的收益，也就是 1 万元，何况还不一定能增加收益，因此你花钱的时候会很小心。

- 分散优势：分散风险 -

购买基金的第四个优势是分散优势，也就是在分散风险上的优势。我们都知道一句话：不要把鸡蛋放在一个篮子里，要分散风险。可是怎么分散风险呢？作为散户，我们很难去研究很多股票，因此也很难买很多股票。很多散户往往就是重仓 2~3 只股票。为什么会这样？因为只能研究几只就买几只，没研究过的不敢乱买。不能为了分散风险，乱买不懂的股票，还不如买自己懂的。

这样一来，散户就陷入了两难：认真研究的话，就只能局限在少数股票上，无法分散风险，使得自己暴露在"个股风险"之下；但如果不仔细研究，买很多没仔细研究的股票，就让自己暴露在"不知情风险"之下。

个股风险和不知情风险，二者必居其一。怎么办呢？买基金可以规避这个问题，可以买主动管理的基金，也可以买被动管理的指数基金，都可以分散风险。[①]

- 通道优势：经营牌照 -

专业化原理的最后一个优势，是通道优势。这里说的是，个人投资者是受很多限制的，很多东西不能买。比如说，个人投资者不能直接参与银行间市场，很多债券不能买，买债券基金就可以绕开

---

① 很多基金公司还推出了 FOF（Fund of Funds）和 MOM（Manager of Managers）产品。这些基金并不直接投资股票、债券，而是投资于基金和基金经理，比单一的基金更加风险分散。

这个问题。其实，买货币基金也能绕开这个限制，让个人投资者分享银行间市场的收益。

再比如港股，有很多优质资产，像阿里巴巴、腾讯、美团等龙头互联网企业都在港股上市，不在A股上市。个人投资港股的话，只能通过港股通，要50万元的开户门槛，而通过买基金就可以绕开这个条件。表18–2整理了一些投资港股的基金，作为参考。考虑到有些同学对于美股会有兴趣，表18–3整理了一些投资美股的基金，供参考。

表18–2　投资港股的基金

证券代码	证券简称	申购下限（元）	规模（亿元）
510900	易方达恒生H股ETF	1 000 000	88.3
159920	华夏恒生ETF	2 000 000	59.5
501021	华宝香港上市中国中小盘A	1	18.0
161831	银华恒生H股	10	17.1
110031	易方达恒生H股ETF联接A	1	14.4
000071	华夏恒生ETF联接A	1	12.4
513660	华夏沪港通恒生ETF	1 000 000	8.7
000948	华夏沪港通恒生ETF联接A	1	6.5
005051	上投摩根港股低波红利A	10	4.0
501025	鹏华港股通中证香港	10	3.3

数据来源：Wind数据库。表中港股基金的申购确认日都是T+1。

表 18–3 投资美股的基金

证券代码	证券简称	申购下限（元）	规模（亿元）
162411	华宝标普油气人民币	1	40.4
270042	广发纳斯达克 100 指数 A 人民币	1	15.3
513500	博时标普 500ETF	1 000 000	11.4
160213	国泰纳斯达克 100	1	8.5
050025	博时标普 500ETF 联接 A	1	6.9
001481	华宝标普油气美元	1 000	5.7
000043	嘉实美国成长人民币	1	4.5
000834	大成纳斯达克 100	1	3.2
162415	华宝标普美国品质人民币	1	2.9
040046	华安纳斯达克 100 人民币	1	2.2

数据来源：Wind 数据库。投资美股基金的申购确认日一般为 T+1 或者 T+2。

刚才我们说的，是投资基金的好处。因为专业化，基金有五大优势，分别是信息优势、知识优势、规模优势、分散优势和通道优势。

说完这些好处，听起来我像个推销基金的销售人员。我一定要说明一点，我不推销任何一只基金。这门课提供的所有信息，都只是为了讲清楚投资的原理，不构成任何投资建议。

而且我还要提醒你，万事都有两面，买基金也有很多问题，潜在风险也很大。很多人买错了，不仅不赚钱，还赔钱。一些看起来风光的明星基金经理，可能不仅不是你的贵人，还是你投资中的坑。关于这一点，我们后面仔细讲。

我再讲一下买基金时的错误想法，就是一味追逐很高的回报。你可能会说：我追逐高回报怎么啦？你难道不想要高回报？我们投资都想要高回报，这个可以理解，但是理解不等于接受。一味追求高回报，就容易忽视其中的风险，导致很大的损失。比如说，看到一只回报率很高的基金，如果过于追逐回报率，很可能会追进去。但是，基金的业绩常常是不可持续的，尤其是特别耀眼的业绩，往往是一些偶然的、特殊的因素导致的，不可持续，里面很可能有坑。

我们买基金，主要是利用基金的专业化原理，精心挑选稳健的基金，实现长期稳健的收益，而不是单纯追求一时的高回报。

本讲重点

1. 我们个人投资，有两种办法：一种是自己投资，另一种是委托别人投资。基金的实质，就是委托别人帮你投资。

2. 基金的基本原理，是专业化原理，利用基金经理和团队，专业化管理财富。

3. 专业化有五大优势：信息优势、知识优势、规模优势、分散优势和通道优势。

4. 购买基金，应平衡风险和收益，不应单纯追求高回报，特别是短期的高回报。

思考

自己操作的投资者，不妨自己做一个灵魂的拷问：自己能跑赢基金的平均业绩吗？基金的平均业绩，我们不妨用大盘指数代替。如果有几年的投资经验，不妨计算一下自己的业绩，和沪深300或者中证500这样的指数比一下，看有没有跑赢。如果没有，其实买个指数基金就好了，省下来的时间精力，可以专心在职场发展。

第十九讲

为什么明星基金可能是个坑?

上一讲讲的是基金的基本原理，要点是基金的五大优势，分别是信息优势、知识优势、规模优势、分散优势和通道优势。这一讲我要讲的是，万事都有两面，在购买基金的过程中，有很多坑，你要避开。特别是股票型基金，质量参差不齐，差异很大，其中一些基金运营不善，跑不赢大盘不说，最后清盘的也不在少数。

根据统计，2001 年以来，我国共发行基金 6 700 多只，到 2019 年底，清盘的就有 729 只，占到发行基金总数的 10.8%。每 10 只基金，就有 1 只清盘了，清盘比例还是蛮高的。你可以想象，基金清盘了，投资者损失一定很大，血本无归也不是不可能的。其中不少清盘基金，还涉嫌违规操作，受到证监会的查处，就更让人气愤了。

说到这里，很多人可能会唏嘘不已。基金经理多么耀眼，多么有前途（"钱途"）的职业，为什么这么多人不好好干，还被查处了呢?

这就涉及基金的一个核心问题，叫作"委托代理问题"。你想，买基金，就是让基金经理为你理财。这里就出了一个问题：钱是你的，赚了钱也是归你，基金经理只拿固定的管理费，一般是基金规模的 1%~2%。你想想看，他为什么要好好替你干？他很可能不甘心，想多拿。

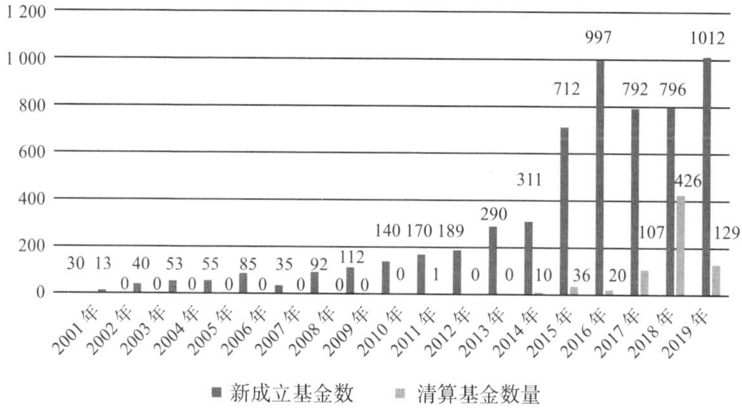

图 19-1 2001—2019 年基金发行数和清算基金数量

数据来源：Wind 数据库。

这时候，考验人性的时刻就到了。有句话是这么讲的，不要轻易考验人性。很多时候，人性是经不住考验的。在基金这个行业，因为直接接触大量的金钱，很多人就更经不住考验，包括一些明星基金经理。一些明星基金经理，你买之前业绩很好，但是买了没多久就业绩爆雷，这些是购买基金时需要避开的坑。

在介绍这些坑之前，先加一句话，本讲以下的内容，借鉴了《香帅的北大金融学课》中的内容，感谢香帅授权使用。

购买基金时有哪些坑呢？可以归为三大类，分别是：（1）“抬轿子”，就是基金之间哄抬股价，刻意烘托其中一只基金的表现，进行“造星运动”；（2）“老鼠仓”，就是基金经理损公肥私，利用亲友账户牟取私利；（3）“利益输送”，就是基金和上市公司之间勾结，牟取非法收益，割股东的“韭菜”。

那怎么样识破这几种猫腻呢，我总结了 3 种方法，分别是“查底牌"、"识前科"和"破迷信"。掌握这3种方法以后，你就可以避开基金投资的很多坑了。关于这3种坑和3种防身武器，我一个一个给你讲。

- 抬轿子：基金之间的利益输送 -

首先看抬轿子。抬轿子是基金之间搞利益输送，目的是粉饰业绩，人为制造明星基金。比如说，一家基金公司旗下有好几只基金，一只基金先买入某只股票，然后其他基金再持续买入该股票，推高股价。先买入该股票的基金的业绩自然就上去了，净值也会提高，这就相当于"坐轿子"，那些后面接盘的基金相当于"抬轿子"。

为什么基金之间要抬轿子？我举个例子你就明白了。

比如说，我们来看两家基金公司。一家基金公司旗下有一只明星基金、一只业绩很差的基金，另一家基金公司旗下是两只业绩平平的基金，你猜哪家基金公司更受欢迎，会吸引更多投资者购买呢？

我告诉你，是第一个。因为人都有跟风、追星的倾向，明星基金受到投资者追捧，大量资金会流入，还会带动其他基金的销售。所以旗下"一好一差"两只基金所带来的资金总量，比两只业绩平平的资金带来的总量更多，整个基金公司的收入会更多。所以，基金公司有动力去牺牲个别基金的利益，造就一只明星基金，带动整个基金公司的收入。

2013年的时候，市场上有个基金经理很有名气，叫厉建超，他管理着两只基金，"中邮战略新兴产业"和"中邮核心优选"，简称为“中邮战略”和“中邮核心”。中邮战略的基金收益率为80.8%，是2013年度全市场业绩冠军，妥妥的明星基金。但是奇怪的是，同是厉建超管理的“中邮核心”，同期收益却只有-3.33%，一里一外差距达到84%，超过80%。同一个基金经理管理的基金，投资业绩为什么会相差如此之多呢？而且更奇怪的是，这两只基金持仓的股票，有不少的重合。

聪明人很快看出了端倪：中邮战略总是先在一只股票上低位建仓，隔一段时间中邮核心会疯狂地加仓这只股票，把价格拉高，这样中邮战略的业绩就嗖嗖嗖往上涨。比如一只叫“旋级信息”的股票，一个季度之内就被拉升了30%多，重复几次这样的操作，当年的业绩就变得非常亮眼了。

这种抬轿子抬出来的假明星，我们是要避开的。怎么避开呢？一个办法就是“查底牌”。你要睁大眼睛，不轻易地被明星基金光芒迷惑。首先，要关注一下这个基金公司旗下其他基金的情况，如果几只基金的持仓股票类似，但是业绩却差很远，就要谨慎。其次，如果它们共同持仓的还是小盘股，嫌疑就更大了，因为小盘股的流通筹码少，容易控盘，经常一拉即涨停，方便其他基金接力抬轿子，快速提升基金净值，吸引投资者买入。大盘股流通筹码大，不太容易操控股价。

- 老鼠仓：基金经理对亲朋好友的利益输送 -

我们再来说第二个坑，老鼠仓。老鼠仓就是基金经理人先用私人（亲戚、朋友）账户买入股票，然后用投资者的钱大量买入该股票，等股票涨到很高时，卖出自己的股票，投资者的资金却被套牢。这跟老鼠偷粮食到自己窝里很像，所以叫老鼠仓。

老鼠仓可以说是中国金融市场的一个毒瘤，曝出过很多案例。2008 年，上投摩根基金管理公司的基金经理唐建、南方基金的王黎敏，都是用自己父亲的账户在自己基金买入前提前低位建仓，等基金买了马上套现，这个利润动辄几百万元、上千万元。

中国基金老鼠仓为什么这么多？除了人性的贪婪外，最重要的原因就是证券市场上违规违法的成本太低了。美国对严重的违法违规行为，罚款往往是天价，高的有几十亿美元，刑罚最高可达 20 年。作为对比，我国的老鼠仓大多就是很少的罚款，几万元，对于这些金融玩家而言，就是毛毛雨。少数时候会判刑，但是经常会缓刑，而且一般认定为基金经理的个人行为，不追究基金公司的责任。相当于板子高高举起，轻轻落下，起不到什么震慑作用，所以才会有这种屡禁不止的局面。当然，新的《证券法》2020 年 3 月 1 日开始实施，加大了惩罚力度，程度够不够、效果怎么样，还需要进一步观察。

如何避免老鼠仓呢？说实话，老鼠仓在事前是比较难发现的，但还是有些办法可以帮助你避免掉进坑里，我把它称为“识前科”，其中最重要的就是要避开那些曾经曝出老鼠仓的基金公司，因为这表明基金公司的内部管理机制上存在着缺陷。此外，假如买入的基金被曝老鼠仓，要果断止损，千万不要犹豫。

- 利益输送 -

除了老鼠仓，基金业里另一个毒瘤就是上市公司和基金公司之间的利益输送。基金本来是独立的“第三方资管机构”，应该是为投资者服务、为投资者赚钱的。但是现实生活中，却有一些基金公司和上市公司合谋，哄抬股价，制造业绩的虚假繁荣。

一个典型的例子就是曾经红极一时的徐翔。2010—2015 年，徐翔旗下的泽熙基金创下 5 年平均收益率 200% 的惊人纪录，被称为“唯一能跑赢房价”的金融产品。连续 5 年，每年平均 200%，熟悉金融市场的人知道，这简直就是神迹，简直是不可能的。当时市场狂热追捧，大把资金流入，仅 2015 年上半年就募集了超过 300 亿元资金。

不可能的事情，往往不是真的。2015 年股灾后，徐翔被抓，这个“投资传奇”才露出真面目：2010 年至 2015 年间，徐翔等人先后与 13 家上市公司的实际控制人合谋，操纵股价牟取暴利。他们的套路非常类似：

第一步，约定由上市公司高管择机发布“高送转”“业绩预增”等利好消息，并且引入“在线教育”“机器人”等热点题材，引发市场的炒作热情。

第二步，信息公布之前，徐翔大量买入这只股票，拼命拉升股价。

第三步，上市公司发布信息以后，徐翔以大宗交易的方式接盘上市公司股东减持的股票，随后在二级市场抛售。

如此几步之后，上市公司股东就实现了在高位减持股票。盈利的部分，上市公司按照五五或者四六比例分成，汇入徐翔指定的账户。

如何识别这种猫腻呢？识别这种猫腻，有一个基本原则，我称为“破迷信”，就是不要过度迷信明星基金经理，尤其是被神化的经理人。你要仔细去看基金的持仓情况，如果基金特别喜欢持有那些话题多、交易活跃，但是实际业绩又并不尽如人意的股票，就要提醒自己注意风险了。

本讲重点

1. 购买基金有好处，但是也有很多坑，很多基金不仅跑不赢大盘，还可能违规操作，基金清盘的比例也很高。

2. 投资人和基金经理的利益不完全一致。基金经理直接管钱，抗拒诱惑的难度更大。

3. 基金经理的违规操作，可以归为三大类，分别是抬轿子、老鼠仓、利益输送。

4. 有3种办法可以帮助你识破违规操作，分别是“查底牌”、“识前科”和“破迷信”。

这一讲的最后，我想和你分享一句话：在投资的世界里，没有奇迹，如果有的话，就是人类的第八大奇迹。稳健的收益持续很长时间，就会创造奇迹。关于这句话，我在第一讲里仔细解释过。

思考

新的《证券法》于2020年3月1日开始实施，加大了惩罚力度。你可以想一下，新的《证券法》对这些违规行为有多大影响，能根除吗？

第二十讲

基金分类的三维坐标

前面两讲，我讲了基金的基本原理，基金有什么优点，有哪些坑要避开。说完了这些基本原理，我们开始讲如何挑选基金。

说到挑选基金，你马上会想到一个很实际的问题，就是市场上基金太多了。你打开任何一个基金网站，都有一眼看不到头的感觉，看着都差不多，不知从哪里下手，很多时候会心烦意乱，就不想挑了。这不怪你，简单统计，现在市场上的基金总数，大约有 6 000 只（只含公募，不含私募），比股票总数还多，而且几乎每天都有新基金上市。

怎么办呢？看得眼花缭乱，是因为你不知道如何分类，也没有掌握挑选基金的办法。学会了分类和挑选办法以后，其实很简单，很多基金都可以很快剔除，只留下少量基金供你挑选。这一讲讲分类的方法，即“三维坐标”，下一讲讲挑选基金的“五大要素”。

先讲基金分类的三维坐标。了解这三维坐标之后，你就像有了一个“长、宽、高”一样的空间三维坐标系，基金的类别会清清楚楚。这三维坐标的三个维度，分别是投资标的、投资风格、募资渠道。我们一个一个来说。

- 第一维坐标：投资标的 -

投资标的，指的是基金投资的金融工具的范围。按照投资标的，基金可以分为货币基金、债券型基金、股票型基金、混合型基金。

所谓货币基金，就是只能投资在货币市场上的基金，简称货基。货基的投资范围，包括短期国债、央行票据、银行间回购。这些产品期限短、流动性高，安全性也非常好，一般不会亏损。比如支付宝链接的余额宝，微信链接的零钱通，都是这样的货币基金。

一般来说，货币基金的回报率比银行定期存款要高。2018 年的时候，货基的平均（年化）收益率在 3.8% 左右。到了 2019 年，平均（年化）收益率大幅下降，依然有 2.6% 左右。作为比较，目前一年期定期存款利率，只有 1.5%，还要锁定一年，提前取钱要损失利息。目前情况下，只要每天拿手机的人，其实不需要存定期存款了。

市场上有哪些货币基金呢？很多。表 20–1 整理了一些规模较大的货币基金，并且给出了 2018 年和 2019 年的收益率，供参考。你可以看到，货基这两年都没有亏损的，收益率差异也不大。

表 20–1　规模排名前 20 的货币基金

代码	货基名称	基金规模（亿元）	2018 年区间年化收益率（%）	2019 年区间年化收益率（%）
000198	天弘余额宝	10 548.22	3.47	2.38
050003	博时现金收益 A	1 637.22	3.53	2.45
000693	建信现金添利 A	1 636.27	3.83	2.76
040038	华安日日鑫 A	1 586.49	3.64	2.52
000359	易方达易理财 A	1 554.74	3.95	2.65
003515	国泰利是宝	1 234.86	3.74	2.51
001666	鹏华添利宝	1 139.55	4.14	2.85

（续表）

代码	货基名称	基金规模（亿元）	2018 年区间年化收益率（%）	2019 年区间年化收益率（%）
003474	南方天天利 B	1 087.56	4.23	3.01
000379	平安日增利	1 083.06	3.69	2.56
482002	工银瑞信货币	1 038.27	3.83	2.68
000380	景顺长城景益货币 A	994.30	3.36	2.50
004501	嘉实现金添利	956.35	3.99	2.71
001211	中欧滚钱宝 A	942.66	3.75	2.56
003753	工银瑞信如意 B	938.73	4.08	2.86
002758	建信现金增利货币	924.40	4.15	2.91
000607	招商招钱宝 B	920.38	3.85	2.46
000397	汇添富全额宝	916.13	3.93	2.60
001529	天弘云商宝	883.17	3.53	2.58
511990	华宝现金添益 A	874.89	3.44	2.48
000575	兴全添利宝	874.86	3.92	2.81
平均		1 588.61	3.80	2.64

注：基金规模、收益计算截至 2019 年 12 月 31 日。

第二种是债券基金，就是主要投资债券的基金，简称债基。按照目前的规定，债基要有 80% 或者更多的资金投资在债券上。

根据过去几年的平均，债基的收益在 4%~5% 之间，比货币基金要高 2 个百分点左右。但是，和货基相比，债基是有可能亏损的，虽然亏损的可能性很低，还是有可能的。不过，债基亏损并不可怕，一般是短期的，1~2 年就能回来。除了有可能亏损以外，债基的流动性也不如货基，赎回的时候要 2~4 天到账。这 2 个百分点的高收益，是对短期风险和流动性的补偿。

和前面一样，我也整理了一些规模较大的债券基金，放在表 20–2 中，供参考。你可以看到，债基这两年也都不亏损。回报率差异比货基大一些，也不是特别大，在几个百分点的范围内。这个差异，相对于货基来说已经很大了，但是和下面要讲的股票型基金相比，就只能算零头。

表 20–2 规模排名前 20 的债券基金

代码	债基名称	基金规模（亿元）	2018 年区间年化收益率（%）	2019 年区间年化收益率（%）
003526	农银汇理金穗 3 个月	774.86	5.14	2.88
004722	中银丰和定期开放	480.22	7.14	4.18
005309	中银证券汇嘉定期开放	420.43	–	4.46
003929	中银证券安进 A	339.13	6.95	4.20
003313	中银睿享定期开放	240.63	7.16	4.06
003285	国寿安保安康纯债	208.21	7.21	4.75
003213	中银悦享定期开放	202.04	6.62	4.03
485111	工银瑞信双利 A	199.86	9.58	8.90
003400	建信恒瑞一年定开	172.27	5.88	3.37
003427	建信恒远一年定开	171.49	5.34	3.77
003394	建信恒安一年定开	167.43	6.14	3.25

（续表）

代码	债基名称	基金规模（亿元）	2018 年区间年化收益率（%）	2019 年区间年化收益率（%）
003832	中银丰润定期开放	162.23	8.44	4.59
003329	万家鑫安纯债 A	159.00	6.85	5.05
005321	中银证券汇宇定期开放	156.04	7.12	4.16
003528	汇添富长添利 A	153.16	3.79	3.44
002603	工银瑞信瑞丰定开	150.18	8.73	4.69
006491	南方 1–3 年国开债 A	145.44	–	3.81
070009	嘉实超短债	141.95	5.26	3.23
005756	平安短债 E	134.48	–	3.39
003407	景顺长城景泰丰利 A	123.37	6.00	3.85
平均		235.12	6.67	4.20

注：规模、收益计算截至 2019 年 12 月 31 日。部分债券基金 2018 年区间收益缺失是因为这些基金成立于 2019 年。

第三种是股票基金，就是主要投资股票的基金，又称为股票型基金，简称股基。按照目前的规定，股基要有 80% 或者更多的资金投资在股票上。

股基和货基、债基有两个非常重要的区别。第一，货基和债基基本是安全的，你买的时候认准大一点的金融机构、规模大一点的基金，问题都不大。如果你想特别省事，直接买支付宝、微信链接的基金，也基本是一样的。但是股基有很大风险，是可能赔很多钱的，赔一半甚至更多都有可能。而且，即便是好的基金经理也是可能赔钱的，差的基金经理会赔更多，这是股票的基本性质决定的。

第二，股基之间的差异很大。货基和债基，只要是规模大一点的、规范一点的基金，都比较安全，回报率差异也不大，最多几个百分点。股基很不一样，很考验基金经理的能力，有的挣很多钱，有的赔很多钱。所以，买股基的时候，是要仔细选择的，不能闭着眼买。

我也整理了一些规模比较大的股基，放在表20–3中，供你参考。你可以看到，2018 年的时候，由于总体行情不好，这些很大的股基也都是赔钱的，没有一个例外，平均亏损 23%。到了 2019 年，随着市场行情变好，这些股基又是赚钱的，也没有一个例外，平均赢利 40%。而且，股基之间差异很大，最好的赢利超过 80%，最差的只有不到 10%。所以，股基风险很大，差异很大。

表 20–3　规模排名前 20 的股票型基金

代码	股票型基金名称	基金规模（亿元）	2018 年区间年化收益率（%）	2019 年区间年化收益率（%）
510500	南方中证 500ETF	434.96	–32.20	27.90
510050	华夏上证 50ETF	416.62	–18.27	35.72
510300	华泰柏瑞沪深 300ETF	345.12	–23.86	38.01
510330	华夏沪深 300ETF	270.12	–23.82	38.20
159919	嘉实沪深 300ETF	226.49	–23.98	38.09
110022	易方达消费行业	205.29	–23.41	71.36
510180	华安上证 180ETF	195.84	–19.83	32.57
160706	嘉实沪深 300ETF 联接 LOF	185.11	–22.73	35.78

（续表）

代码	股票型基金名称	基金规模（亿元）	2018 年区间年化收益率（%）	2019 年区间年化收益率（%）
110003	易方达上证 50 指数 A	171.86	–16.61	51.09
159915	易方达创业板 ETF	167.31	–28.59	44.28
000051	华夏沪深 300ETF 联接 A	152.61	–22.54	35.85
512880	国泰中证全指证券公司 ETF	139.68	–24.81	45.21
512960	博时央企结构调整 ETF	138.72	—	9.44
512950	华夏央企结构调整 ETF	138.12	—	8.96
001938	中欧时代先锋 A	126.88	–11.78	65.51
510810	汇添富中证上海国企 ETF	126.39	–20.74	21.53
100038	富国沪深 300 增强	118.95	–16.80	38.83
161725	招商中证白酒	109.43	–23.69	86.80
160119	南方中证 500ETF 联接 A	92.98	–30.69	26.18
510310	易方达沪深 300ETF	92.64	–23.50	38.70
平均		192.76	–22.66	39.50

注：规模、收益计算截至 2019 年 12 月 31 日。部分股票型基金 2018 年区间收益缺失是因为这些基金成立于 2019 年。

第四种基金是混合型基金，就是对于投资标的没有硬性规定，配置的范围可以是货币、债券和股票。混合型基金赋予基金经理更大的投资自由度。从回报来看，在股市好的年份，我国混合型基金回报整体低于股票型基金，并没有优势。但是在股市差的年份，混合型基金回报会高于股票型基金。这是因为不管好年份还是坏年份，混合型基金都会配置一部分债券资产，这样总体的表现会稳健一些。

另外，由于混合型基金有更高的资产配置自由度，个别混合型基金表现非常好。当然，这种自由度也是双刃剑，用不好这种自由度，可能回报率会很低。表 20–4 中，我整理了规模较大的混合型基金，其中收益率很低的也有好几个。

表 20–4　规模排名前 20 的混合型基金

代码	混合型基金名称	基金规模（亿元）	2018 年区间年化收益率（%）	2019 年区间年化收益率（%）
161728	招商 3 年战略配售	266.80	—	5.27
161131	易方达 3 年战略配售	266.53	—	6.28
160142	南方 3 年战略配售	198.62	—	6.61
110011	易方达中小盘	186.45	–14.27	65.32
163402	兴全趋势投资	167.55	–17.60	42.67
260108	景顺长城新兴成长	161.49	–15.77	72.18
501188	汇添富 3 年战略配售	158.34	—	5.94
270002	广发稳健增长	130.44	–7.76	31.21
501189	嘉实 3 年战略配售	125.94	—	4.27
002001	华夏回报 A	124.00	–16.77	30.91
960002	华夏回报 H	124.00	–16.77	30.91
501186	华夏 3 年战略配售	123.72	—	5.79
519069	汇添富价值精选 A	116.21	–13.80	40.20
160505	博时主题行业	114.90	–24.21	41.50
002803	东方红沪港深	101.60	–21.15	51.67
161005	富国天惠精选成长 A	100.22	–26.90	62.14

（续表）

代码	混合型基金名称	基金规模（亿元）	2018 年区间年化收益率（%）	2019 年区间年化收益率（%）
001071	华安媒体互联网	100.03	0.70	101.70
001373	易方达新丝路	99.22	–23.16	51.76
001511	兴全新视野	95.19	–18.55	42.04
169101	东方红睿丰	91.57	–22.64	45.03
平均		142.64	–17.05	37.17

注：规模、收益计算截至 2019 年 12 月 31 日。部分混合型基金 2018 年区间收益缺失是因为这些基金成立于 2019 年。

上面讲的是根据投资范围划分的 4 种主要基金，分别是货币基金、债券基金、股票基金、混合基金。根据投资范围，还有其他基金，比如黄金基金、商品基金、QDII 基金（合格的境内投资者基金）等。我整理了一些这样的基金在表 20–5 中，供有需要的同学参考。这些基金不太常见，在基金中占比也不大，但是提供了投资相关产品的通道。比如说黄金基金，可以让我们很方便地投资黄金，以后我们讲黄金的时候细讲。

表 20–5　一些其他基金

代码	黄金基金名称	基金规模（亿元）	2018 年区间年化收益率（%）	2019 年区间年化收益率（%）
518880	华安黄金 ETF	85.98	3.63	19.15
159937	博时黄金 ETF	45.69	3.59	19.06
002611	博时黄金 ETF 联接 C	40.40	3.36	18.39

（续表）

代码	黄金基金名称	基金规模（亿元）	2018 年区间年化收益率（%）	2019 年区间年化收益率（%）
000217	华安易富黄金 ETF 联接 C	31.69	3.54	19.20
159934	易方达黄金 ETF	20.51	3.47	18.93
150196	国泰国证有色金属行业 A	30.07	5.51	5.55
159980	大成有色金属期货 ETF	3.70	—	0.04
512400	南方中证申万有色金属 ETF	2.99	–39.58	28.35
159985	华夏饲料豆粕期货 ETF	2.61	—	–1.59
160216	国泰大宗商品	2.74	–14.22	29.79
510900	易方达恒生 H 股 ETF	103.39	–7.01	16.22
159920	华夏恒生 ETF	59.46	–8.51	14.37
070012	嘉实海外中国股票	43.39	–14.62	19.55
377016	上投摩根亚太优势	43.31	–13.34	24.35
162411	华宝标普油气人民币	40.38	–23.78	–9.17

注：规模、收益计算截至 2019 年 12 月 31 日。部分基金 2018 年区间收益缺失是因为这些基金成立于 2019 年。

- 第二维坐标：管理风格 -

基金分类的第二维度，是管理风格。根据管理风格，我们可以把基金分为主动管理型和被动指数型基金。

主动管理型基金的目标是要战胜大盘，基金经理们通过挑选股票（选股），选择买卖时机（择时）等方法，希望获得比大盘指数高的回报率。

能不能做到呢？有的基金经理是能做到的。国外有一些很出名的基金经理，比如股神巴菲特、橡树资本的霍华德·马克斯等，我们就不多说了。这样的人国内有没有？国内也有。

比如说，有“公募一哥”之称的王亚伟，曾经执掌“华夏大盘精选”基金，是一个成功的主动管理基金的范例。王亚伟在这只基金上重仓中小股、成长股，而且能抓住时机，在股票价格被低估时进行投资，更厉害的是，在2008年股市大跌之前，他提前调低了仓位，华夏大盘精选在股市暴跌中成为基金抗跌亚军。从2004年到2012年的8年中，年化收益率达到49%，这已经是很神奇的业绩了。“公募一哥”的名号，名不虚传。

当然，王亚伟这样的基金经理是凤毛麟角的，很难找到。而且，这里要提醒你一下，现在华夏大盘精选基金经理早已不是王亚伟了。2012年的时候，也就是8年前，王亚伟离开华夏，创立了千合资本，是一家私募基金，也就是“奔私”了。

被动指数型基金也叫作“指数基金”，一般选取特定的指数成分股作为投资对象。比如说工银瑞信基金推出的“工银沪深300”（交易代码：481009），或者“华夏沪深300ETF”（交易代码：510330），就是选取沪深300指数的成分股为投资对象，完全复制沪深300指数，所以基金收益率与沪深300指数的收益率基本一致。这种基金的好处是完全复制大盘，不需要主动管理。

- 第三维坐标：募资方式 -

基金分类的第三维坐标，是募资方式。根据募资方式，我们可以把基金分为公募和私募。公募基金向社会公众投资者公开募集，普通投资者可以通过基金公司网站、银行网点、个人证券账户、第三方销售平台等进行购买。认购公募基金的门槛很低，常见的是 1 000 元起购，也有 500 元起的，现在很多公募基金已经做到了 1 元起购。

私募基金的募集方式是非公开的，只向特定的机构或个人发行。当某只私募基金开始募集资金的时候，它会定向地通知满足一定资产要求的机构或个人投资者，向他们开放申购渠道。很多银行的高净值客户理财中心、信托公司的财富中心也都能购买到私募基金。私募基金产品对投资人的认购门槛有较高要求，通常要求 100 万元起购，并且投资人净资产不低于 1 000 万元。而且，很多私募基金产品根据产品特征，还有更高的认购门槛要求。因为这个很高的门槛，以后的课程里，我们不重点讲私募基金，主要讲公募基金。

公募和私募的另一个重要区别，是收费方式不同。一般来说，公募基金不要求分成，只收管理费，还有一点托管费。基金管理费是支付给基金管理人的报酬。在当前公募基金管理费率整体下滑的大背景下，绝大多数基金的管理费率在 0.3%~1.5% 之间，平均在 0.8%，个别的基金管理费率低至基金资产净值的 0.1%。托管费是基金资产的保管和处置费用，通常为基金净资产的 0.25%。当然你还要注意，如果通过第三方平台认购，可能还有销售费用。

私募不太一样，私募基金除了管理费（1% 左右）以外，一般还要有 20% 的利润分成，就是基金投资回报的 20%，要给基金经理。为什么呢？这样的设置，是为了更好地将投资者利益与基金经理业绩进行绑定，让基金经理更有动力去获得更高收益。因为这个，不少优秀的公募基金经理会“奔私”，也就是转行做私募。做得好的话，私募的收入会高很多。

公募基金和私募基金的主要区别见表 20–6。

表 20–6 公募基金和私募基金的主要区别

项 目	公募基金	私募基金
募集方式	公开募集	非公开募集
认购门槛	低门槛，通常为 1 000 元，低至 1 元起购	高门槛，通常认购金额不低于 100 万元，净资产不低于 1 000 万元
投资灵活度	不同类型基金有其对应资产的最低仓位要求	灵活，仓位不受限制
收费方式	0.3%~1.5% 管理费 +0.25% 托管费	1% 管理费 +20% 业绩提成
信息披露	每日披露净值	每月披露净值
流动性	流动性高，每日开放申购赎回	流动性低，一般每月开放一次申购赎回
监管部门	证监会	银保监会 / 证监会

本讲里，有很多张表。在讲解各类基金的时候，我整理了规模较大的基金，供你参考。一般来说，规模较大的基金较为安全，流动性好，这一点下面的课程里会进一步展开。这里我要再强调一下，这些表只是为了你查找信息方便，完全没有推荐这些基金的意思。在下一讲里，我会进一步讲解如何挑选基金。

最后，我把这一讲的内容总结在表 20–7 里。

表 20–7 基金分类总结

标准	类别
投资标的	货币基金，债券基金，股票基金，混合基金
管理风格	主动管理型基金，被动指数型基金
募资方式	公募基金，私募基金

最后补充一句，在这三维分类体系之外，还有一些其他分类，比如可分为开放式基金、封闭式基金。这里我们不强调，主要是因为这种分类标准并不重要。开放式基金就是开放赎回的基金，每天都可以赎回。封闭式基金就是不能赎回，只能交易的基金。现在绝大多数基金都是开放式基金，封闭式基金已经越来越少，因此我们不强调这样的分类。

本讲重点

1. 基金分类有三个维度，分别是投资标的、管理风格、募资方式。

2. 根据投资标的，基金可以分为货币基金、债券基金、股票基金、混合基金，以及其他基金，其他基金包括黄金基金、商品基金、投资境外资产的 QDII 基金。

3. 根据管理风格，基金可以分为主动管理型基金和被动指数型基金。

4. 根据募资方式，基金可以分为公募基金和私募基金。

思考

1. 在网上随机找 10 只基金，按照三维坐标进行分类，加深对三维坐标的理解。

2. 挑选基金的重点是偏股型基金，包括股票型和混合型。在偏股型基金中，根据管理风格和募资方式，又可以分为 4 类，也就是主动的或者被动的公募或者私募基金。你可以试着在每一类中，找 2 个你觉得比较好的，留着观察，通过熟悉这些基金的规律，加深对基金的理解，为以后投资做准备。

第二十一讲

“业绩为王”的陷阱

上一讲讲了如何给基金分类，要点是基金分类的三维坐标，本讲接着讲如何挑选基金。

讲基金分类的时候说了，货币基金和债券基金好选，挑规模较大、流动性较好的就行，收益率差异也不大。你挑选的时候，找过去业绩好一点的就行了。比较而言，股票基金和混合型基金比较难选，风险也很大，我们重点讲这两种基金。

首先，我仔细讲一下，基金的业绩差异非常大，风险也很大，但是也有很多好基金，关键是你会不会挑。

然后，我讲如何挑选基金。挑选基金可以概括为挑选基金的“五大要素”，先讲最重要的第一个要素，我称为“业绩为王”——不是说挑选业绩最高的，而是挑业绩最稳健、最好的。

- 基金业绩天差地别 -

首先讲一下第一个问题，基金业绩的差异。市面上有很多基金，差异非常大，买对了会赚很多，而且很省心，买错了会欲哭无泪，很烦心。

表 21–1 整理了成立年限三年以上的公募基金的情况，也就是 2017 年 1 月 1 日之前成立，还在运营的所有公募基金的情况，这类

基金一共有 2 778 只。在表 21–1 中，我们比较了这些基金最近 3 年的表现，也就是年化收益率。

表 21–1　成立 3 年以上公募基金回报率

基金数量	2 778
均值	6.04
标准差	8.28
分位数	**年化收益率（%）**
最小值	–45.85
1%	–25.61
5%	–6.25
10%	–2.40
25%	2.73
50%	6.11
75%	10.12
90%	14.96
95%	18.24
99%	25.22
最大值	62.66

注：本表只包含 2016 年（含）之前成立的公募基金（包括股票型和混合型）。一只基金分拆的不同子基金（一般是针对不同类型的投资者，有不同资金门槛等，常常分成 ABC 等不同的份额），则按照多只基金计算。

数据来源：Wind 基金数据库，数据截至 2019 年 12 月 31 日。

你可以看到，差异非常大。最差的年化收益率是 –46%，也就是每年跌 46%，三年跌掉 85%，1 元钱只剩 0.15 元。最好的年化收益率是 63%，也就是每年增长 63%，三年赢利 3.3 倍，1 元钱涨到 4.3 元。

表 21–1 比较的最好和最坏的情况，差距确实很让人震惊。其实，还有更让人震惊的。这些统计，没有包含破产清盘的基金。前面我们讲过，根据统计，2001 年以来，我国共新发行基金 6 700 多只（截至 2019 年是 6 769 只，只含公募，不含私募），共计 729 只已经清盘了，占到发行基金总数的 10.8%，每 10 只基金就有 1 只清盘了，这个清盘的比例，还是蛮高的。而且，清盘往往发生在行情不好的年份，比如说 2018 年，行情很不好，大盘下跌 25%，中小盘跌了 33%。仅仅这一年，就有 426 只清盘。

你可能会说：不会这么倒霉，买到清盘的基金，买到最坏的基金。其实，你即使不这么倒霉，结果也会让你很郁闷。我们来看一个数据。表 21–1 中，10% 的分位数对应的年化收益率是 –2.4%。这个数的意思是，排名倒数 10% 的基金回报率低于 –2.4%，每年赔 2.4% 或者更多。另外，表 21–1 中一共统计了 2 700 多只基金，其中有 411 只基金的回报率是负的，占 1/7。如果买到这样的基金，3 年下来不仅不赚钱，还赔了钱。作为比较，如果买到排名前 10% 的基金，那么回报率最低也是 14.96%，3 年下来赚了 52%。

这些数据告诉我们，市场的基金虽然很多，但是表现差异非常大，绝对不能随便买。不少人或你身边的朋友，买了几年的基金，不仅没有赚钱，还赔了钱，最后狠心割肉卖出，发誓再也不碰基金，不当“韭菜”了。

但是，这种“一朝被蛇咬，十年怕井绳”的心态也不对。市场上还是有好基金，回报率很不错的。我再给你看一张表。表 21–2 统计了成立期限5年以上、规模10亿元以上、回报率较高的一些基金。之所以加这两个限制，不是为了推荐这些基金，而是想告诉你，这些基金规模较大、运营时间较长，业绩不是昙花一现，而是持续了至少5年。

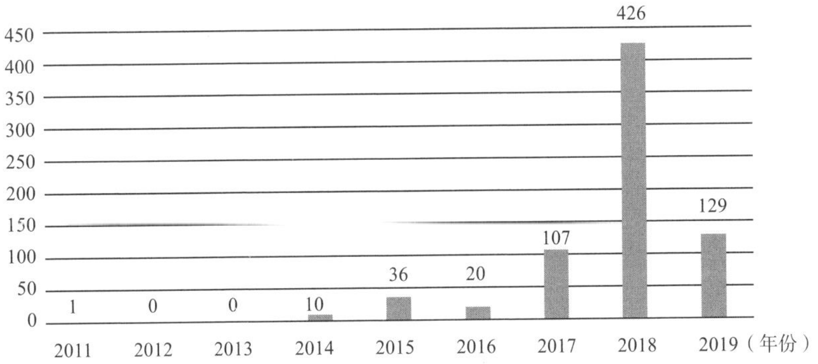

图21-1　历年公募基金清盘数量（2011—2019年）

注：2019年数据截至2019年12月31日。

你看一下这张表，会看到很多基金的业绩都不错，高的年化收益率达到37%，最低也有18%。我们知道，每年回报率37%的话，不到3年你的资金就翻番了；每年18%,4年半你的资金也就翻番了。其中还有一只ETF基金，是一只跟踪消费行业的被动指数基金，并没有基金经理主动管理，年化回报达到19%,4年就翻番了。所以说，我们的市场上不是没有好基金，而是你会不会挑的问题。

当然，这里我再强调一下，这门课的所有图表，都只是为了说明投资的要点，数据信息仅供参考，完全没有推荐的意思。作为一个原则，我不推荐任何一只股票或者基金。

表 21-2 一些业绩较好的公募基金（2010—2019 年）

证券代码	证券简称	年化回报（%）	基金规模（亿元）	成立年限
150199.OF	国泰国证食品饮料 B	37.58	25.1	5.2
000619.OF	东方红产业升级	27.18	76.2	5.6
000083.OF	汇添富消费行业	26.26	74.8	6.7
169101.OF	东方红睿丰	25.73	95.1	5.3
180031.OF	银华中小盘精选	24.98	43.6	7.6
163412.OF	兴全轻资产	24.54	54.3	7.8
040035.OF	华安逆向策略	23.78	12.2	7.4
160222.OF	国泰国证食品饮料	23.77	25.1	5.2
000751.OF	嘉实新兴产业	23.48	12.8	5.3
519736.OF	交银新成长	23.40	33.9	5.7
519732.OF	交银定期支付双息平衡	23.31	16.6	6.3
000251.OF	工银瑞信金融地产	23.19	40.5	6.4
000824.OF	圆信永丰双红利 A	22.54	15.7	5.1
000577.OF	安信价值精选	22.42	34.8	5.7
000595.OF	嘉实泰和	21.83	28.6	5.8
000566.OF	华泰柏瑞创新升级	21.57	11.0	5.7
163415.OF	兴全商业模式优选	20.65	26.4	7.1
590008.OF	中邮战略新兴产业	20.51	24.8	7.6
000742.OF	国泰新经济	20.50	35.1	5.3
000652.OF	博时裕隆	20.48	16.2	5.6
519712.OF	交银阿尔法	20.43	40.0	7.4
000527.OF	南方新优享 A	20.10	23.7	5.9

（续表）

证券代码	证券简称	年化回报（%）	基金规模（亿元）	成立年限
150017.OF	兴全合润分级 B	19.89	52.3	9.7
040025.OF	华安科技动力	19.49	13.6	8.1
000404.OF	易方达新兴成长	19.25	20.7	6.1
519156.OF	新华行业轮换配置 A	19.17	10.4	6.6
260116.OF	景顺长城核心竞争力 A	19.09	32.9	8.1
159928.OF	汇添富中证主要消费 ETF	18.99	32.1	6.4
070032.OF	嘉实优化红利	18.03	23.0	7.5
000480.OF	东方红新动力	17.98	33.9	5.9

注：本表挑选的是业绩排名前 30 的公募基金，要求成立年限至少 5 年，规模至少 10 亿元。如果基金成立于 2010 年以前，则计算 2010—2019 年这 10 年的收益率。如果成立于 2010 年以后，则计算成立以来的收益率。表中数据为几何平均收益率，可以复利累加。

数据来源：Wind 资讯。

基金差异很大，关键看挑选，那么怎么挑选基金呢？挑选基金的 5 大要素，分别是：基金业绩（业绩好坏和稳定性）、基金经理（业绩和服务年限）、基金公司、基金规模、机构持仓。先来介绍第一个因素。

- 正确理解业绩为王 -

挑选基金，最重要的当然还是看历史业绩，挑选业绩好的基金，这是挑选的第一步，我把这个标准简称为“业绩为王”。一只基金过去的业绩好，虽然不一定能说明未来一定好，但是至少说明了过去的管理水平，说明这个团队有可能达到很好的业绩。如果一只基金过去业绩一直不好，从来没有好过，你就不用看了。

市场上现有的基金评级，也都是把历史业绩作为最重要的指标。比如说，最出名的基金评级公司是晨星（morningstar），主要就是按照过去几年的业绩来评级。其他的基金评级公司，大多数也是这样。所以，其实你看基金评级，看的就是过去的业绩，里面没有很多技术含量。

“业绩为王”很容易被理解为挑选历史业绩最好的基金。这是很大误解，是个很大的坑，我从两个方面给你说明。

第一，过去的业绩并不必然预测未来，已经有很多研究表明，基金业绩的持续性并不强，过去的业绩好，未来业绩并不一定好。这里我强调一下，看历史业绩只是挑选的第一步。

第二，看历史业绩，不仅要看业绩水平，更重要的是看业绩的稳定性。看业绩的时候，不要只看一两年，要至少看 3 年以上的业绩，要选择业绩稳定好，而不是偶尔好的基金。如果你看到一只新的基金表现很好，可以加入你的备选，继续观察，但是不要着急买。在比较基金业绩排名的时候，我们有时候会看到这样的现象，头一年的冠军基金，来年却变成垫底。这样业绩大起大落的基金，风险比较大，长期看业绩也不会太好，最好不要选择。

而且这种大起大落的基金，甚至可能有被“抬轿子”的嫌疑。你要记住的是，买基金的时候，一定要避开这种坑。买基金的时候，最好挑过去 3~5 年很稳健的基金，这样风险小，累积收益也高，其实是从收益和风险两方面去综合考虑一只基金的业绩。

那么如何衡量基金的稳健程度呢？这里给大家提供两个指标作为参考：一个是夏普比率，另一个是最大回撤。夏普比率是越大越好，最大回撤是越小越好。

夏普比率

夏普比率是根据经济学家威廉·夏普的名字命名的。他发明了资产定价模型，并且在 1990 年获得了诺贝尔经济学奖。

简单说，夏普比率就是回报和风险的比率。直观上讲，就是为了获得这么多回报，这只基金承担了多少风险。如果这个比率比较大，说明这个基金的性价比比较高，在获取高收益的同时，并没有承担太多的风险，管理比较稳健。

夏普比率的计算其实很简单，就是用基金平均收益减无风险利率，再除以基金收益的标准差。之所以减掉无风险利率，是因为我们总可以获得无风险回报，由此得到的超额回报，才是承担风险得到的收益。这个无风险利率，可以用货币基金利率来衡量。至于标准差，测量的是基金风险，标准差越大，说明基金收益波动越大，也就是风险越大。

$$\text{夏普比率}=\frac{\text{基金平均收益}(R_p)-\text{无风险利率}(R_f)}{\text{基金收益的标准差}(\sigma_p)}$$

当然，这个数据并不需要你自己去计算，在基金介绍中很容易查到。具体比较的时候还要注意基金的种类，因为不同种类的基金，投资者愿意承受的风险程度不一样。

表 21–3 中，我简单比较了一下不同基金的夏普比率。货币基金

的夏普比率最高，平均有2.4，这是因为货币基金的波动很小。而股票型基金平均夏普比率是1.1，因为股票的波动很大，债券基金则只有0.5。这张表的作用是告诉你一个概念，不同种类基金的夏普比率不可比。在同一类基金里，夏普比率越高越好，至少要高于平均值。

表21–3　不同类型基金的夏普比率

基金类型	数量	夏普比率
货币市场型基金	528	2.4
股票型基金	881	1.1
债券型基金	1 241	0.5
混合型基金	1 901	0.7
QDII型基金	174	0.4

注：选取过去36个月的月度净值增长率进行计算，无风险利率选取一年期定存利率。基金分类按照证监会基金分类标准，不包含国际型基金。制表日期为2019年12月31日。

数据来源：根据Wind数据库导出的所有基金历史价格数据整理。

最大回撤

最大回撤反映的是买入基金后可能面临的最大亏损幅度，或者基金业绩增长以后可能面临的最大回吐。这个指标是越小越好，越小说明基金净值的回调幅度越小。

以往的数据分析表明，最大回撤与收益率有很大关系，最大回撤率越高，基金收益率越低。尤其在熊市当中，这个指标反映了基金控制损失、对抗熊市的能力。这个数据的获取也很简单。你挑选基金的时候，看一下基金的历史净值的最大回调就好。一个简单的规则是一只基金的最大回撤不要大于20%，最好不要大于15%。这样的基金纪律性比较强，风险控制能力也比较强。

表21–4给出了不同类型基金的最大回撤。

表20–4 不同类型基金的最大回撤

基金类型	数量	最大回撤（%）
货币市场型基金	528	无
股票型基金	881	–34.1
债券型基金	1 241	–1.9
混合型基金	1 901	–24.8
QDII 型基金	174	–20.6

注：制表日期为2019年12月31日。

数据来源：根据Wind数据库导出的所有基金历史价格数据整理。

本讲重点

1. 市场上基金很多，业绩差异很大，有好有坏，要仔细挑选。

2. 挑选基金最重要的指标是业绩为王。业绩为王不能只看业绩水平，更重要的是看业绩的稳定性。

3. 看业绩的稳定性，有两个指标，一看夏普比率，二看最大回撤。同类基金中，夏普比率越高越好，最大回撤越小越好。

思考

建议使用本讲的两个指标，夏普比率和最大回撤，去网上找一些基金，体会一下基金业绩的大起大落，并从中挑一些比较稳定的，体会一下稳定基金的一些特征。

第二十二讲

基金选择之“以人为本”

前文讲的是“业绩为王”的重要性，强调长期稳定的业绩。我们接下去讲基金载体的重要性，强调管理基金的人（也就是基金经理），以及管理基金的机构（也就是基金公司）的重要性。这一部分内容，我简单概括为“以人为本”。

- 选基金就是选基金经理 -

关于基金经理的重要性，有一句话是这么讲的，“选基金就是选基金经理”，这是很有道理的。尤其是对于主动管理基金而言，基金经理可以算是基金的“灵魂人物”，基金经理的眼光和判断，常常直接影响到基金业绩的好坏。

举个例子。前文我们提过基金经理王亚伟，他曾经被称作“公募一哥”，先后管理过很多基金，业绩都不错。他从 2005 年底接手“华夏大盘精选”，到 2012 年 5 月 4 日离职，在任期内，这只基金回报达 12 倍，年化收益 49.8%，长时间占据基金业绩首位。而 2012 年王亚伟离开后，这只基金的排名大幅下跌，在同类排名中一下子降到 49 位，2013 年排名 62 位。这个例子告诉我们，基金经理对业绩的影响确实非常大。王亚伟的历史业绩见表 22–1。

表 22-1 “公募一哥”王亚伟的历史业绩

产品名称	管理类型	任职时间	任期回报	同类平均	行业排名
华夏策略混合	激进混合型	2008–10–17—2012–05–04	128.6%	51.83%	2/90
华夏大盘精选混合	激进混合型	2005–12–31—2012–05–04	1 198.91%	273.63%	1/47
华夏成长混合	稳健混合型	2001–11–21—2005–04–12	13.2%	13.2%	1/1
基金兴华	传统封基	1998–04–28—2002–01–08	84.82%	69.21%	1/3

注：从 1998 年到 2012 年，王亚伟一直在华夏基金任职。2012 年 5 月 4 日王亚伟辞职，创立私募基金“千合资本”。

基金经理很重要，选基金就是选基金经理，那么有什么好办法来挑选好的基金经理？简单说看两条，一看历史业绩，二看从业年限。

历史业绩无疑是重要的指标。大家需要注意的是，我们这里关注的是基金经理的业绩，不是基金的业绩。

为什么要做这个区分呢？基金管理这个行业流动性很高，基金经理经常跳槽。同一个基金经理，可能管过多只不同的基金。但是一个基金经理的能力会有持续性，过去的业绩表明了其管理能力。比如说，王亚伟先后管理过很多只基金，业绩都不错。后来王亚伟下海创立自己的私募基金，在经历了创业初期的调整之后，表现也还是很不错。

虽然说历史业绩并不一定能预测未来，但是一般来说，历史业绩出色的基金经理，说明管理能力还是比较强的，这是未来业绩好的必要条件。

而且，历史业绩好的基金经理，好不容易建立了一点声誉，会爱惜自己的声誉，不会随便乱来。对于基金经理而言，声誉是很重要的资产。一般来说，基金经理会爱惜自己的羽毛。根据这个，我们可以制定一个标准。比如，如果一个基金经理管理的基金，能在近 3 年的时间里，都保持在同类基金的前 1/3，我们就认为这位基金经理还不错。

看基金经理不仅要看历史业绩，还要看从业年限。通常来说，老牌基金经理积累了更多的知识和经验，业绩表现也往往会好一点。经验丰富的基金经理在应对极端情况时，会更加沉稳。尤其是经过牛熊周期“洗礼”的基金经理，从长期来看，基金业绩会表现得更加平稳。

根据 Wind 的统计，截至 2019 年底（12 月 31 日），全市场有 2 127 位基金经理，平均任职年限为 3.7 年（中位年限 3.1 年）。如果我们比较不同从业年限的基金经理的回报，会发现 6 年以上的还是会高一点。6 年以下的，回报率在 4.2%~4.5% 之间，6~8 年的则有 5.5%，高出一个百分点多一点。8 年以上的，又稍微降了一点，回到 4.8%（图 22–1）。

另外，看公募基金的时候，核心团队的稳定性也很重要。这几年，基金经理的流动性越来越大。仅在 2019 年，就有 233 名基金经理离职，创下了 2016 年以来的最高值。这当中有主动离职的，也有被动离职的，主动离职是寻求更好发展机会，被动离职可能是因为业绩考核不达标。这就要求我们多留意基金经理的变动情况，这会对手中的基金带来影响。

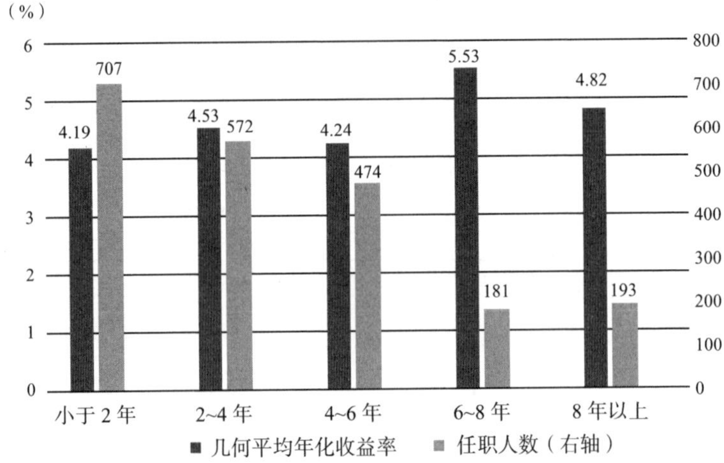

图 22–1　基金经理从业年限和业绩

数据来源：Wind 基金投资经理业绩数据，截至 2019 年 12 月 31 日。2~4 年指任职年限大于 2 年，小于等于 4 年，以此类推。数据包括市场上当前所有公募基金经理，每人根据按所管理基金的加权几何平均回报率，算出整个任职期的几何年化回报率。

- 基金公司 -

我们再来看基金公司。为什么要看基金公司呢？因为长期看，好的基金公司内部管理完善，业绩比较好，规模也会慢慢变大。规模做大了，资源变多，就可以雇用更好的人员，做更好的研究，形成良性循环。

为了便于你参考，我做了表 22–2，罗列了规模最大的 20 家公募基金。其中最小的，也有 1 200 多亿元的资产管理规模。有这么大的家业，一般来说不会乱来，乱来的时候会有顾忌。即便乱来，也有点家底可以折腾，经得起折腾，不会一下子出问题。作为对比，很小的基金公司，管理可能不够完善，也容易有赌博心态。而且一旦乱来，可能很快就会出问题。所以，你选基金的话，可以先从这个表里选基金公司，会比较安全。当然，我还是要再次强调，这句话没有推荐的意思，不构成投资建议。

表 22–2　规模最大的 20 家公募基金

基金公司名称	2019 年末（亿元）	2018 年末（亿元）	2017 年末（亿元）
易方达基金管理有限公司	3 856.36	2 431.38	2 608.26
博时基金管理有限公司	3 270.38	2 439.88	2 253.82
华夏基金管理有限公司	3 165.96	2 269.05	2 224.98
汇添富基金管理股份有限公司	2 851.41	1 734.05	1 428.00
南方基金管理股份有限公司	2 805.39	1 902.81	1 907.14
广发基金管理有限公司	2 650.69	1 906.88	1 242.61
嘉实基金管理有限公司	2 641.17	1 969.89	2 217.46
中银基金管理有限公司	2 528.50	1 876.01	1 886.92
富国基金管理有限公司	2 363.48	1 254.05	1 303.77
招商基金管理有限公司	2 213.51	1 733.43	1 745.09
工银瑞信基金管理有限公司	1 985.53	1 322.48	1 223.61
兴全基金管理有限公司	1 880.68	1 300.14	838.98
鹏华基金管理有限公司	1 775.97	950.97	974.16
华安基金管理有限公司	1 604.53	1 109.33	1 128.20
国泰基金管理有限公司	1 491.09	991.78	893.59
平安基金管理有限公司	1 454.63	732.36	186.90

（续表）

基金公司名称	2019年末（亿元）	2018年末（亿元）	2017年末（亿元）
农银汇理基金管理有限公司	1 356.40	1 027.09	1 001.78
中欧基金管理有限公司	1 309.60	747.23	683.32
银华基金管理股份有限公司	1 276.58	784.38	619.09
建信基金管理有限责任公司	1 270.11	1 090.04	1 189.78

注：本表统计范围包含所有公募基金公司，管理规模不含货币基金、短期理财债券基金。

- 基金规模 -

在基金规模方面，除了基金公司整体的规模重要，单个基金的规模也是一个重要的衡量指标。一般而言，规模较大的基金好一些，同一个基金公司里，它的旗舰基金也会相应配置好的基金经理和管理团队，管理比较规范。规模太小的基金，可能会有较大的波动，清盘风险也大。

比如说2019年，有129只基金清盘，从规模来看，大部分清盘基金规模都比较小。129只基金中，有99只清盘前的规模不足5 000万元。为什么会这样？对基金来说，管理费是主要的收入，而管理费又是按照资产规模来算的，当基金的规模过小，管理费就很少，也就很难运营了。

比如这清盘时不足5 000万元的99只基金，管理费才50万元左右，勉强够一个基金经理的薪水，谈不上购买其他的投研服务。最极端的情况是，这些清盘的基金中，有一只叫泰达宏利瑞利，清盘时资产规模不足 1 万元，这样的基金是没法养活团队的。另外还有 6 只基金清盘前资产规模低于 100 万元，也是没法养活团队的。

造成这些基金资产规模小的原因，主要还是业绩不好。业绩不好就会遭遇投资者赎回，然后盘子就会越来越小，形成恶性循环。这时候即便业绩有所回升，投资者也不愿意再买入了。比如清盘的 99 只基金，其实里面有 42 只的业绩还不错，在行业基准以上，但是投资者已经不愿意买入了。规模上不去，管理费不多，基金也就难以为继了。

所以说，基金这个行业，稳定的业绩才是王道，回光返照没有用的。

- 机构持仓 -

挑选基金的最后一个要素，是看机构持仓的比例。这里的机构，包括社保基金，各种资产管理公司（银行资管、保险资管、券商资管），也包括信托公司、私募基金、财务公司，以及一些上市公司。一般来说，我们还是要相信专业机构的力量，这是社会分工的必然趋势。专业的人做专业的事，专业的机构在基金挑选和判断上，投入的资源远远超过大多数散户。因此受到大机构认可的基金，通常来讲更加稳健可靠。

数据分析发现（图 22–2），机构持仓比例太低，比如低于 20%，这样的基金不太好，回报率不高，而且回撤比较大。这就说明，大多数机构不看好的基金，表现还是要差一些。

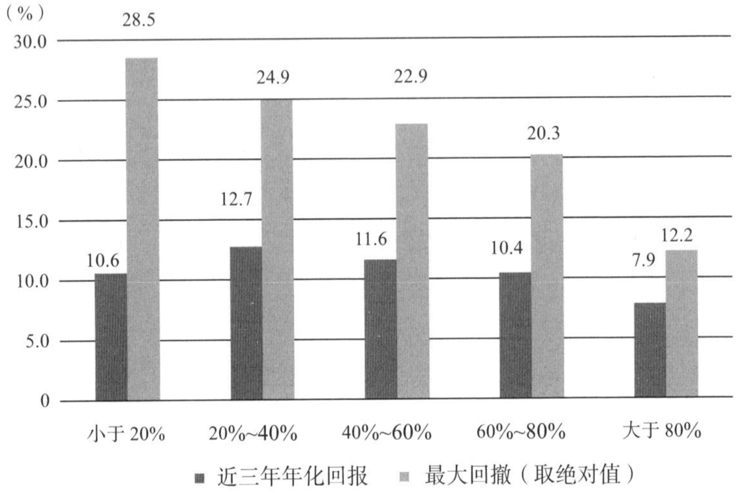

图 22-2　近三年混合型基金机构持股比例和年化回报

注：回报是 2017—2019 年 3 年的几何年化收益率，机构持仓数据是 2019 年年中报的机构持仓比例。成立 3 年以上的混合型基金共 1 901 只。最大回撤本身为负数，图中取了最大回撤的绝对值。

数据来源：Wind。

但是机构持仓比例太高的基金，比如超过 60% 也不太好，虽然回撤小，但是回报率也不高。这是为什么呢？机构持仓比例太高的股票，很多是一些大国企、大银行的股票，近年来总体表现不太好。所以，机构持仓适中，比如在 20%~60% 之间的基金，会比较好。

本讲重点

本讲讲的 4 个要素，加上上一讲讲的基金业绩，一共 5 个要素。

1. 基金业绩：强调长期、稳定的业绩。

2. 基金经理：选基金就是选基金经理，历史业绩和从业年限都很重要。从数据上看，从业年限 6~8 年的基金经理，业绩相对较好。

3. 基金公司：选择管理规模大、口碑好的基金公司。

4. 基金规模：一般来说，要选择规模较大的基金，同一个基金公司，最好选择它的旗舰基金。

5. 机构持仓比例，太低和太高都不太好，20%~60% 之间好一些。

思考

假设你穿越了，回到了 2016 年底，根据当时的最新数据，选择十几只基金，然后看这些基金 2017—2019 年这 3 年的表现。通过这个办法，你可以练习自己选择基金的能力。

第二十三讲

不可忽视的基金管理费

投资基金时一个重要的细节就是基金的各种费用。很多人怕麻烦，不愿意仔细计算各种费用，最后后悔不迭，我给你举个例子。

假设你购买一只基金，名叫"嘉实价值精选"，在网上购买的申购费仅为 0.15%，你会觉得很便宜。但实际上，基金费用不仅包括申购费，还包括基金管理费（1.5%）、托管费（0.25%）、赎回费（最高 1.5%）[①]。综合算下来，这个基金总费率，最高可以达到 3.4%。这个 3.4% 是什么概念？你买一些安全的债券基金，或者一些保本类理财产品的话，1 年的回报率也就这么多。所以说，基金的各种费用加起来可能很高，不能假装看不见。

其实，很多人不是不知道基金有各种费用，而是因为费用五花八门、眼花缭乱，怕麻烦假装看不见。我给你梳理一下 6 种基金费用。

基金费用包括哪些呢？大体可以分为两类：第一类，基金运作费用，包括管理费、托管费、销售服务费，一般是每年收费、逐日计算，运作费和持有时间有很大关系；第二类，基金交易费用，包括认购费、申购费、赎回费，一般是交易基金时的一次性收费。所以，基金一共两大类费用，每类 3 种，共 6 种费用（表 23–1）。下面，

---

① 根据《嘉实价值精选股票型证券投资基金更新招募说明书》（2019 年第 1 号），如果持有期限少于 7 天，则赎回费率为 1.5%，赎回费率随持有期增长而降低，如果持有期限大于 730 天，那么可以免交赎回费。

我们分别介绍这些费用。

首先，我们来讲一下基金运作费用：管理费、托管费和销售服务费。基金运作费用一般是按照基金净资产值的一定比例，逐日计算。我们每天看到的基金净值都已扣除管理费、托管费和销售服务费，无须在每笔交易中另行支付。

表 23–1 投资基金的 6 种费用

分类	特点	主要项目
运作费用	每年收费，逐日计算	管理费（股票基金平均 1.46%） 托管费（股票基金平均 0.25%） 销售服务费（股票基金平均 0.54%）
交易费用	买卖基金时一次性收	认购费（通常 1%） 申购费（最高 1.5%） 赎回费（最高 1.5%）

注：运作费用项目后面括号中为主动管理型股票基金的平均费率，交易费用项目后面括号中为最高费率。一般来说，债券基金和货币基金的各项费用都比股票基金的低很多。交易费用随持有时间延长而降低。

（1）基金管理费：支付给基金公司的管理报酬。基金公司负责基金的运作，通过买卖证券来实现基金资产的保值增值，要收取一定报酬。一般来说，基金管理费的高低，与基金管理难度、投资标的风险成正比。股票型基金因为管理难度大、风险大，管理费最高，其次是债券型，最后是货币型。

在公募基金中，股票型基金（不包括指数型基金）的平均管理费率为 1.46%；债券型基金的管理费率平均数为 0.42%；货币市场基金的管理费率平均为 0.26%。也就是说，股票型基金的管理费，是债券型基金的 3 倍多，是货币型基金的 6 倍左右。长期来看，股票基金的平均回报率最高，波动率最大，业绩分化也最大，主动型股票基金追求跑赢市场指数，基金管理人必须耗费大量精力和资源来挑选个股、判断投资时机，因此需要收取较高的管理费率。

股票基金，是主动管理型的。作为比较，被动指数型股票基金的投资目的是复制指数表现，一般采取买入并持有的投资策略，各种费用会比较少，基金管理人也不必非常积极地研究市场，所以管理费率也会更低，平均只有0.66%，比主动管理型低了0.8个百分点，低了一半还要多。

相对而言，债券市场和货币市场的波动低很多，债券型基金和货币型基金的管理难度低于股票型基金，管理费率也相对较低，分别只有0.42%和0.26%。还有一种基金，是混合基金，总体上和股票型差不多，费率比股票型低一点，有1.24%，比其他的都高（图23–1）。

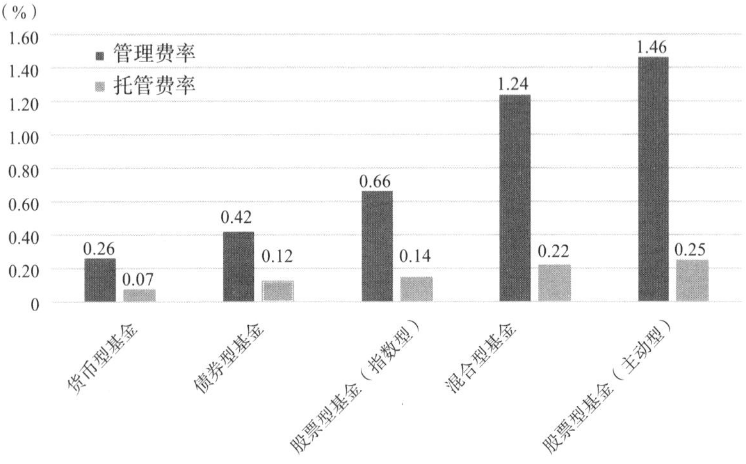

图23–1 基金分类管理费

注：作者根据Wind数据库计算，计算日期为2019年12月14日。

5 种基金费率从高到低分别是主动股票型、混合型、被动股票型、债券型、货币型。这些基金费率你一下子可能记不住，没有关系，记住这个从高到低的顺序就好。

这里我们插一个小插曲，介绍基金管理费的一种新变化。传统上，公募基金的管理费率是固定的，也就是说，无论基金业绩如何，你都需要向基金公司支付固定管理费，基金经理旱涝保收。这样一来，基金经理的激励可能会不足。针对这个问题，近年来有一些变通的尝试。2013 年的时候，国内做了新的尝试，发行了首只浮动费率基金。也就是说，基金管理人收取的管理费与业绩表现直接挂钩，表现好多收，表现不好少收，以此激励基金管理人取得更好的投资回报。

这个浮动费率的效果怎么样呢？目前看，理想很丰满，现实很骨感。在 2015 年的股市大涨大跌中，基金管理人在股市大涨时提取业绩报酬，但在股市大跌时却不必负责，导致基民怨声载道。实际上，浮动费率导致基金经理在牛市中大发其财，在熊市中却不用负责，变成了一种变相的薅羊毛工具。因此，2016 年 3 月之后，浮动费率基金也被暂缓审批。2019 年 11 月，浮动费率基金重启，发行了 6 只浮动费率基金，由于是 2019 年年底才发行，其业绩还有待观察。

（2）基金托管费：支付给基金托管人（一般为商业银行）的费用，用来保管和处置基金资产。主动型股票基金的托管费率一般为每年 0.25%，债券型基金、货币型基金的托管费率也相对较低，平均费率分别为每年 0.12% 和 0.07%。

（3）销售服务费：支付给销售机构的佣金、基金营销费用。目前，基金销售服务费率平均为每年 0.29%（中位数为 0.25%）[①]，股票型基金更高一些，平均为 0.54%。需要注意的是，销售服务费和申购费是二选一的。目前，大约 2/3 的基金选择申购费，不收取销售服务费；而剩下 1/3 的基金收取销售服务费，绝大部分就不再收取申购费。因此，如果你看到某只基金没有申购费，不要高兴得太早，还要看一下销售服务费有多高。

以上讲的是三种基金运作费用（包括管理费、托管费和销售服务费），这些费用是每年收取、按天计算的，下面我们再讲解基金交易费用，包括申购费、认购费、赎回费。这些费用是你在购买和赎回基金时的一次性支出。

（4）申购费：投资者在申购基金时，向基金公司一次性支付的手续费。一般而言，通过银行申购没有优惠，或者优惠幅度较小，通过基金公司官网，或者第三方平台购买可以享有一折的优惠。还有一个小细节，就是货币基金一般不收取申购费，也不收赎回费，但是会收销售服务费。

根据收费方式，申购费可以分为前端收费、后端收费。所谓前端收费，指的是投资者在购买基金时就支付申购费，这是最常见的一种收费方式。所谓后端收费，则是投资者在购买基金时并不付钱，等到卖出时才付申购费。后端收费的一个效果，是可以鼓励投资者长期持有，做长期投资。具体而言，后端收费的申购费往往与持有期限挂钩。我们仍以刚才提到的“嘉实价值精选”基金为例，如果你的持有期超过 3 年，那么在后端收费模式下，申购费可以降至 0。

① 销售服务费率平均数、中位数的计算过程剔除了不收取销售服务费的基金。

而如果持有期不到 7 天，则申购费可以达到 1.5%，这就非常高了。需要注意的是，如果是后端收费，那么赎回的时候要交两种费用，一种是申购费，一种是赎回费。

（5）认购费：认购费与申购费很类似，都是买的时候交，很容易混淆，二者的区别在于购买基金的时间窗口不同。在基金发行募集期内购买基金时所缴纳的手续费，叫作认购费，一般费率在 1% 左右。作为比较，刚才讲的申购费是在基金开放赎回期间收取的费用。所以，认购费和申购费因为时间不重合，也是二选一的，不用两项都交。如果你发现某只基金要交两项费用，就要仔细看看是怎么回事。

（6）赎回费：投资者赎回基金份额时，需要支付的手续费。赎回费有不同档位，一般随持有期增长而降低。为了鼓励长期投资，监管部门规定，对于持有期低于 7 日的投资者，除货币基金和 ETF 之外的所有基金都必须收取不低于 1.5% 的赎回费。①

例如，“嘉实价值精选”基金的赎回费设置了 5 档：如果持有期限低于 7 日，则赎回费高达 1.5%；如果持有期限高于 7 日、低于 30 日，则赎回费降至 0.75%；如果持有期限高于 30 日、低于 1 年，则赎回费降为 0.5%；如果持有期限高于 1 年、低于 2 年，则赎回费降至 0.25%，这就比较低了；如果持有期限高于 2 年，那么赎回费为 0。所以，赎回费是持有时间越长，费用越低。

---

① 根据 2017 年 8 月 31 日证监会发布的《公开募集开放式证券投资基金流动性风险管理规定》，要求“基金管理人应当强化对投资者短期投资行为的管理，对除货币市场基金与交易型开放式指数基金以外的开放式基金，对持续持有期少于 7 日的投资者收取不低于 1.5% 的赎回费”。

本讲重点

1. 基金费用分 2 类 6 种，2 类是运作费用和交易费用，运作费用分别是管理费、托管费、销售服务费，交易费用分别是认购费、申购费和赎回费。运作费是每年征收，按天计算的，交易费是买入和卖出基金的时候一次性支付。

2. 根据基金类型不同，把主要收费项目管理费和托管费加起来，从高到低分别是：主动型股票基金 1.7% 左右，混合型基金 1.5% 左右，指数型股票基金 0.8% 左右，债券基金 0.54% 左右，货币基金 0.33%。主动型股票和混合基金费用高，债券和货币基金费用低。

不同类型基金费用和费率，可参见表 23–2。近年来基金管理费有降低的趋势，以后你买基金的时候，很可能比这个表里的低一些。

表 23–2　基金类型与费率

项目		主动型股票基金	混合基金	指数型股票基金	债券基金	货币基金
运作费用	管理费率	1.46%	1.24%	0.66%	0.42%	0.26%
	托管费率	0.25%	0.22%	0.14%	0.12%	0.07%
	销售服务费率	0.54%	0.36%	0.32%	0.30%	0.15%
交易费用	最高申购费率	1.5%	1.37%	1.1%	0.44%	0
	最高赎回费率	1.5%	1.5%	1.4%	1.5%	0.03%

注：有的基金收认购费，则一般不收申购费和销售服务费，认购费率一般约为 1%。

3. 销售服务费、认购费、申购费不是都要交，而是三选一。

4. 基金的申购和赎回费用，随着持有时间延长而降低。持有时间越长，费用越低，直至降到0。

买基金的时候，可以做一张表格，对应这6种费用，把每种费用填进去，算一下综合费用，看看高不高。如果超过2%，就算高的了，要看看怎么回事。

思考

你可以想一想，这一讲所讲的费用中哪一项容易乱收费，容易有猫腻？如果你是长期投资者，应该更重视哪项费用？

第二十四讲

魔鬼的两个细节

基金的最后一讲讲基金的两个重要细节。有句话是这么说的，魔鬼都在细节里，细节决定成败。因此多注意细节，对你的投资收益，会有很大帮助。

具体而言，本讲讲两个问题。

第一，基金封闭期。有的基金是有封闭期的，封闭期内不能赎回，开放期才能赎回，这是好事还是坏事呢？

第二，第三方推荐。我们很多人都在第三方平台上获取信息，这不是问题。但是我们要不要在这些平台上买基金呢？这是个问题。

封闭期：基金设计中的双刃剑

近年来，一种新型基金很流行，叫作“定开基金”。这种基金平时是封闭的，在固定的时间才开放，封闭的时候不能申购，也不能赎回，开放的时候才能申购和赎回。一句话概括，定开基金是具有封闭期的开放基金。

定开基金是什么时候开始流行的呢？大概是从 2012 年。2012 年之前，定开基金很少。2008—2011 年，一共只有 3 只定开基金发行，每年 1 只，其中 2009 年没有发行。到了 2012 年，一下子发行了 11 只，从此开始爆发式增长。比如说在 2018 年，新发行的定开基金达到 204 只，占新发行基金总数的 25%，每 4 只新基金，就有 1 只定开基金。2019 年，又有 234 只定开基金成立，比前一年还多，发行了这么多，还是受到投资者追捧。下面，我们来仔细看一看这是怎么回事（图 24–1）。

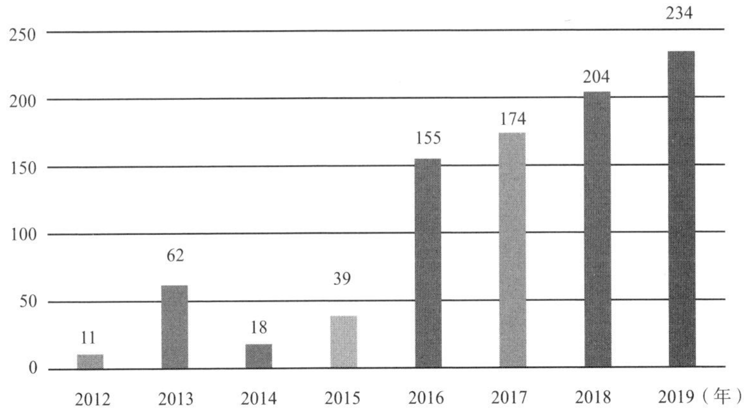

图 24–1　历年新成立定开基金数量

注：作者根据国泰安（CSMAR）数据库数据计算，2019 年数据已经更新至 2019 年 12 月 31 日。

首先，我们仔细展开说一下什么是“定开”。定开就是“定期开放”的意思。这种基金约定一个开放期，开放期内投资者可以申购和赎回，其他时间为封闭期，封闭期内不可以申购和赎回。

那么开放和封闭的频率是怎么样的？市场上的定开基金，封闭期有三个月、半年的，也有一年、三年的，就是每三个月、半年、一年，或者三年开放一次。开放一次的时间，一般是一周，长的也有一个月的。

而我们常说的基金都是开放式的，你可以随时申购，随时赎回。

赎回的时候，一般 2~4 天资金就到账。而定开基金，你只能在开放期内，才可以申购、赎回，赎回的时候，也是 2~4 天资金到账。

例如，博时基金在 2016 年 12 月成立了一个定开基金，叫“博时弘泰 18 个月定期开放混合基金”。这只基金的封闭期为 18 个月，每 18 个月开放一次，开放期间投资者可以申购赎回。

说完了“封闭期”的设计，我们来说一下其中的利弊。为什么要设计一个“封闭期”呢？往好里说，可以说是“用心良苦”。很多普通投资者都喜欢短线操作、追涨杀跌，行情好的时候追加买入，行情不好的时候割肉卖出。而且，你的理财经理还可能会鼓励你这样做，因为这样他们可以赚取更多的佣金。

但是，追涨杀跌的操作有很多坏处。金融市场里有一句话，叫作“长线是金，短线是银”，真正赚钱的是长线投资。总是做短线操作，可能使你错过长期的机会，赚不了很多钱。而且，频繁操作会多交很多手续费，影响你的投资收益。

而定开基金的“封闭期”设计，一定程度上可以帮助投资者进行长期投资。“封闭期”相当于加了一个硬约束，防止投资者快进快出，强迫投资者做“长期投资者”。现实中，很多人都愿意相信长期价值投资，但很少人能够做到。这种封闭期的设计，一定程度上能够帮助人们实现这个愿望。

万事都有两面，“封闭期”的设计是一把双刃剑，也有很大的坏处。最直观的是，投资者在封闭期内牺牲了资金的流动性。极端的情况下，即便市场行情很不好，投资者也不能赎回基金，只能听天由命。这时候碰到靠谱的基金经理也就罢了，碰到不靠谱的，也只能干瞪眼。

而且，更重要的是，封闭期的设计降低了对基金经理努力工作的激励。有的基金封闭期很长，长达1年甚至3年。在这样长的封闭期之内，即使投资者对基金业绩不满意，也不能赎回自己的基金（但是可以在二级市场上转让，这不影响基金经理的管理费收入）。因此，糟糕的业绩不影响基金规模，也就不影响基金经理的收入。在这样的机制下，基金经理可能缺乏足够的积极性，不利于基金业绩的提升。更有甚者，可能会有一些不规范操作，比如替亲友建老鼠仓、替别的基金抬轿子之类的。因为缺乏足够的激励机制，类似这样的道德风险行为都有可能发生。

封闭期的设计有好处，也有坏处，那么到底是好处大，还是坏处大？我们还是来看证据。定开基金已经运行了一段时间，我们可以来看一下历史业绩表现。总体来说，定开基金的表现并不出色。

截至2019年12月底，近三年来有40只定开股票类基金（包括偏股混合型基金），平均收益率为15%。这个收益率怎么样呢？和大盘比一下就行了。同期沪深300指数收益率为24%，定开基金远远跑输大盘，平均收益比大盘低了9个百分点。所以，总体上看，封闭期的设计并没有提高基金的业绩。此外，不同定开基金业绩有很大差异，高的达到90%左右，低的则是亏损的，最亏钱的3年亏损7%，二者相差97%。这样看来，封闭期的设计也没有让基金的业绩更稳健，至今为止还看不到这样的证据。以后你买基金，销售人员可能会给你强调定开基金的各种好处。目前来看，这些好处还都未能体现。

- 不要盲目相信第三方推荐 -

第二个细节是第三方机构的推荐。现实中很多人是通过第三方平台了解基金，这样的平台很多，比如支付宝、微信、东方财富、天天基金网等。新手投资者还经常会买第三方平台推荐的基金。这时候，你就要注意了，因为很容易掉进两个坑。

第一，“明星基金”大反转。第三方平台往往喜欢把最近业绩最好的基金放在首页，吸引投资者。这些短期内的明星基金业绩出色，非常诱人，但是往往好景不长。短期内的优秀业绩，很可能是因为投资策略激进，或者运气较好，而近几年 A 股市场风向转变得很快，明星基金经常大起大落。

很多研究发现，明星基金的业绩很不稳定，常常在一两年内出现反转。而且，近几年基金市场还出现了很多“冠军魔咒”的怪现象。比如 2015 年，有一只基金收益率高达 172%，可以说是傲视群雄，但是第二年这只基金却亏损 40%，一下子从天堂跌入地狱。这不是我编出来的，这只基金的名字叫作“易方达新兴成长”，是一只灵活配置型基金。

这样的例子还有很多。在第十九讲讲如何避开基金中的坑的时候，我举过一个例子，是关于抬轿子的。基金互相抬轿子，会造成明星基金，这类业绩也不可持续，你要避开。

这里还有一个细节，是你要注意的。平台推荐基金，是要收费的（即便不直接收费，也会有其他形式的合作）。这就意味着平台推荐的基金，不一定是最好的，而是最愿意付钱的。这时候平台推荐的基金，看起来可能很耀眼，实际上不一定是对投资者最有利的。

第二，第三方平台带来额外费用。在第三方平台购买基金，往往会付出更多的费用。这个道理很简单，你只要想一下就明白了。第三方平台为什么要给你推荐基金？它的运营是有成本的，羊毛出在羊身上，这个成本最后一定会转移到你身上。而且，你也不要以为基金公司会分担这些费用，基金公司的钱，都是从投资者身上来的，最后一定会转嫁到投资者身上。

所以，你可以看第三方网站，网站上的信息你可以参考，但是不一定要购买它们推荐的基金。你可以用我们之前讲过的方法，挑选自己心仪的基金，然后再比较一下各个销售渠道，看哪里费率低，就在哪里购买。这些销售渠道，包括基金公司官网、大的金融机构，以及其他平台。计算费率的方法我们上一讲仔细讲过，你可以复习一下。总之一句话，先选好基金，再比较费率。

本讲重点

1. 基金封闭期。“定开基金”有封闭期，封闭期内投资人损失了流动性，同时这种基金也降低了对基金经理的激励。根据目前的证据，定开基金表现并不突出，甚至弱于大盘。

2. 第三方平台为了销售业绩，常常推荐短期业绩出色但是不够稳健的基金，而且第三方平台的费用也会转嫁给投资者。你可以用第三方平台获取信息、筛选基金，然后货比三家，比较费率的高低。当然，这不是说不能在第三方平台买，有的第三方平台，包括支付宝、微信理财通，购买基金比较方便，而且也有费率折扣。这里强调的是你需要仔细比较。

思考

基金封闭期和浮动费率基金，都是比较新的尝试，目的都是激励基金经理。激励基金经理的传统做法就是私募。其实，这两种做法私募基金里都有。我们知道，私募基金的业绩也是良莠不齐的，这些方法对于提高业绩的效果是存疑的。

你可以想一下，在什么条件下，浮动费率、封闭期会发挥作用？我们这本书不专门讲私募基金，你也可以进一步想一下，私募基金满足什么条件，业绩会好一些。你思考的时候，可以参考之前讲过的五大要素。

本章小结

基金：专业化的魔力与陷阱

基金是非常重要的投资工具，你一定要深入理解，力求做到掌握。这部分内容比较多，我总结出7个要点。

1. 基金的基本原理是专业化，利用专业化的机构和人才，管理财富。专业化管理带来五大优势：信息优势、知识优势、规模优势、分散优势和通道优势。

2. 购买基金有好处，也有很多坑。很多基金不仅跑不赢大盘，还违规操作，损害投资者利益。基金违规操作的根本原因，是投资人和基金经理的利益不完全一致，存在委托代理问题。基金经理直接管钱，抗拒诱惑的难度更大。

基金经理的违规操作，可以归为三大类，分别是抬轿子、老鼠仓、利益输送。抬轿子就是基金之间合谋，把其中一只基金业绩做高，制造明星基金，吸引投资者。老鼠仓是先用私人账户买入，基金账户后续买入，拉高股价，为私人牟利。利益输送是基金公司和上市公司合谋，炒作股票，非法牟利。

对于这三种违规操作，我总结了三种办法来识破，分别是查底牌、识前科和破迷信。

关于破迷信，我想和你分享一句话：在投资的世界里，没有奇迹，如果有，就是人类的第八大奇迹。稳健的收益持续很长时间，就会创造奇迹。

3. 市场上基金很多，良莠不齐，挑选起来很难。挑选基金的第一步是对基金进行合理的分类，分类之后，很多基金就很容易剔除，然后在剩下的基金中进行挑选。

基金分类有三个维度，分别是投资标的、管理风格、募资方式。

根据投资标的，基金可以分为货币基金、债券基金、股票基金、混合基金，以及其他基金，其他基金包括黄金基金、商品基金、投资境外资产的 QDII 基金。根据管理风格，基金可以分为主动管理型基金和被动指数型基金。根据募资方式，基金可以分为公募基金和私募基金。

一般来说，货币基金和债券基金很容易挑选，规模大一点、流动性好一点、历史回报高一点的就可以了。偏股型基金，包括股票基金和混合基金，复杂一点。私募基金门槛高，我们不做重点介绍。

4. 偏股型基金数量很多，差异很大，风险也很大，要仔细挑选。挑选偏股型基金，要考虑五大要素，分别是基金业绩、基金经理、基金公司、基金规模、机构持仓。

（1）基金业绩是看基金的历史业绩，强调长期、稳健的业绩。

（2）基金经理很重要，选基金就是选基金经理。选基金经理的时候，要看他的历史业绩和从业年限。历史业绩选长期稳健的，从业年限选 6~8 年的。

（3）选基金公司的时候，要选资产规模大、口碑好的基金公司。

（4）一般来说，要选择规模较大的基金，同一个基金公司，最好选择它的旗舰基金。

（5）机构持仓比例，太低和太高都不太好，20%~60% 之间好一些。

5. 基金费用名目繁多，但是理清了也没有那么复杂。基金费用分 2 大类，每类 3 种共 6 种。2 大类是运作费用和交易费用，运作费用包括管理费、托管费、销售服务费，交易费用包括认购费、申购费和赎回费。运作费是每年征收、按天计算的，交易费是买入和卖出基金的时候一次性收取。

管理费、托管费是主要收费项目。根据基金类型不同，把两种费用加起来，从高到低分别是：主动型股票基金 1.7% 左右，混合型基金 1.5% 左右，指数型股票基金 0.8% 左右，债券基金 0.54% 左右，货币基金 0.33%。总体来说，股票和混合基金费用高，债券和货币基金费用低。

另外还有一些细节，你要了解。第一，近年来基金管理费有降低的趋势，以后你买基金的时候，很可能比我说的低一些。第二，销售服务费、认购费、申购费不是都要交，而是三选一。第三，基金的申购费和赎回费，随着持有时间延长而降低。持有时间越长，费用越低，直至降到 0。

6. 定开基金这几年很流行，受到市场追捧。定开基金是有封闭期的开放基金，封闭期内投资人不能申购和赎回，损失了流动性，开放期才能申购和赎回。

定开基金的初衷，是防止投资人频繁操作，帮助投资人做长线投资者，避免基金遭遇频繁的资金进出。

有的定开基金的封闭期很长，长达 1 年甚至 3 年，这种基金可能会降低对基金经理的激励。根据目前已有的证据，定开基金表现并不突出，甚至弱于大盘指数。定开基金的优点，目前看还未能体现。

7. 很多人在第三方平台寻找基金，了解信息，这没有问题，但是购买的时候需要谨慎。第三方平台为了销售业绩，会推荐业绩出色但是不够稳健的基金，而且第三方平台的费用也会转嫁给投资者。你可以看第三方平台，在那里获取信息、筛选基金，然后货比三家，在实际费率最低的渠道购买基金。

第五章

房　产

第二十五讲

为什么房产是富豪们的投资首选？

这一讲我们开始讲一类非常重要的资产，就是房子。买房的话题大家都很关心，现在房价很贵，很多人都觉得有泡沫。尽管有泡沫，房价还在涨，房地产调控很严，房价还是很坚挺。这就让人疑惑了，这房价的泡沫怎么这么坚挺，房子还能不能买？

我换个角度，告诉你一些你可能还不知道的事情。我把中国的房价，置于全球大背景下，从全球收入分配、富豪资产配置的角度来分析，房价到底有没有泡沫，未来趋势如何，还能不能买。

我们先来回答一个问题：投资课为什么要讲房地产？一般来说，投资课讲的是股票、债券、基金，顶多再讲一些金融衍生品，比如期权、期货等，为什么要讲房地产呢？

关于这个问题，我只需要反问你一个问题，你就清楚了：一个典型的家庭，房子在家庭财富中占多大比重？

这个问题的答案，会随着家庭情况不同而不同，但是我们可以看一下全国的平均情况。根据西南财经大学和广发银行联合发布的《2018 中国城市家庭财富健康报告》，城市家庭的平均房产价值为 125 万元，而其他所有资产的总和为 37 万元，其他资产包括现金、存款、股票、债券、基金、保险、黄金、外币、工商资产等。也就是说，平均而言，对一个家庭来说，房产的总市值是其他所有资产的总和的 3 倍还要多，大约是 3.4 倍。[①] 既然投资课的目标是帮助普通投资者理解财富、积累财富，那这个家庭财富占比最大的项目，当然要讲到，而且要重点讲。

因为房子很重要，我以前又专门研究过城市化和土地问题，研究了很多年，有这方面的学术基础，所以之前我专门花了很多时间，做了《徐远的房产财富 42 讲》，系统解读房产问题。这个房产课程，在我的个人公众号"徐远观察"上可以找到。

为了避免重复，那里讲过的很多内容，我就不讲了。在这里，我抽取其中的部分内容，补充一点资料，回答三个很多人都很关心的问题。第一，房子为什么这么贵？第二，中国的房价有泡沫吗？第三，未来房价趋势如何？我们分三讲，来仔细讲清楚这三个问题，帮助你破除那些流行的谬误。

先讲第一个问题，房子为什么这么贵。当然，这里我们说房子贵，指的是大中城市的房子，不包括小城市的房子，更不包括农村的房子。小城市的房子相对于大城市便宜，但是相对于当地的收入也很贵，主要是当地公务员收入和外出打工人员挣的钱给撑起来的。大部分小城市发展潜力不大，房子没有太大投资价值，这里不多说，只说一句，就是我从来不推荐小城市的房子，明确说过与其在县城买房，不如在省城买房。关于农村房子，我也只说一句：农村有房子，但是没有房地产市场，农村房子很难卖，卖也卖不出价钱来。

回到大城市。关于大城市房子贵的问题，我们先来看看国际经

---

① 西南财经大学的这份报告数据不一定非常准确，但是参考价值还是有的，在数量级上应该是正确的。房产在中国城市家庭的财富中占重要比重，占比可能在一半以上，这句话大概是可以讲的。

验，看看在国际比较的意义上，中国的房子到底有多贵。我们来看一张图。图 25–1 列出了世界上一些高房价城市，里面有三个数，分别是城区房价、城市郊区房价和房价收入比。一看之下，你可能会大吃一惊。原来北京、上海的房价虽然贵，但是放在全球范围内看，也没有太离谱。

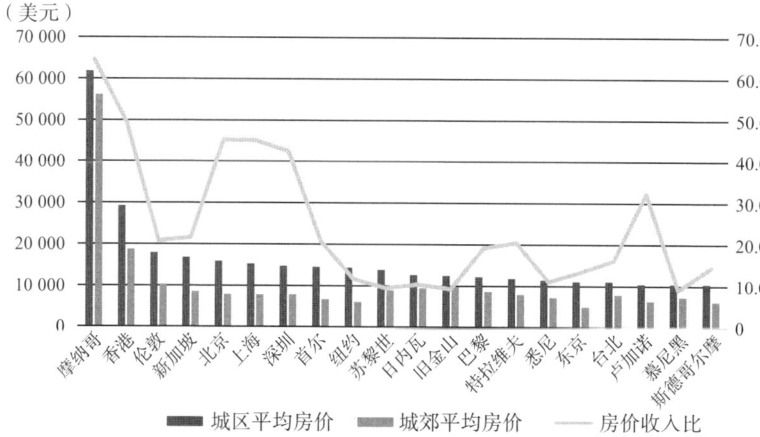

图 25–1　2018 年世界高房价城市比较

注：房价收入比 = 城区房价和城郊房价的平均值 ×90/ 家庭年收入。

数据来源：Numbeo 网站。

比如说，北京、上海城区好一点的房子，单价在 10 万元 / 平方米左右，折合美元大概 1.5 万美元 / 平方米。世界上哪些城市的房价和这个差不多呢？有很多，伦敦、纽约、东京、首尔、新加坡等都在榜单上。房价最高的还不是这些城市，而是摩纳哥和香港，摩纳哥房价是北京的 4 倍，香港房价是北京的 2 倍。以前我专门分析过这两个城市，都是气候不错，又是避税天堂，富人高度聚集，这些富人就把房价买起来了（参见《徐远的房产财富 42 讲》）。

说到这里，有人可能会有不同意见。有人可能会说：不对呀，这些都是发达国家和地区的城市，我们还是发展中国家，收入低很多，怎么能跟这些城市比房价呢？看房价收入比的话，我们比人家高太多了，高一倍都不止。北京、上海是40多倍，伦敦、新加坡、首尔只有20倍出头，纽约就更低，只有12倍。这种情况下，怎么能说北京、上海房价不贵呢？

为了回答这个问题，我先给你举个例子。我们都知道印度也是个发展中国家，不仅如此，印度的人均收入只有2 000美元，相当于中国的1/5。从发展阶段来说，相当于中国2002年的水平。按照房价收入比的说法，印度的房子应该很便宜。可是，印度最大的城市孟买，房价也很高，城区的均价达到7 000多美元。这7 000多美元是孟买城区的均价，富人区可以达到10 000多美元，最贵的地方可以达到20 000美元。这个房价水平，和北京、上海也差不了多少了。所以说，印度的平均收入水平虽然很低，但是房价也很高，房价收入比也很高。根据统计（数据来自Numbeo），孟买的房价收入比高达43，与香港、北京、深圳接近，领跑全球。

孟买的房价为什么这么高呢？道理很简单，就是印度虽然人均收入低，但是人口基数大，而且贫富差距也很大，有很小比例的人其实很富有。不要小看这很小比例的富人，虽然比例小，但是印度人口基数大，总量并不小。而且，这些富人很多都聚集在孟买。因此只要很少比例的富人，就可以把房价买得很高。

孟买的例子告诉我们，决定房价水平的，并不是平均收入，而是头部收入，是买得起房子的人的收入水平。这样一来你就明白了，国内的富人也很多，比印度要多很多，以前又不限购，这些人就把大城市的房价买起来了。

进一步讲，房价收入比其实是一个误导性很强的概念，因为这个概念隐藏着一些不切实际的假设。比如说，用房价收入比衡量房价高低，实际上暗含着这样一个假设，就是只要你有平均收入水平，就可以买房。其实不是这样的，大城市的房子只有中高收入的人才买得起。在主要国际大城市，都是只有一半的人有房子，另一半人是要租房子住的。所以，如果你一定要算房价收入比，不要用平均收入，而要用中高收入。

图 25–2 列举了主要国际大城市的住房拥有率，你会发现其实都挺低的，很少超过 50%。大城市竞争都很激烈，人口流动大，很多人买不起房子。所以，用平均收入计算房价收入比，误导性是很大的。

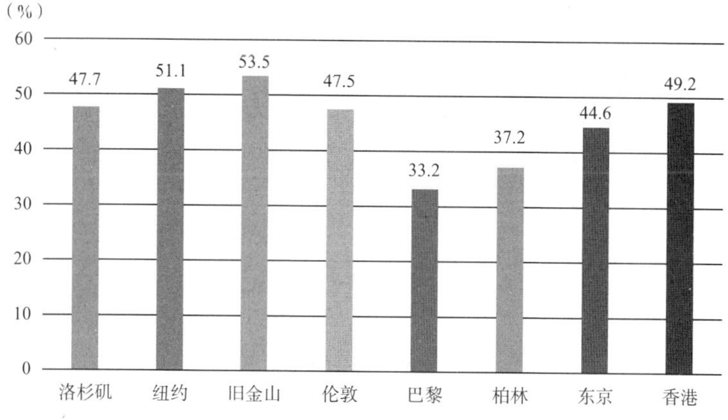

图 25–2 大城市住房自有率

注：柏林和东京为 2013 年数据，巴黎为 2015 年数据，伦敦和香港为 2017 年数据，其他为 2016 年数据。

数据来源：各国统计局。

再比如，房价收入比这个概念，没有考虑未来的收入增长。北京、上海的房价收入比高，可能是因为人们预期未来收入增长快。比如说，在北京、上海，厉害的年轻人、努力工作的年轻人，每年收入增长 10% 不是问题，7 年收入就翻番。现在的有钱人预计到这些人未来都会买房子，房价就有了支撑，于是现在就开始买，房价就高了。这个道理和高增长的股票估值贵，是一样的。人们预计到一只股票未来业绩好，就会开始买入，于是这只股票现在的估值水平（比如市盈率）就会很高。

关于房价收入比，我就先说这么多。这个概念很流行，误导了很多人，我在《徐远的房产财富 42 讲》里面做过专门的分析，专门破除这个流行的谬误，这里就不再重复了。

简单概括一下，中高收入人口，特别是富人推高了房价。这个不是个别现象，而是普遍现象。

实际上，全球的富人都是喜欢买房子的。根据 Knight Frank 发布的《2019 年世界财富报告》（*The Wealth Report 2019*），全球高净值人群（净资产超过 3 000 万美元，不包括自住房产）平均 21% 的资产投资于房产，仅次于股票的 27%。

但是，刚才的房产占比 21% 不包括自住房产（自住房产：第一套、第二套房产），自住房产在总财富中的占比达到 32%。如果放在一起考虑自住房产的话，房产在总财富中的占比达到 46%（=32%+68%×0.21），远超过股票的 18%，更远远超过债券的 13%。所以说，房产在富人的财富配置中，占比是最高的，远超过股票和债券。

图 25–3 给出了世界各地高净值人群的资产配置情况。可以看到，对于各地的富人而言，不管是欧洲、北美、亚洲，还是其他地方，

房产都是占比最高的资产，远超过股票和债券。

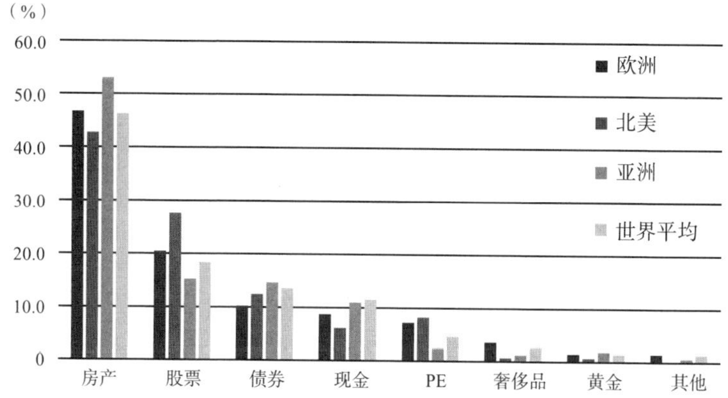

图 25–3 欧美和亚洲高净值人群的财富分配

数据来源：*The Wealth Report 2019*，Knight Frank。

另外根据统计（图 25–4），全球富人平均有 3.6 套房产（包括自住和投资）。其中亚洲有 3.9 套，欧洲有 3.4 套，北美有 3.2 套。看起

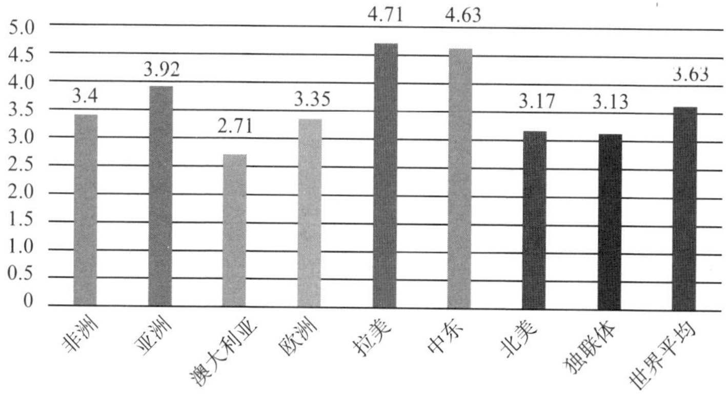

图 25–4 各地高净值人群的房产数量（含自住房）

数据来源：*The Wealth Report 2019*，Knight Frank。

来，买 3~4 套房子，是各地富人共同的行为模式。

所以，从资产配置上看，富人都喜欢买房子，所以推高了房价。当然，我们说富人喜欢买房子，并不是说其他人不喜欢买房子。而是说富人财富总量大，在资产配置的时候没有财务约束，主要考虑风险和回报。而中低收入家庭的钱少，买了套房子可能就没钱了，这时候的资产配置不完全反映风险和回报的权衡，而更加反映财务约束。

那么，富人为什么喜欢买房子？答案很简答，因为从长期看，房子保值增值的效果是最好的。根据一份研究，在过去一个半世纪里，房子是最好的投资品。①

为什么这么讲？首先，住房的回报率很高，达到 6.6%。在所有主要资产中是最高的，只有股票比较接近，达到 4.6%，比房子少了 2 个百分点。不要小看这 2 个百分点。为了强调这 2 个百分点，你也可以说，股票的回报比房子少了 30%。

刚才说的这些数字，都是扣除通胀以后的实际回报，不扣除通胀的话，房子回报率是 10.6%，股票回报率是 8.6%。看了这样的数字，从长期回报的角度，富豪们为什么买房子其实就很显然了。

房子不仅回报率高，风险还很小。比如说，经济形势不好的时候，股票的价格大幅缩水，富豪们的财富也因此缩水。但是房子的价格，即便在经济萧条的时候也相对坚挺，比股票稳定很多，能够帮富豪们保持身价。有了这个原因，房子就更加有吸引力了。

---

① Òscar Jordà, Katharina Knoll, Dmitry Kuvshinov, Moritz Schularick, Alan M. Taylor (2018)，*The Rate of Return on Everything*, 1870—2015, CESifo Working Paper No. 6899。

图 25–5 的数据来源是德国经济研究中心的一份工作论文，里面收录了 16 个主要发达国家的数据，时间跨度是 1870—2015 年（共 145 年）。这 16 个国家包括美国、英国、法国等 13 个主要欧美发达国家，以及日本、澳大利亚、新西兰，可以说覆盖范围很广。资产类别包括住房、股票、债券，以及银行存款。可以说，这个数据包含了过去很长时间的，主要发达国家的主要大类资产的回报，时间跨度很长，覆盖国家很多，资产类别也很全。所以，这个数据是很全面、很权威的数据。

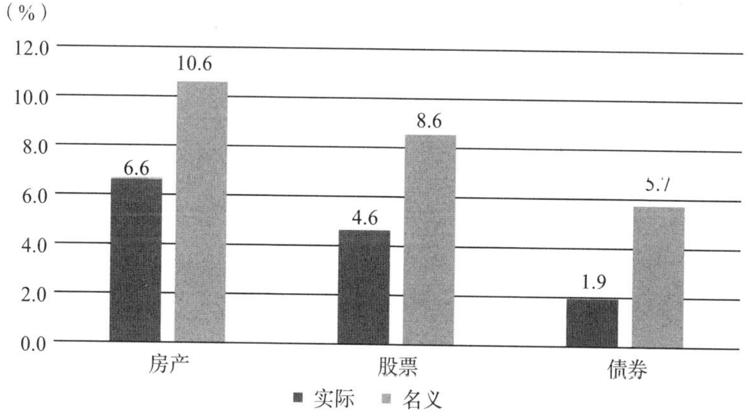

图 25–5 大类资产长期年化收益率（1870—2015）

注：收益率为年化复合收益率，是 16 个国家的平均值。

数据来源：Òscar Jordà, Katharina Knoll, Dmitry Kuvshinov, Moritz Schularick, Alan M. Taylor (2018), *The Rate of Return on Everything*, 1870—2015, CESifo Working Paper No. 6899。

说到这里，我们就不难理解，为什么富人们争先恐后买城里的房子，特别是豪宅了。事实上，我们可以再换一个角度来说。在发达国家，房产占国民财富的一半左右，占比非常大。富人如果不买房子，买什么呢？很难有足够的资产来储存财富。这么看，你就明白了，随着富人数量的增加、富人财富的累积，房价是不会下跌的。

本讲重点

1. 房产在家庭财富中占比最大，达到 3/4 以上，是财富的主要载体。

2. 全球大城市房价都很高，中国房价高并不是特殊现象。

3. 富裕的家庭喜欢购买和持有房产，高净值人士更是把家庭财富的 40% 以上配置在房产上，推高了房价。

4. 房产成为富人的首要资产配置，是因为两个特点，一是回报率高，二是风险低。从 1870 年以来的一个半世纪里，房产的长期年均回报率比股票高 2 个百分点。

思考

我们这一讲的分析，都是基于历史数据。你可以思考一个更深层次的问题，就是未来还会不会这样？特别是现在技术进步很快，有一种观点认为人不需要聚集在城市里，因此未来会有逆城市化过程，房价不一定能继续稳健，你怎么看？

第二十六讲

中国房价有泡沫吗?

世界大城市房子都很贵，但是贵有贵的道理。长期看房产投资回报率高，风险低，因此富裕家庭，以及有条件的中产家庭，都会持有多套房子，用来保值增值。

我们来问答一个很多人特别关心，争议也很大的问题，就是中国房价到底有没有泡沫？这个问题的大背景是现在房价已经很高，经济增速又在下行，大多数专家、媒体也众口一词说房价有泡沫，可是这么多年了，这个泡沫就是不破，不但不破，在严厉的房地产调控之下还很坚挺，稍微放松还会涨，这到底是怎么回事？弄清这个问题是进行房产投资的基础，不能含糊，所以我们专门讲。

这个问题，我通过回答两个小问题来解答，希望对你有所启发。

第一个问题：很多人拿现在的中国和 1990 年的日本比，那么现在的中国和 1990 年的日本可比吗？

第二个问题：北京房价已经很高，但是还只有纽约的一半左右，那么未来北京的房价和纽约的房价，哪一个应该更高？

- 中国房价和 1990 年的日本很像吗？ -

先来看第一个问题，中国房价和日本房价的比较。现在的情况是房价确实已经很高了，特别是一线和核心二线城市，已经高得有点让人受不了。于是，很多人认为房价的泡沫已经很严重，甚至和1990年的日本很像，处在泡沫破灭的前夜。

为了看清这个问题，我们把北京和东京做个比较。看看北京的房价和东京比，到底处在什么水平上。这么多年过去了，不好直接比较，我们用美国作为标尺来进行比较。美国这些年一直是全球最大经济体，而且房价相对稳定，适合作为标尺。

1990年的时候，东京高端住宅的价格，达到过8万美元/平方米，当时纽约高端住宅的价格也就1万多美元/平方米，东京是纽约的8倍。刚才说的是豪宅，看均价的话，东京核心区的均价达到3万多美元/平方米，而纽约中心城区的均价才四五千美元/平方米，差不多也是8倍。

2018年的时候，纽约房子的均价是2万美元/平方米多一点，北京的均价是1万美元/平方米多一点，纽约房价是北京房价的2倍左右。

所以说，以纽约房价作为比较基准，一个是纽约的8倍，一个不到纽约的一半，一里一外，是16倍，2018年北京房价相当于1990年东京房价的1/16。所以，北京的房子虽然很“贵”，但是和1990年的日本相比，还差很远，远远不在一个数量级上。“贵”和“泡沫”是两个概念，“贵”不一定就有泡沫。

说到这里，你可能觉得很奇怪，1990年的东京房价怎么这么高？是纽约的8倍多，也太夸张了。是的，是很夸张。当时不仅东京，日本全国的土地都很贵。当时日本全国土地价值是美国的4倍，考虑到日本的国土面积只有美国的1/25，一里一外，看土地单价的话，日本土地单价是美国的100多倍，简直就是离谱。正因为如此，日本1990年的地产泡沫是近代经济史上最严重的泡沫。我们甚至都想不出还有哪个泡沫，可以和这个泡沫相提并论。

在《徐远的房产财富42讲》里，我专门讲过日本的泡沫是如何形成、如何破裂的，这是一个非常精彩的故事，我概括为“一场史诗级的金融战败”。在这里，我就不重复这个故事了。今天你需要知道的是，日本当时的地价之贵，远远不是今天的中国能够比的。说一句玩笑，和当时的日本相比，中国今天的地价简直就是很便宜，更谈不上泡沫。

- 北京和纽约，哪个房价应该更高？ -

前面我们说的是，北京房价比东京便宜很多，泡沫的证据严重不足。可是有没有这么一种可能性，就是北京的房子虽然比东京便宜，但是依然有泡沫。换句话说，有没有一种可能，东京房价是个很大的泡沫，而北京房价是个小小的泡沫呢？

这个问题问得好，从逻辑上，我们不能排除这个可能性。为了回答这个问题，我们进一步比较一下北京和纽约。前面我们说了，北京的房价比纽约低，那么我来问你，你觉得在未来，北京和纽约这两个城市的房价，应该是哪一个高？你可能脱口而出，当然是纽约高了。纽约是世界之都，人均收入那么高，房价当然应该高于北京。但是，我们用基本的经济学框架进行一些分析，简单比较一下需求和供给，你会发现结论完全是反过来的。

首先从需求看，北京是中国的政治、经济、金融、文化中心，资源高度聚集。北京有全中国最宽的马路、最好的医院、最好的学校。而纽约只是美国的金融中心，政治中心是华盛顿，文化中心是波士顿。纽约只是一个中心，而北京是四个中心。从资源聚集的角度，纽约和北京是没法比的。北京聚集着全国最好的各种资源，包括教育和医疗资源。

我们一直说，买房其实买的是城市资源，北京聚集的资源多，房子的附加资源也就多。从需求上看，北京的需求是远远超过纽约的需求的。而且，中国总人口是美国的4倍，就进一步增加了对北京住房的需求。

看完了需求，我们再看供给。你想一下，就会发现北京住房的有效供给，比纽约少很多。为什么呢？两个原因。一个是纽约的建筑密度大。由于限高和城市规划等因素，北京的房子很矮、不密集，而纽约曼哈顿岛上的房屋很高、很密。根据统计，每平方米的土地上，曼哈顿建了11平方米的房子，而北京的二环里，面积和曼哈顿差不多，每平方米只建了不到1平方米的房子。这样一来，纽约的房屋面积就是北京的好几倍。

第二个原因是纽约的房地产市场效率高，房屋的利用率高，相当于进一步增加了有效供给。

比如说，纽约的房屋出租率高，闲置的房子很少。而北京，很多房子空着，利用效率很低。打个比方，你看北京的很多房子，包括国家机关、事业单位、各种单位的大院子，这些房子都是不卖的、不出租的，这就大大降低了房屋的利用效率。

所以，简单概括一下，北京的房屋需求比纽约大，供给比纽约少，北京的房价当然是要超过纽约的。这和很多人的第一印象是完全相反的。

那么现在什么情况呢？目前在可比的区位和档次上，北京房价大约是纽约的一半。纽约的核心区域，房产均价折合人民币在 14 万元左右，而北京是七八万元。刚才是均价，高端的公寓，纽约折合人民币在 30 万元左右，而北京在 15 万元左右。不管是均价，还是高端的公寓价格，纽约都比北京贵了一倍左右。

所以，理论上北京的房价应该比纽约贵，实际上北京的房价只有纽约的一半。这就说明，很难说北京的房价有泡沫。进一步说，目前北京的房价是全国最高的，比上海、深圳都高，北京没有泡沫的话，其他城市就更说不上有泡沫了。至少，你说其他城市房价有泡沫，需要严密的论证。

本讲重点

对房价有没有泡沫的深入理解，是投资房产的基础。对这个问题的理解可以概括为两句话。

1. 我国目前的房价虽然很高，但是和日本 1990 年的房价比还差了十几倍，还有数量级的差距。

2. 长期看，北京的房价应该是高于纽约的，但是现在北京的房价只有纽约的一半，从这个角度看，北京的房价不仅没有泡沫，还有很大的上涨空间。

思考

在财经媒体上经常看到文章，说中国房价泡沫严重，就要破灭了，可是说了那么久，已经十多年了，泡沫就是不破。考虑到现在的房价比十年前贵很多，大城市翻了一番，“中国房价没有泡沫”这句话已经可以说了。你可以冷静想一想，泡沫论错在哪里？为什么那么多人觉得房价有泡沫，有哪些可能的原因？

第二十七讲

未来房价趋势如何?

分析过去，是为了预判未来。这一讲我们来回答一个你特别关心的问题，就是未来房价趋势会怎样?这个问题的背景是，即便房价贵是有道理的，但是现在房价已经很贵了，经济增速又在下行，未来房价还会涨吗?能涨多少?

要回答这个问题，就需要对房价增长的经济学规律有一个基本的了解。我分两步给你讲:

第一步，讲房价增速由什么决定。

第二步，讲未来房价增速有多少。

- 房价增速的决定因素 -

我们先来看第一个问题，房价增速的决定因素。房价增速由三个部分组成，分别是收入增长、通货膨胀和城市化。

先说收入增长。收入增长为什么会导致房价上涨呢?经济学上有个恩格尔定律，说的是随着收入的增加，人们在食品、服装等基本品的支出比例是下降的，在居住、旅行、文化娱乐等方面的支出比例是上升的。简单说，人们会把更多的钱用在房租和高端消费上。也就是说，房租的增速很可能是快于收入的增速的，至少和收入的增速差不多。如果人均收入增长 1 倍，房租也要增长 1 倍。再进一步，从长期来看，房价的增速和房租的增速是一样的，房租增长 1 倍，房价也要增长 1 倍。

而且，房价随着收入的增长不限于发达国家，发展中国家也是一样的。比如说，印度目前还是个比较穷的国家，人均收入才 2 000 美元，相当于我国的 1/4 到 1/5 的样子。即便如此，近年来随着印度经济的起飞，房价也开始快速上涨。2009—2016 年，印度房价年均增速 13%，7 年涨了 136%，翻了一番还要多。印度虽然收入低，但只要经济起飞，房价就会起飞。其他一些国家，比如韩国、马来西亚、巴西、俄罗斯、南非等，在经济起飞的时候，房价也都是快速增长的，无一例外。所以说，房价随着收入增长，是个普遍现象，过去 20 年中国也一样。

现在来说第二个因素，通货膨胀，也就是物价水平的上涨。长期看，在过去六七十年的时间里，全球范围内都存在比较严重的通货膨胀。特别是 20 世纪 70 年代，发达国家普遍经历了严重的通胀，而且经济增长停滞，“滞胀”这个词就是这么来的。

那么问题来了，物价上涨，房租和房价要不要上涨？也是要上涨的，即便实际收入不涨房租也要涨，因为这是印票子导致的物价水平的普遍上涨。而且，大城市的房租增长还会比较快，为什么呢？因为大城市的位置有限、住房供应有限，增加起来比较难，所以大城市的房租和房价涨得会快一些。

综合这两个因素，我们得到房价增长的一个初步公式：

$$房价增速 = 收入增速 + 物价增速$$

到这里，故事还没有说完，我们还有第三个重要的因素，即城市化，这一因素对发展中国家尤其重要。比如说中国，从 1998 年住房商品化改革到2018年，城市化率从33%上升到60%，每年提高1.3个百分点。我国有十几亿人，相当于每年有 2 000 万新增城市人口，这个新增人口比世界上很多国家的总人口还多。

这是什么意思呢？简单说，就是更多的人进了城，需要房子住。这些人对于本来就上涨的房价，是一个额外的推力。而房子短期内供应是相对固定的，增加很慢，所以房价就会进一步上涨。当然每年都盖新房子，但是新房子往往在郊区，不能替代核心区的房子，所以核心区房价还是涨。核心区房价涨了，带动郊区也涨。

是城市化推高房价的第一条通道，通过更多的人口推高房价。城市化推高房价的第二条通道，是更高的收入。城市化往往伴随着收入的增加，更高的收入会推动房价上涨。因此，城市化是推动房价上涨的重要因素。

这样，我们修订一下刚才的初步公式，得到完整公式：

$$\text{房价增速} = \text{收入增速} + \text{物价增速} + \text{城市化速度}$$

这个公式是理论推导出来的，实际效果怎么样？我给你举个例子。第二次世界大战以后，世界经历了 70 多年的繁荣和平岁月，各国房价都快速上涨。有一份这样的研究，发表在最顶尖的学术期刊上，系统梳理了包括美国、日本、英国等 14 个主要发达国家的房价增长情况。研究发现，1946—2012 年这 66 年间，每年物价上涨 4.3%，收入增长 2.5%，每年城市化率增加 0.2%。这三个数字加起来，是 7%。

那么每年房价上涨多少呢？上涨 6.6%，和 7% 相差不远。总体上看，这个公式很好地解释了二战以来发达国家的房价上涨（图 27–1）。

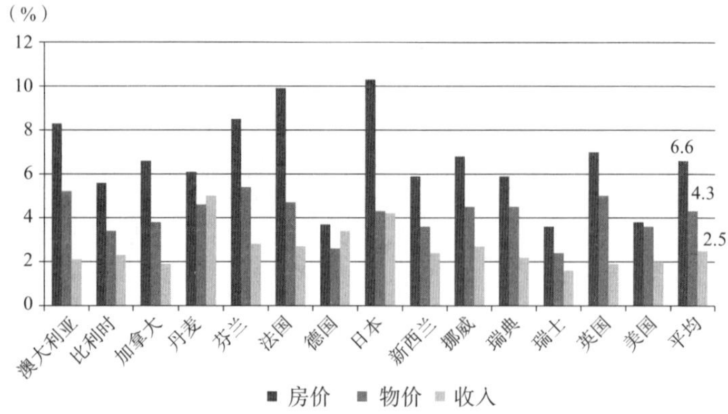

图 27–1 二战后主要发达国家增长情况（1946—2012 年）

那么，这个公式可以解释我国过去这 20 年的房价上涨吗？可以的。过去20年，我国年均GDP增速9.5%左右，通货膨胀2.5%左右，城市化率每年增加 1.3%，加起来 13.3%。房价每年增长 13.3% 的话，5 年半翻一番，20 年增长 12 倍左右，这恰好和过去 20 年我国房价的平均增长幅度差不多。过去 20 年，全国房价平均增长大约也就是十几倍，大城市快一点，小城市慢一点，总体上就是十几倍。所以，这个公式完全可以解释过去 20 年我国的城市房价上涨。

这也说明，我国的房价上涨并没有过头，而是符合一般的规律。既然没有涨过头，也就没有透支未来涨速，没有房价回调的问题，更没有泡沫的问题。2016 年以来房地产调控这么厉害，房价还是很坚挺，其实已经说明问题了。

在一般规律的基础上，中国还有一些特殊因素，也是支持房价上涨的。比如，中国人口基数很大，是美国的4倍多，日本的10倍多，资源集中在大中城市，优质的教育资源、医疗资源，都很稀缺，大中城市人口规模很大。国内大城市动不动就是千万级人口。作为对比，国外百万级就是大城市了。综合起来考虑，房价增长就更加可以解释。

只不过，房价增长太快，购房压力大，房价就成了一个社会问题，引起了广泛的关注，也有很大的争议。关注归关注，争议归争议，对于房价的客观规律，还是要有一个清醒的认识，不能用情绪替代思考，用愿望代替规律。

- 中国未来房价增速的预判 -

中国未来的房价增速应该有多少，关于这一点，分析难度比前一个问题大，因为涉及对未来的预测，预测未来总是比分析过去更难。尤其是现在经济增速下行，未来会下到哪里，也并不清楚。

怎么办？我出一个最保守的估计，看看最保守的情况下会怎么样。2019年的增速是6.1%。假设10年后经济增速下降到现在美国、欧洲、日本的情况，假设每年增长2%。也就是说，经济增速逐步下行，从6%一直下降到2%，你算一下10年的平均增速是多少？是4%。假设10年后继续下行，下降到1%。那么未来15年的平均增速是多少？是3%。所以，每年3%的增速是一个非常保守的估计。

那么通货膨胀呢？我们用过去的平均值，参考发达国家大约是2%。中国是发展中国家，有可能更高。城市化率呢？现在是60%，未来要到80%以上，假设每年增加1%。这样一来，3%+2%+1%=6%。

未来 15 年的时间范围内，房价每年涨幅在 6% 左右，12 年翻一番。十几年后回头看，你会发现今天的房子很便宜，就像现在看 10 年前的房子很便宜一样。

这是对未来房价的一个保守预判，从这个角度讲，房产依然有投资价值。

本讲重点

1. 房价增长有一个简单的公式，就是房价增速 = 收入增速 + 物价增速 + 城市化速度。

2. 这个公式可以很好地解释世界各国的房价上涨，也可以很好地解释中国过去 20 年的房价上涨。

3. 保守估计未来房价增速每年 6%，12 年翻一番。

思考

这一讲我们从正面讲了房价变化趋势。你可以反过来想，未来出现什么情况，中国房价就不上涨了，甚至会下跌？这种情况出现的概率有多大？这样思考，相当于进行风险控制。

本章小结

房产：财富的定海神针

房产很复杂，问题很多，我挑重点讲了三个问题。

1. 房价为什么这么贵？

首先，房价贵不是中国特有现象，而是全球普遍现象。全球大城市，比如纽约、伦敦、东京房价都很贵。

房价贵有很多原因，比如经济增长、通货膨胀、城市化等，我们可以从富人资产配置的角度看这个问题。

房产成为富人的首要资产配置，是因为房产有两个特点，一是回报率高，二是风险低。因此，房产具有财富保值功能，理所当然成为富豪的资产配置首选。从这个角度，我们就不难理解房价为什么这么贵了。

2. 中国房价有没有泡沫？

我从两个角度来回答这个问题。第一个角度是和1990年的日本比，结论是我国目前的房价虽然很贵，但是和日本1990年比还差十几倍，还有数量级的差距。

第二个角度，从长期看，北京的房价应该是高于纽约的，但是现在北京的房价只有纽约的一半左右。从这个角度看，北京的房价不仅没有泡沫，还有很大的上涨空间。国内其他城市的房价大多低于北京，泡沫的证据就更加不足。

3. 未来房价趋势如何？

我们可以根据以下公式对房价趋势进行预判：

房价增速＝经济增速＋通货膨胀速度＋城市化速度

这个公式可以很好解释世界各国的房价上涨，也可以很好解释中国过去20年的房价上涨。因此，过去20年中国的增速完全符合一般规律，并没有涨过头。

利用这个公式，我们可以保守预判未来的房价趋势是房价每年增长6%左右，12年翻一番。

关于中国的房地产市场，还有很多问题，需要分析和澄清，比如：中国的房价收入比为什么这么高，房价到底有没有实际收入的支撑？人口生育率已经下降，人口老龄化已经开始，这两大人口问题，会不会导致房价的断崖式下跌？信息技术、交通技术的进步，使得人们可以远程工作，不用见面交流，会不会扭转人们往城市聚集的趋势，导致房价下跌？

……

关于这些问题，市场上也有一些流行的误解。我在《徐远的房产财富42讲》中系统回答过这些问题。为了避免重复，在这里就不再详细回答这些问题了。有兴趣的同学，可在我的个人公众号“徐远观察”上找到答案。

第六章

金融衍生品

第二十八讲

金融衍行品：天使还是魔鬼？

接下来讲一个很“高端”的产品，叫作“金融衍生品”。“金融衍生品”这个词可能有点生僻，如果我说期权、期货，很多人可能会更熟悉一点，这些都是金融衍生品。2010 年以来，我国陆续开通了股指期货、国债期货、股指期权交易，一些专家也开始普及金融衍生品的知识，劝你学习这些知识，不要错过机会。

我的讲法和几乎所有专家都不一样，甚至是相反的。我要告诉你的是，如果你不是专业做衍生品的，而只是利用业余时间做投资，看重的是长期回报，我建议你不要碰衍生品。

面对机会，人们很难抵御诱惑，很难不心动，所以这一讲我会仔细讲，所谓机会也是风险，衍生品的风险很大，我会讲作为普通投资者，你有很多劣势，很可能会赔钱，而不是赚钱。

我不是唯一这样讲的人。著名的股神巴菲特就不碰衍生品，不仅不碰，而且深恶痛绝。2002 年的时候，巴菲特曾经这样评价金融衍生品：“它们对于交易双方以及整个经济系统来说，就像定时炸弹。金融衍生品就是大规模金融杀伤性武器，带来潜在的致命性危险。”

“定时炸弹”“大规模金融杀伤性武器”“致命性危险”，大家看看这些词。一个德高望重的老人、历史级别的投资家，在 72 岁高龄的时候说这句话，大家要仔细掂量一下它的分量（这句话来自 2002 年伯克希尔 – 哈撒韦年报，当时巴菲特已经 72 岁）。

不仅巴菲特，他的搭档，充满智慧的查理·芒格，对衍生品也深恶痛绝。2006 年，芒格曾这么评价金融衍生品："把衍生品看成一条下水道的说法，是对下水道的侮辱！"在芒格看来，衍生品交易所把人们带到了赌桌上，而这种零和的交易没有创造任何价值。

为什么两位投资大师都对衍生品如此深恶痛绝？这和衍生品的三个本质特点有关，这三个特点使得衍生品不是时间的朋友，而是时间的敌人。

第一，衍生品本质上是零和游戏。交易双方，一方赚了钱，则另一方就赔钱。

第二，衍生品都有时间期限。衍生品的合约都规定一个到期日，到期日之后，衍生品合约如果不执行，就作废了，投资的资金就没了。

第三，衍生品都加杠杆，放大波动。即便看对趋势，也可能死在趋势实现之前的波动里。

为了说清这三个特点，我以市场上最常见的期权为例来说明。所谓期权，就是设定一个价格和时间，在这个设定的时间内，你有权按照设定的价格买入或者卖出证券，买入的话叫作看涨期权，卖出的话叫作看跌期权；设定的时间，叫作到期日；设定的价格，叫作行权价格；买卖的证券，叫作基础资产；为了获得这个权利，你需要付一个价格，叫作期权费。

我们来举一个例子。2020 年 3 月中旬贵州茅台的股价大约 1 000 元，简单起见我们取个整数，按 1 000 元计算。如果你觉得贵州茅台的股价还要涨，就可以买入看涨期权，比如半年后的 9 月某一天，以 1 000 元价格买入茅台股票的看涨期权。1 000 元就是行权价格，半年后的日期就是到期日（当然，如果你觉得茅台股价涨过头了，股价会跌，也可以买入看跌期权，原理是一样的，这里我们以看涨期权为例）。

到了到期日，如果茅台股票涨了，比如涨到 1 100 元，那么你就可以用 1 000 元的约定价格买入茅台股票，转手以 1 100 元的价格卖出去，这时候就可以获得每股 100 元的利润。如果到时候茅台股票没涨，价格低于 1 000 元，你就不必买股票，但是会损失购买期权的成本，也就是期权费。也就是说，期权是一种权利，你并没有一定要行使的义务。

用这个例子，我们可以说明刚才讲的衍生品的三大基本特征。

第一个特征，零和游戏。期权买卖是一场零和游戏。如果茅台股价涨了，你行使权利挣了钱，同时卖给你期权的人，就因为要低价卖给你股票而赔了钱，你赚的就是他赔的。如果茅台股价不涨反跌，那么你就没有必要行使权利，让这个期权过期作废就好。这时候你不是没有损失，而是损失了期权费，就是买期权的价格。相应地，卖给你期权的人就挣到了这个期权费。不管哪种情况，你挣的钱就是他赔的钱，你赔的钱就是他挣的钱。因此，买卖期权是一个零和游戏。

我们都知道，零和游戏是没有剩余价值的，更不会随着时间增长。如果一个人买卖衍生品，就相当于上了赌桌，要从别人口袋里赚钱。这样一来，既然是你死我活，你输我赢，伤和气是在所难免的。

我们来做一个灵魂的拷问：既然互为敌手，为什么你能赢，而别人会输？

如果这个拷问不够深入骨髓的话，我们再来问一下：为什么你总是能赢，而别人总是会输？

这个问题多想一会儿，你就明白，在这个残酷的零和博弈中，没有人能保证赢，更没有人能总是赢。想明白这一点，你就不会碰衍生品了。

作为对比，投资是什么？投资是赚业绩增长的钱。你选对股票以后，只要公司业绩增长，那么长期股价就会涨。这时候你就是时间的朋友，躺着挣钱，而且你不从别人口袋里掏钱。从别人口袋里掏钱，是刀头舔血的事情，做不长的。

第二个特征，时间期限。期权有一个到期日，到期之后如果你不行使权利，那么这个期权就作废了，你的期权费也就白白损失了。

为什么这一点很重要呢？因为这里面有一个时间差的问题。有时候，你对股价的趋势判断对了，但是涨落的时间点不一定能判断对。在刚才的例子里，茅台的价格趋势可能是上涨的，但是实际发生在你的期权到期之后，在此之前不仅不涨，还可能出现回调，这样的情况是经常发生的。这样的话，尽管你看对了趋势，但是看错了波动，依然没能挣钱。所以期权的这个时间期限，相当于给你加了一个时间约束，让你不能舒舒服服地看准趋势，然后躺着赚钱，做时间的朋友。

第三个特征，加杠杆。期权交易中，你付出的是期权费，得到的是以约定价格买卖证券的权利。比如说，刚才的例子中，你付出的期权费可能是 100 元，如果股价涨到 1 100 元，你就获得了 100 元的利润，回报率是 1 倍，也就是 100%。可是如果直接买卖证券，你要付出 1 000 元的成本，获得的利润也是 100 元，回报率只有 10%。所以，期权的实质是让你用 100 元的成本，撬动了 1 000 元的资产，相当于加了 10 倍的杠杆。

期权加杠杆的这个功能，让很多本金少的投资者心动不已。其实，杠杆是一把双刃剑，放大你的收入，也放大你的风险。刚才的例子里，你赢了是赚了 1 倍，但是如果到时候股价不上涨，就完全不一样了，你白白损失了期权费，损失率是 100%。作为比较，如果你买股票，你可以继续持有，等待价格上涨，即便有账面损失，只要你没有流动性的需求，问题也不大。

为了强调杠杆的风险，我再给你举一个例子，就是股指期货的例子。目前金融市场上，你可以买卖股指期货，比如沪深 300 指数，就有相应的期货，代表中小盘股票的中证 500 指数，也有期货。

什么是股指期货？简单说就是买卖未来的指数，交割时间是未来约定的时间。比如说，现在沪深 300 指数是 3 600 多点（2020 年 3 月 20 日），你觉得未来还会涨。这个时候，你可以买一个指数基金。但是指数基金没有杠杆，你觉得不过瘾。那么你可以买一个沪深 300 的指数期货。这个期货的价格一般和指数值差不多，有差异也不大。这时你不用全额付款，只需要交 10% 的保证金，相当于加了 10 倍的杠杆。这样一来，如果这个指数上涨 10%，因为你加了 10 倍的杠杆，就挣了 100% 的回报。[①]

看起来很美，对不对？可是，高收益对应着高风险。加了杠杆之后，你的收益被放大，风险也被放大。如果这个指数下跌了 10%，你的本金就赔光了。这个时候，你还会面临一个问题，就是你的期货公司会给你打电话，说你保证金不够了，需要追加保证金。如果你不及时把钱打到你的账户里，就会被强制平仓，你在期货账户里面的钱，就全军覆没了。

---

① 股指期货的保证金比例可能会随时间变化。保证金比例越高，加的杠杆倍数越低。

关于加杠杆，很多资深的投资者都深恶痛绝。中国有个企业家，也是资深的投资人，叫段永平，他是小霸王和步步高的创始人。现在很多年轻人不一定熟悉这两家公司，但是会比较熟悉 OPPO 和 vivo 这两大手机品牌。这两家公司都是步步高分出来的，老总都是段永平的门徒。

段永平不仅是成功的企业家，还是成功的投资人，曾经成功投资网易、苹果、茅台这些公司，身价不菲，有时候也被称为中国的巴菲特。这位成功的投资人曾经说过：如果你会投资，不需要加杠杆；如果你不会投资，不应该加杠杆。这句话的意思是，如果你会投资，那么随着时间你的财富就会很快增长，你不需要去冒险加杠杆；如果你不会投资，加杠杆只能让自己损失更大。段永平的这句话，值得深思。

我们再举一个例子，巴菲特的搭档查理·芒格，就更加直白，曾经直言不讳地说："令聪明人破产的三个方法是：酒（liquor）、女人（ladies）和杠杆（leverage）。"巧合的是，这三个单词的英文单词首字母都是"L"，因此让聪明人破产的是"3L"。芒格甚至讲，其中酒和女人只是因为以 L 打头，是为了"凑数"的，真正危险的只有一个，那就是杠杆。由此可见，这位老人对杠杆真的是深恶痛绝。

芒格对衍生品的憎恨是一贯的，他曾经这样说，衍生品是这样一种东西：把一些没你聪明的人，诱骗到由你制定规则的赌桌上，然后让他们把钱输光。芒格向来不喜欢赌场式的投资，觉得这种零和游戏没有创造任何价值。其次，他也厌恶这种做法的直接后果，就是把整个国家最聪明的年轻人，用金钱诱惑到这个赌场中来。

下面，我再举一个例子，告诉你衍生品的危害。

2008 年 10 月下旬，汽车业前景黯淡，当时著名的德国大众公司股价开始下跌。这时候很多投资人看空大众，开始做空，其中就包括德国第五大富翁阿道夫·默克勒，他大量买入大众汽车的看跌期权，准备大赚一把。然而，因为保时捷对大众的意外收购，大众的股价一路狂飙，从200欧元升至1 000欧元，大众一度成为全球市值最高的公司。这时候，这些看跌期权的价值直接归零了。

故事还没有结束。两年之后，大众股价跌破了100欧元，做空的人终究是看对了。然而，众多做空的投资者已经被市场永久清洗掉了，等不到赢利的那天。银行方面消息称，默克勒在大众汽车的股票上至少损失了13亿美元。不久之后，默克勒卧轨自杀。看对了趋势，却死在波动上。这样的悲剧，在衍生品市场上常有发生。

本讲重点

1. 我国已经陆续开通了多种金融衍生品交易，包括股指期货、国债期货、股指期权，但是我不建议业余投资者参与金融衍生品投资。

2. 金融衍生品有三个本质特征，分别是：零和游戏、时间期限、杠杆风险。这三个特征使得衍生品不是时间的朋友，而是时间的敌人。

3. 很多德高望重的价值投资者，包括巴菲特、查理·芒格，都对金融衍生品深恶痛绝。

思考

有些投资者可能觉得金融衍生品是高端大气上档次的投资，应该参与一下，但投资的目标是赚钱，能赚钱的才是高端的，不能赚钱的都是低端的。你的投资回报，是由你的认知边界决定的。在你的认知边界里面，你可以获得可观的回报。一旦超出你的认知边界，你就会成为被收割的韭菜。

所以，你可以再思考一下，金融市场波动很大，你有没有判断这种波动的知识？想清楚这个问题以后，你再想一想，自己是否应该参与衍生品交易。

第二十九讲

实在想加杠杆，应该怎么办？

现实中还是有很多人做衍生品，你可能也抵御不了诱惑。比如说，你可能会讲，老师，我本金少，不做衍生品就加不了杠杆，遇到大好行情应该怎么办？难道眼睁睁错过？中国股市牛短熊长，错过了这次机会，就不知道还要等多久了，错过了这个村，很可能就没有那个店了。

这个担心有一定道理，如果你一定想加杠杆，要先了解哪种方法风险最小。杠杆是双刃剑，放大收益，也会放大损失，一定要小心。

在上一讲反复提示风险之后，这一讲我开始讲如何尽可能降低风险，还能加一点杠杆。

我们怎么思考这个问题呢？还是从衍生品的三大基本特征说起。具体思路是：如果你只是想加杠杆，就不需要同时承担前两个风险。那么，有没有一种方法，让你既可以加杠杆，又可以不承担零和游戏、时间期限的风险呢？还是有的，虽然没那么直观，还是可以勉强做到。我们用排除法，一步一步来看。

期权是零和游戏，无法展期，要首先排除

期权是零和游戏，买期权和卖期权的人互为输赢，这是改不了的。因此，你要首先排除期权。

而且，我国的期权市场刚开始不久，市场容量比较小，很容易

出现坐庄现象，也就是说，这个市场容易被操纵。贸然进去的话，你很容易变成被收割的“韭菜”。这几年，金融期权交易可能会很活跃，你也许会听说一些暴富的故事，觉得机会来了，跃跃欲试。我能说的是，这是专业玩家的赌场。如果你一定要参与，首先要评估自己的风险承受能力。

表 29–1 给的是国内金融期权的清单，一共 4 种期权，挂靠 3 种基础资产，分别是上证 50ETF、沪深 300ETF 和沪深 300 股票指数，其中后两种基础资产很接近，都是基于沪深 300 指数，也都是 2019 年底刚刚开通，还没有形成规范的操作，风险会更大。

表 29–1　中国市场上的金融期权

产品名称	交易所	上市日	到期月份
上证 50ETF 期权	上交所	2015–02–09	当月、下月及随后两个季月
沪深 300ETF 期权	上交所	2019–12–23	当月、下月及随后两个季月
沪深 300ETF 期权	深交所	2019–12–23	当月、下月及随后两个季月
沪深 300 股指期权	中金所	2019–12–23	当月、下两个月及随后三个季月

提供这张表的时候，我的心情是很矛盾的。一方面，从提供信息的角度，我应该给这张表，尤其是只有 4 种期权，一目了然。另一方面，我有种奇怪的感觉，就是把一种危险的武器交到了不会使用的人手里，很容易给人造成伤害，就像是把一支手枪交到孩子手里，后果不可控。

最后，理智战胜情感，相信你会谨慎观察，不会随便参与。何况，你在很多地方都能找到这些信息，我不给这张表，也不意味着你就能避开伤害。你要做的，是仔细看看这张表，仔细想想，偌大的中国市场，那么多资金，那么多机构和富豪，那么多赌徒，都盯着这4种期权，里面很容易有坐庄的，很容易有人操纵价格。因此，你一定不要被“衍生品”“期权”这样看起来高大上的词迷惑，一定要看到光鲜外表背后的冷酷现实。安全起见，你还是要避开这个新手的“屠宰场”。

期货也是零和游戏，但是时间期限可以克服

期货也是零和游戏，但是和期权相比，期货有两个好处：一是没有高昂的期权费，二是可以展期。

期权的期权费往往很贵，而且到期之后，如果不行权，期权费就彻底损失了。期权的价值是随着时间而耗散的。而期货不一样，买卖期货你只需要交保证金，手续费很低。如果到期价格和你的预期相反，可以展期。

怎么展期呢？就是卖掉手里的近期期货，同时买更远期的期货。近期、远期的概念，我举个例子来说明。

比如说，你看好大盘，认为趋势是上涨的，就买入沪深300指数期货。这个指数期货有近月的，也有远月的。本书的写作时间是2020年3月，近月的股指期货是4月到期，远月的是6月到期，还有更远的9月到期。你可以买入6月的，如果到了6月股票还没涨，可以卖出6月的，同时买入9月的。这就是展期，展期的成本不高，只需要交手续费，操作的时候注意连续性，避免价格波动风险。

通过展期的操作，你就可以抵消大部分短期波动。如果你相信自己对于趋势的判断，可以坚持只看趋势，不看波动。当然，这么做的前提是你有足够的保证金，也就是杠杆不要太高。一般而言，如果你只是业余做投资，我不建议你加太高的杠杆，如果一定要加，尽量少加，加 1 倍就行了，最多加 2 倍，总杠杆 3 倍就已经很高了。超过 3 倍的杠杆，市场的波动很容易让你焦虑，那样的话就得不偿失了。

因为具有展期功能，期货可以让你继续做时间的朋友。比如说，你看多股市，就可以买入期货，假设你是对的，就可以等待时间给你回报。你赚的是谁的钱？是卖出期货的人的钱，他因为看错了趋势，而做了时间的敌人，因此赔了钱。所以，看对趋势、做时间朋友的人赚钱，看错趋势、做时间敌人的人赔钱。

表 29–2 列出了目前中国市场上的金融期货，共 6 个品种，3 个股指期货和 3 个国债期货。做金融期货的时候，还有一点小窍门：期货经常有升贴水现象。比如说，中证 500 股指期货，经常是贴水的，就是期货价格低于指数价格，而且到期时间越长的合约，也就是越远期的合约，贴水越厉害。这时候，如果你认为股市要涨，就可以买远期合约，不仅赚股票上涨的钱，还赚贴水消失的钱。因为临近到期的时候，期货的贴水就会消失，期货价格要向指数值靠拢。

表 29–2 中除了股指期货，还有国债期货。国债期货的原理很简单，就是让你加杠杆买卖国债。这个杠杆率可以很高，因此风险也比较大，所以你一定不要加太高杠杆。

当然，这个策略是基于对利率走势的判断，这样的机会也许过段时间就没了。举这个例子，是为了告诉你作为普通投资者（不是专业投资机构和从业人员），你也可以利用衍生工具赚趋势的钱。投资经验不多的投资者，建议尽量不要参与。

表 29–2　中国市场上的金融期货

期货名称	上市日期	合约月份	合约价值（万元）	保证金（万元）
沪深 300 股指期货	2010–04–16	当月、下月、随后两个季月	120	9.6
中证 500 股指期货	2015–04–16	当月、下月、随后两个季月	100	8.2
上证 50 股指期货	2015–04–16	当月、下月、随后两个季月	90	7.2
5 年期国债期货	2013–09–06	最近的三个季月	100	1
10 年期国债期货	2015–03–20	最近的三个季月	98	2
2 年期国债期货	2018–08–17	最近的三个季月	200	1

注：合约价值是一手期货的价值，上证 50 和沪深 300 期货都是指数点数乘以 300，中证 500 期货是指数点数乘以 200，5 年期、10 年期国债是点数乘以 10 000，2 年期国债是点数乘以 20 000。表中合约价值是以 2019 年 12 月 25 日点数计算，保证金是 2019 年 12 月 25 日的 1 手最低保证金。合约价值会随着股指改变，保证金比例也会跟随监管政策调整，表中数据是大约数，仅作参考，合约价值和保证金都以人民币表示。

分级基金：一种即将消失的加杠杆工具

除了利用期货加展期来加杠杆之外，还有一种办法加杠杆，就是使用分级基金。不过，这个产品很快就要没有了。为什么？因为 2018 年 4 月 27 日发布的《关于规范金融机构资产管理业务的指导意见》中，第二十一条规定，公募产品和开放式私募产品不得进行份额分级。而且，监管层在后续的文件中规定，到2020年底，现有的分级基金必须完成转型。[①]

所以，除非监管层出台新的文件给分级基金续命，否则分级基金很快就要消失了。尽管如此，分级基金也是个非常好的加杠杆工具。为什么这么讲？因为分级基金完全没有期权和期货的两个缺点：零和游戏和时间期限，只有加杠杆的功能。把这样一个好的工具取消，实在是可惜。这个工具如此有趣，我用两句话介绍一下。

第一句，在资金筹集、投资、运作方式上，分级基金与传统基金并无不同。

第二句，分级基金的创新是在收益分配方式上。简单说，是把基金运作的收益分为两个部分，固定部分和浮动部分。本来的基金叫母基金，固定部分叫作A份额，浮动部分叫作B份额。愿意安全投资的人，认购A份额，拿安稳的收益。愿意承担风险、博取高收益的投资者，认购B份额，拿风险收益。因此，分级基金的运行可以总结为“相同母基金，不同收益分配”。

为了加深理解，我们来举一个例子。举例子之前，再强调一下，我只是随机挑了一只规模较大的分级基金，完全没有推荐的意思。而且这是只券商板块的基金，波动很大，风险也很大，更加不能随便推荐。

① 2018年6月，监管层对市场上现有分级基金的退出时间，做出了具体安排，要求基金公司在2018年6月底前拿出分级基金整改计划，到2019年6月底，总份额在3亿份以下的分级基金完成清理，总份额在3亿份以上的分级基金的最后清理期限是2020年底之前。所以，除非监管层出台变通政策，分级基金在2020年以后很可能就不存在了。

这只分级基金叫作券商B（代码150201），跟踪的指数是证券公司指数（399975），对应的A份额叫作券商A（代码150200），对应的母基金是“招商中证全指证券公司指数分级基金”，负责运作的基金公司是招商基金管理有限公司。目前，这只基金的总规模是70多亿元，是一只比较大的基金。

这只基金是怎么运作的呢？根据前面的介绍，基金管理的时候和普通的指数基金并没有区别，区别在于收益的分配。A份额获得的是约定的固定收益，约定的是一年期存款利率（税后）+3%，当前约定收益率为4.5%。B份额获得的是母基金价值扣除A份额之后的净值。因为A份额大致是一个固定利率的债券，相当于B份额投资者从A份额投资者那里借钱进行投资，因此具有加杠杆的性质。目前实际杠杆率在2倍左右，市场上大部分分级基金的杠杆率都在2倍左右。

通过这个例子，可以看出，分级基金不是零和博弈，你赢不意味着别人输，因为市场涨了。分级基金也没有期限，只要这只基金存在，你可以一直持有下去。不过，因为监管层要清理分级基金，现在有期限了，相当于监管层外加了一个期限。

最后，我再对分级基金加两个注释。

第一，分级基金在国外市场上是没有的，可以说是我国市场的独创。

第二，分级基金的A份额是约定的固定收益，但是在极端情况下，也有可能发生亏损，这里有两种可能性需要注意。一个是B份额亏损严重的时候，基金没有足够的资金支付A份额的收益，这时候A份额就亏损了。这种情况较少发生，但是如果基金表现很不好，比如在大熊市中，也是有可能的，要给予关注。

另一个可能性是，A 份额的亏损也可能是因为 A 份额的价格发生了波动。购买分级 A 份额，相当于购买了一张永续债券，也就是没有到期日的债券。当市场利率上涨的时候，这张“永续债券”价格就会下跌，这种价格波动也可能导致你亏损。当然，目前利率趋势是下跌的，风险不大，但是这种可能性还是要了解。

市场上有哪些分级基金呢？我整理了一张表（表 29–3），列举了一些规模较大的分级基金，供大家查阅。这里我再强调一下，如果是没有很多经验的投资者，杠杆是很危险的，短期内也不会掌握很好。这张表只是作为学习参考使用，建议你还是不要碰分级基金。

表 29–3 主要的分级基金

A 份额			B 份额			母基金规模（亿元）
证券简称	证券代码	回报率	证券简称	证券代码	回报率	
白酒 A	150269.SZ	2.8	白酒 B	150270.SZ	248.3	109.4
券商 A	150200.SZ	6.6	军工 B	150182.SZ	119.0	75.0
军工 A	150181.SZ	6.3	国企改 B	150210.SZ	36.1	73.7
国企改 A	150209.SZ	7.3	券商 B	150201.SZ	78.3	70.0
国防 A	150205.SZ	4.5	国防 B	150206.SZ	108.3	65.5
银华稳进	150018.SZ	3.8	银华锐进	150019.SZ	95.2	56.1
合润 A	150016.SZ	21.5	合润 B	150017.SZ	132.1	52.4
创业板 A	150152.SZ	4.1	创业板 B	150153.SZ	83.4	42.3
银行 A	150227.SZ	6.2	银行 B	150228.SZ	52.2	41.8
新能车 A	150211.SZ	6.8	证券 B	150172.SZ	91.5	36.5

（续表）

A 份额			B 份额			母基金规模（亿元）
证券简称	证券代码	回报率	证券简称	证券代码	回报率	
证券 A	150171.SZ	3.9	深成指 B	150023.SZ	159.5	34.8
有色 A	150196.SZ	5.0	有色 B	150197.SZ	60.8	30.1
深成指 A	150022.SZ	34.7	食品 B	150199.SZ	80.3	29.6
证券 A 级	150223.SZ	3.2	新能车 B	150212.SZ	91.7	28.6
食品 A	150198.SZ	5.5	证券 B 级	150224.SZ	152.0	26.8
工业 4A	150315.SZ	13.9	恒中企 B	150176.SZ	117.9	15.5
恒中企 A	150175.SZ	8.4	工业 4B	150316.SZ	19.2	15.1
证保 A	150177.SZ	2.6	医药 B	150131.SZ	76.4	12.9
医药 A	150130.SZ	8.1	证保 B	150178.SZ	84.2	12.5
互联网 A	150194.SZ	6.4	互联网 B	150195.SZ	136.4	12.1

注：规模是 2019 年底规模，回报率是 2019 年回报率（%），其中合润 A、深成指 A 2019 年回报率较高，是因为这两个 A 份额基金在 2018 年发生亏损，2019 年进行了补回。A 份额亏损原因是 B 份额巨幅亏损，2019 年当 B 份额收益转正之时，A 份额价格从 2018 年的低价，回归永续债券的正常定价，收益进行了补回。

远离商品期货

金融衍生品以外，还有商品衍生品，主要就是各种商品期货，这些商品包括铁矿石、螺纹钢、铜、铝、白糖、棉花等。中国有三个商品期货交易所，分别是郑州商品交易所、大连商品交易所、上海期货交易所，表 29–4 列举了这些交易所上市的主要品种。完备起见，加上了中国金融期货交易所。

表 29–4　商品期货品牌

交易所名称	期货品种	开始交易日期
郑州商品交易所	鲜苹果、红枣、小麦、棉花、棉纱、白糖、精对苯甲二酸、油菜籽、菜籽油、菜籽粕、粳稻、早籼稻、晚籼稻、甲醇、平板玻璃、动力煤、硅铁、锰硅	1993 年 5 月
大连商品交易所	黄大豆、豆粕、玉米、玉米淀粉、鸡蛋、豆油、棕榈油、乙二醇、聚乙烯、聚氯乙烯、聚丙烯、焦炭、焦煤、铁矿石、纤维板、胶合板	1993 年 11 月
上海期货交易所	铜、铝、锌、铅、镍、锡、黄金、白银、螺纹钢、线材、热轧卷板、橡胶、原油、燃油、石油沥青、纸浆、20 号胶、天然橡胶	1999 年 12 月
中国金融期货交易所	中证 500 指数、上证 50 指数、沪深 300 指数、2 年期国债、5 年期国债、10 年期国债	2010 年 4 月

商品期货和金融期货的基本原理是一样的，具有零和游戏、期限风险、杠杆风险三个基本特征。但是商品期货和金融期货又有所不同。商品期货需要更多关注这个商品本身的供求关系，要对宏观经济和行业周期有深入的了解。这些知识都不是普通投资者具备的。即便是专业的经济学家和投资专家，如果没有研究团队支撑，没有大量人力、物力的投入，也会因为信息劣势而沦为被收割的“韭菜”。因此，普通投资者不碰商品期货为好。而且，商品期货经常有几个庄家坐庄，专门负责收割“韭菜”。

不过这里要提醒你，商品期货有一点作用，就是帮你开通金融期货。根据目前的监管政策，做金融期货有很多要求。在通过期货公司的考试之后，要先做 10 笔商品期货交易，然后在账户里打入 50 万元资金，期货公司才能给你开通金融期货的权限。

这 10 笔商品期货交易你不用担心，找一个交易活跃、价值很低的品种，快进快出做10笔就行了，手速快一点，不会赔什么钱，运气好还能赚一点。比如1手螺纹钢的价值只有3万多元，几秒钟的价值变化也就万分之几的水平，大约10元，几乎可以忽略不计。

本讲重点

1. 普通投资者最好不要碰衍生品，一定要加杠杆的话，建议用期货，不要用期权，因为期货可以展期，展期成本比较低。

2. 利用期货加杠杆，一定不要贪心，加1~2倍杠杆即可，留足保证金，这样你才是趋势的朋友，不被波动屠杀。

3. 分级基金是一种没有期限的加杠杆方式，但是这种产品在2020年以后将退出市场。

4. 商品期货的风险比金融期货更大，不建议普通投资者参与。

思考

利用期货、使用展期操作是一种相对稳妥的加杠杆方法。利用此种方法时还要时刻留意市场变化，因为你的资产波动会比较大。你可以思考在下面两种选择中，应该选哪一种，并思考哪一种选择的长期收益更高。

选择1：不加杠杆，只买大盘指数，买了之后专心职场发展。

选择2：加杠杆，兼顾职场发展和股市波动。

本章小结

金融衍生品：魔鬼的红舞鞋

对于本章，我的主题只有一句话：不要参与。如果再加一句的话，就是尽量不要参与。

这是金融衍生品的三个本质特征决定的，分别是零和游戏、时间期限、杠杆风险。这三个特征使得衍生品不是时间的朋友，而是时间的敌人。

零和游戏说的是衍生品的交易双方互为对手，你赚的钱就是别人赔的钱。这里的推论是，在这个残酷的零和游戏中，没有人能保证赢，更没有人能保证持续赢。作为业余投资者，你赢的概率更小。

而投资是赚业绩增长的钱。你选对股票以后，只要公司业绩增长，那么长期股价就会涨。这时候你就是时间的朋友，躺着赚钱，而且不从别人口袋里掏钱。

衍生品的第二个特征，是时间期限。衍生品都有一个到期日，到期之后必须结算，否则就作废了。为什么这一点很重要？因为这里面有一个时间差的问题。有时候，你判断对了趋势，但是不一定能判断对涨落的时点。在到期之前，你判断的趋势可能还没实现，这样你的衍生品就不值钱了。这样的情况经常发生。

换句话说，尽管你看对了趋势，但是看错了波动，依然不能赚钱。衍生品的时间期限相当于给你加了一个时间约束，让你不能舒舒服服地看准趋势，然后躺着赚钱，做时间的朋友。

衍生品的第三个特征，是杠杆风险。衍生品都加杠杆，杠杆既放大收益，也放大风险。加了杠杆之后，你的资产波动会很大，需要时刻关注资本市场，难免分心，影响职场发展。衍生品就像是魔鬼的红舞鞋，一旦穿上，很难脱下来，最好不要穿。

很多德高望重的价值投资者，包括巴菲特、芒格，都对金融衍生品深恶痛绝。

如果你一定要加杠杆，可以使用期货。期货可以展期，展期的成本也很低。因为这个展期的功能，你可以只看趋势，不看波动。利用期货加杠杆的时候，杠杆不要太高，不然波动太大，容易睡不着觉。

这一章还介绍了其他一些衍生品，包括国债期货、分级基金、商品期货。我的建议还是那句话，不要碰。

第七章

保 险

第三十讲

两类完全不同的保险：保障型和理财型

最近几年，保险类投资工具发展很快，在投资中越来越重要，以后还会更重要。

关于保险，你一定有很多疑问。比如，现在市场上保险产品很多，保险公司宣传的很多优点，例如收益高、避税、避债等，是真的吗？再比如，这些眼花缭乱的保险产品和通常说的“五险一金”是什么关系，区别在哪里？

这些保险产品的条款往往很复杂，让人眼花缭乱，不知道里面有没有坑，收益率到底是多少，总之是一头雾水。看起来，这些条款不是为了让你明白，而是为了让你不明白。

其实，保险分为两大类，一类是保障型，一类是理财型。这两类保险，虽然都叫保险，但是性质完全不一样，简直就是不同的物种，千万不能混淆。

- 保障型保险：雪中才送炭，雨中才送伞 -

保障型保险的基本特征是“雪中送炭”。在投保人遇到意外，或者特别需要的时候，给予财务补偿，包括健康险、意外险、财产保险、定期寿险，是规避风险的工具，扮演着雪中送炭的角色。

比如说，我们常说的“社保”，也就是“五险一金”中的“五险”，都属于保障型保险。顺便说一句，一金是住房公积金，不属于保障型保险，但是可以帮助你积累买房基金，以后买房、装修可以拿出来用，而且其中一半是单位交，也是一种很好的投资，不过这个投资是跟着就业走的，而且是强制性的。

“五险”具体包括养老保险、医疗保险、失业保险、工伤保险和生育保险。参加社会保险和享受社会保险待遇是每一位劳动者的合法权益，人人都可以参保，而且不会因为自身的健康状况被拒保或者提高缴费标准，这是目前所有商业保险都无法做到的。

这些保险的特点，用一句话概括，是在你需要的时候才领钱。比如，医疗保险是生病的时候才报销医疗费用，工伤保险是受了工伤才能获得相应的医疗救助和经济赔偿，生育保险是女性职工怀孕和分娩时可获得生育津贴和报销医疗费用。如果没有这些情况会怎么样呢？简单说，你的钱就白交了。

比如，对现在的丁克家庭而言，生育保险就没什么用。可是，能不能因为不生小孩就不交生育保险呢？不行，这些保险是政府强制的，必须交，只要你有正式的工作，不管工作单位是政府部门还是私营企业，都要交。

而且，你仔细看这“五险”会发现，你交的钱和你领的钱，是不成比例的。最直白的例子是医疗保险，不遇到生病住院的事情，你是一分钱也拿不回来的。买这样的保险，不是为了拿回你的收入，而是为了万一需要的时候有个保障。

这“五险”的费用比例其实都不高，因为都是政府提供的，有公共福利的意思。比如说，很多家长可能还不了解，小宝宝出生一年内就可以办理政府提供的“新生儿医保”。而且在宝宝出生三个月内办理医保卡的，享受医保待遇就从出生之日开始算起，还可以报销一部分宝宝出生时的医疗费用。新生儿小病多，去医院次数、各项检查也会比较多，一定要及时办理新生儿医保。

除了上面讲的“五险”之外，保险公司还推出了商业性质的保障型保险，可以分为两类：人身保险和财产保险。表 30–1 中列举了这些商业类的保障保险。

表 30–1　商业机构销售的主要保障型保险

保险种类		简介
人身保险	定期寿险	防范投保人突然身故的风险，弥补家庭财务损失
	医疗险、重疾险	防范投保人患病的风险，补偿医疗费用
	意外险	防范投保人意外事故风险，补偿医疗费用、误工损失
财产保险	企业财产保险、家庭财产保险	承保因火灾或其他自然灾害和意外事故造成的投保企业或家庭财产损失
	运输工具保险	承保运输工具因为遭遇到自然灾害或者意外事故导致的损失或第三方责任，包括车险、飞机保险、船舶保险等
	货物运输保险	承保货物在运输的过程中因为自然灾害或者意外事故导致的损失
	农业保险	承保农业生产中自然灾害或者意外事故导致的经济损失

保障型商业保险的基本特征是保费不高，不触发保障条款的话，一分钱都拿不回来，触发保障条款的话，会拿回一笔可观的收入，有杠杆效应。比如说，你买的汽车保险，一年缴纳保费几千元，如果发生交通事故并承担责任，那么最高可以获赔上百万元，如果没有事故发生，那么一分钱都拿不回来。为了防范风险、加强保障，有条件的家庭可以酌情选择购买这些商业保险。

- 理财型保险：雪中不送炭，锦上才添花 -

保障型保险的特点是“雪中才送炭，雨中才送伞”，如果既不下雨，也不下雪，就既不送伞，也不送炭。当然，这时候你也不需要伞和炭。我们购买保险时的基本原则，应该是先配置保障型保险，再考虑资产增值。

不过，恰恰相反，市场上炒作很热的保险，大多不是保障型，而是理财型。理财型保险的特点是“雪中不送炭，锦上才添花”。你遇到意外困难的时候，它并不像保障型保险一样，给你一个大大超过保费的金额，而是根据你的缴费金额，给你一个回报，而且这个回报与其他理财产品相比，并无显著优势，最多算是锦上添花。

什么意思呢？举个例子，市面上的人寿保险，分为定期寿险和终身寿险。虽然都是寿险，实质是很不一样的。定期寿险名字不算好听，但是是保障型保险，终身寿险名字很好听，但是是理财型保险。区别在哪里？

定期寿险是指在保险合同约定期限内，如果被保险人严重残疾或者身故，则保险公司按照约定的保险金额，支付保险金；如果保险到期后，被保险人健在，则保险合同自然终止，保险公司也不支付任何保险金。一般来说，每年交几百元保费，交到一定年限，保额往往就能达到 10 万元以上。

例如，平安寿险推出的“小安定寿”，就是这样一种定期寿险。比方说，30 岁的小王购买这款定期寿险，10 年内每年交 3 975 元保费，那么如果小王在 50 岁之前意外离世，其家人将获赔 150 万元（“小安定寿”在一线城市的最高保额就是 150 万元）；如果小王 50 岁时仍然活得好好的，那么，保险公司就不再承担赔偿责任，并且也不退回保险费。这种保险的价值是什么？是预防意外。像小王这样上有老、下有小的家庭顶梁柱，如果突然离世，就会对他的家庭造成很大打击。定期寿险就可以通过较少的保费撬动比较大的杠杆，减轻挣钱能力最强的家庭支柱身故导致的财务风险。

作为比较，终身寿险完全不一样。终身寿险合同订立后，被保险人无论何时死亡，保险公司都应给付保险金，这就是“终身”的意思。在被保险人身故后，保险公司返还一定金额，这个返还金额和购买金额直接挂钩。因此，购买终身寿险相当于投资一款理财产品。终身寿险虽然听着好听，似乎提供终身保障，但实际上就是一款投资期限超长，而且投资期限不确定，投保人死后才收获投资收益的理财产品。

我给你举个例子。中国人寿推出的“国寿盛世传家终身寿险”就是这样一种终身寿险。比如刚才的30岁的小王购买这款终身寿险，选择10年交费，每年交保费33 360元，然后等到小王去世，就可以得到保险赔付。赔付多少呢？根据小王的过世时间来确定，随着寿命延长而增加。如果小王在40岁去世，那么保险公司赔付53.4万元；如果小王在80岁去世，那么可以获赔131.5万元[①]。

看了这个产品的缴费和赔付流程，这个产品的实质也就清楚了。这个产品的实质是小王交10年的钱，然后等到过世，家人就可以拿

① 数据来自中国人寿官网：http://www.e–chinalife.com/product/gerenbaoxian/1409819942112. html。如果投保人没交满10年就过世，处理方案比较复杂。按照合同条款，是“按被保险人身故当时本合同身故保险金额、本合同所交保险费（不计利息）的160%与本合同现金价值三者的较大值给付身故保险金”。简单来说，如果已交保费 ×1.6 不超过30万元，那么就赔付30万元；如果超过30万元，就赔付已交保费的1.6倍。

到一笔赔付。这个过程和你买基金是一样的。你每年买一笔基金，连买 10 年，过一段时间，把这个基金赎回，得到一次性的收入。这个过程还有一个更简单的名字，叫作“零存整取”，你每年在银行里存一笔钱，过了一段时间一次性取出来用。只不过，取钱的时间不确定，依据小王的过世时间确定。

所以，理财保险的实质就是一个投资工具，并不是传统意义上的保险，只不过借用了“保险”的名称而已。比方说，你可以把“终身寿险”叫作“根据投保人寿命决定何时支取的零存整取”，这样更加准确一些，投保人也更容易听懂。

那么这个“零存整取”的收益率高不高呢？小王 10 年共缴纳 33.6 万元，如果 80 岁过世，缴纳的 33.6 万元变成了 130 多万元，看起来很划算（表 30–2）。但是你要注意，这是 50 年的投资期限，小王从 30 岁开始交钱，到 80 岁才拿钱，我们计算了一下年化收益率，只有 3.1%，这个收益率是很低的，比市面上的很多债券基金都低，更不要说偏股型基金了。而且，这个零存整取的收益率，随着预期寿命的延长，是下降的。考虑到现在预期寿命普遍很长，这看起来不是一个好选择。关于这个收益率如何计算，下一讲我再仔细讲解。

表 30–2　国寿盛世传家终身寿险赔付金额与年化收益率

预期寿命	赔付金额（万元）	年化收益率（%）
40	53.4	8.4
45	53.4	4.5
50	54.2	3.2
60	72.8	3.1

（续表）

预期寿命	赔付金额（万元）	年化收益率（%）
70	97.9	3.1
80	131.5	3.1
90	176.7	3.0
100	237.5	3.0

注：假定开始购买年龄为30岁，连续缴费10年，每年缴费33 360元。

最后总结一下，保障型保险在你需要的时候给你“雪中送炭”，在你不需要的时候，什么都不给你，而理财型保险只是“锦上添花”。为什么呢？因为理财型保险没有保障型保险的“杠杆”作用，只是替你保管资产，谋求资产小幅增值，到期后返还给你，起到的作用与银行存款、债券、基金等投资工具没有本质区别。

例如，前面例子里30岁的小王，购买上面提到的终身寿险，10年内一共缴纳33.36万元，如果在45岁不幸去世，家人只是获得本金加利息一共53.4万元，还是难以抵御顶梁柱去世带来的财务风险。相反，如果小王买的是定期寿险，10年内仅需缴纳不到4万元，如果在45岁去世，可以给家人留下150万元，帮助家人渡过难关。你看，保障型保险的缴费金额只是理财型保险的大约1/10，得到的赔付却是后者的将近3倍。所以说，保障型保险有巨大的杠杆效应，借助这个杠杆效应做到“雪中送炭”，帮投保人渡过难关。而理财型保险没有杠杆效应，是一个用保险包装的投资工具，让投保人家庭的财务“锦上添花”。

你可能好奇，保障型保险是如何实现这个杠杆效应的？这就涉及保障型保险的基本原理。在保障型保险市场上，很多人都买了保险，但是很少人会发生意外，于是没发生意外的人的钱，就拿来帮助遭遇意外的人。相当于很多人帮一个人，于是就实现了杠杆效应。因此，保障型保险是一种集资机制，帮助少数不幸的人渡过难关。这个机制，在理财型保险里是没有的。

本讲重点

1. 市场上的保险，分为保障型和理财型，二者虽然都是保险，但特点很不一样，属于不同的物种。

2. 保障型保险的特点是“雪中才送炭，雨中才送伞”，不下雪、不下雨的时候，就既不送炭，也不送伞。

3. 理财型保险的特点是“雪中不送炭，锦上才添花”，实质是一种投资工具，收益率常常不太高，在3%~4%范围内。

4. 触发条件以后，保障型保险的赔付要比理财型慷慨很多，这是因为保障型保险运用保险原理为遭遇意外的少数人加了杠杆，而理财型保险没有杠杆机制。

5. 保障型保险的实质是保险，理财型保险的实质是理财。

思考

理财型保险的实质是理财，与基金很相似。只不过，理财型保险的期限较长，支付时间也不太固定。你可以仔细想一下，与基金相比，理财型保险有哪些优点、缺点，在什么情况下买才比较合适。

第三十一讲

理财型保险的三大要素和穿透神器

本讲我们来重点分析理财型保险，包括市场上常说的“分红险”“万能险”“年金险”等。这些产品的种类五花八门，设计很复杂，不管是保费的缴纳，还是赔付的安排，都让人眼花缭乱。

我教你两招，帮你轻松看破所有的保险。第一招帮你看懂保险理财的方方面面，第二招帮你算清楚保险理财的回报率有多高。

这一讲有一点技术难度，需要一些计算，但是这个难度是值得的，掌握这个简单的计算之后，你可以很快算清很多金融产品的实际回报，很多骗术在你这里就行不通了。

- 保险理财的三大基本元素：年金、分红、万能账户 -

首先，我们来解决理财产品看不懂的问题。看不懂，就谈不上决策了。你浏览下各大保险公司的网站，会发现这些产品名字很酷炫，设计很复杂，很难看得懂。

比如，保险销售人员会告诉你，你缴纳一定年限的保费后，可以领取“祝寿金”“教育金”“特别生存金”等，每年领取养老金，身故之后还可以有一大笔赔付金。你听见感到回报丰厚，但又算不清真实收益率，很可能会半信半疑，举棋不定。

其实，看穿保险理财不难，你只需要明白其中的套路，不管怎么复杂，保险理财都包含三个基本元素：年金、分红、万能账户。

（1）年金：每年固定的支付金额。所谓年金，就是每年固定的一个支付金额（保险产品的年金常常按年支付，也有的按季或者按月支付。只要是定期支付，就可以称为年金）。投保人缴费后，在约定的时间，保险公司会按合同约定，每年支付固定的数额，就是年金。这种年金的名字五花八门，有可能叫生存金、养老金、教育金、祝寿金等名称。只要是每年固定的金额，实际上都是年金。

一般而言，保险产品的年金是在合同中事先约定好的，不会有太多猫腻。比如说，在 2019 年 10 月，中国人寿大力宣传一款产品，叫“国寿鑫享至尊年金保险（庆典版）”（简称“鑫享至尊”）。宣传中，这款产品号称为国庆 70 周年和公司成立 70 周年献礼。这款产品的年金支付是怎样安排的呢？如果 30 岁的你购买这款产品，3 年内每年交 10 万元保险费，共缴纳 30 万元，那么你在 35~39 岁，就可以每年领取 6 万元，40 岁时，保险合同到期，还可以领取满期保险金 3.3 万元。这里列出的总回报，共 33.3 万元，也就是你缴纳 30 万元，拿回来 33.3 万元，这些都是写在合同里面的固定数额，是你一定能拿到的钱。

（2）分红：保险产品投资净收益的分配。分红是保险公司将其经营产生的盈余分配给保单持有人，这是年金以外的额外收入。根据《个人分红保险精算规定》，保险公司每年实际分配的盈余比例，不得低于当年可分配盈余的 70%。很多人看到这里会很激动，以为买了分红险就像买了这家公司的股票一样，能够每年分享保险公司的上千亿元净利润。

其实完全不是这样，这是一个很大的误区。分红分享的是你所购买的保险产品的投资收益，而不是整个保险公司的利润，保险公司的利润与你无关。而且，即使你的保险产品取得了投资收益，还要扣除各种税务开销、营运成本、业务员佣金等，最后剩下的才是可分配盈余。实际上，每一款分红型保险合同里面都会写着："红利不保证""某些年份红利可能为零"。2014 年就曾曝出一则新闻，浙江一位董女士买了一款分红型保险，每年交 5 800 元，10 年缴费期到期之后，保险公司满期返还 58 000 元，一分钱分红都没有。

（3）万能账户：年金和分红的再投资。所谓万能账户，名字很酷，其实就是一种基金，而且是收益率不高的基金。抛开这个很好听的名字不谈，万能账户指的是这样一种情况，就是有的保险产品可以让你选择不领取年金和红利。如果你不领取年金和红利，这些钱就进入万能账户，累积复利再增值。反之，如果你想按期领取年金和红利，那么万能账户就与你无关。所以，这个万能账户，其实就是投资账户，相当于一个基金。

因为是一个基金，万能账户的收益就是不确定的，只有一个保底利率，一般为 1.75%~3%。当然，从安全的角度，保底利率越高越好。像我们前面提到的"鑫享至尊"，如果你不着急用钱，那么每年的年金和满期保险金均可转入万能账户，由保险公司帮你理财增值。这款保险对应的万能账户的保底利率是 2.5%。也就是说，即使保险公司没有取得任何投资收益，也要按 2.5% 的年化收益率给你支付利息。你需要知道的是，这个 2.5% 的保底利率其实很低，保险公司只需要买债券基金，就可以获得高出这个水平的回报。

但是，保险业务员在销售保险时，不会特意跟你强调这个很低的保底利率，反而会给你一个假定的、更高的利率。例如“鑫享至尊”在宣传中，经常会提到5.3%的万能账户利率，以此计算你N年后的预期收益，让你以为收益很高，但你未来拿到手的收益其实是无法保证的。保险公司能给你打包票的，只有2.5%的保底利率，宣传的5.3%的利率并不是保证的，要根据保险公司的投资业绩来确定。所以，你一定要弄清楚，保险业务员口中的利率，到底是保底利率，还是一个虚无缥缈的假定利率。

总结一下，理财型保险的三大元素中：年金是确定的，在合同中规定好的；分红视保险产品的投资收益而定，是不确定的，有可能为零；如果你不领取年金、分红，那么这些钱可以转入万能账户增值，万能账户就是一个基金，有一个比较低的保底利率，保底利率之外的收益是不确定的、没有保障的。

各种各样的理财型保险（年金险、分红险、万能险），都是这三个因素的组合，有纯年金、年金＋万能账户、年金＋分红、年金＋分红＋万能账户等。明白了这些，保险理财就不复杂了，理清这三个要素就可以了。

除此之外，还有一种特殊的理财型保险——投资连结险，常常简称为投连险。保险公司收到保险费后，按照事先约定，将保费的部分或全部分配进入投资账户，投资于股市、债市、货币市场。投资连结险的收益率也并无保障，风险由投保人自己承担，与公募基金非常类似。投连险与公募基金的区别在于公募基金可以随时申购赎回，但投连险是长期投资，提前退保需要支付较高退保费，也就是牺牲了流动性。

- 乱花不再迷人眼：穿透神奇的内部收益率 -

接下来我们解决第二个问题，保险理财的收益率有多高？

现实中，理财保险销售在给你推销时，往往大肆宣传收益高，使用“每年都返还”“N 年增长 5 倍”“30 年后天文数字”等术语，而且还会设计复杂的付款模式，让你眼花缭乱，更加看不穿回报率到底多高。

如何计算这些产品的年化收益率呢？我介绍一个穿透迷雾的“神器”——内部收益率（Internal Rate of Return，简称 IRR）。这是金融投资中一个非常重要的概念，简单说就是投资时，考虑所有的本金、回报、隐性费用，并且考虑到资金的时间价值，你的实际报酬率。所以，买理财保险，最重要的就是要知道这个内部收益率，这是你实际得到的收益率。

内部收益率怎么算？我们都知道贴现率，这个内部收益率，就是找到一个贴现率，使得你的总资金投入的现值，与你的总资金回报的价值相等。因为资金投入是近期的，资金回报是远期的，这个贴现率越高，说明你拿回来的资金越多，你的投资回报率越高。

我举一个例子来说明。假设你今天投资 10 万元，一年后获得 12 万元，把一年后的 12 万元收入与今天的 10 万元支出做比较，可以得出年收益率是 20%。内部收益率就是把你未来的投资收益，与眼前的投资支出做比较，得到的折算率。在这个例子里，就是 20%。

这个例子里时间只有两年，比较简单，现实中的保险产品都是跨很多年的。比如你要先交 10 年的钱，然后到了退休，开始每年领钱，算起来就没有那么一目了然了。怎么办呢？我先告诉你原理，你明白这个原理之后，在网上可以找到很多计算器，把数据输进去，一下子就算出来了。

这个原理不复杂。一个产品的现金流都可以分为两部分，一部分是你投入的保险费，这是你的成本，另一部分是你得到的支付，这是你的收益。所谓内部收益率，就是使得你的成本贴现到今天的价值，等于你的收益贴现到今天的价值的贴现率。这个贴现率，就是你的保险产品的实际回报率。直观上，你的成本是现在付出的，收益是未来的，这个贴现率越高，你每付出 1 元钱未来得到的回报越多。

搞清楚了内部收益率的原理，你要做的就是找到这个贴现率。这个计算不是很直观，没有现成的公式。但网上有很多这样的计算器，你把数据输进去就可以得到结果。计算器或者 Excel（电子表格）里面有现成的算法，现成的微信小程序也能帮你计算，你可以直接搜索“内部收益率 IRR 计算器”。

内部收益率是你理解实际得到的回报率的最重要的概念，不仅适用于保险，也适用于债券，或者任何其他约定好收益的投资。因为适用范围很广，值得你花时间学一下。但内部收益率不适用股票，因为股票未来收益不是固定的。

本讲重点

1. 理财保险包含三个基本元素：年金、分红、万能账户。所有的理财型保险，不管叫什么名字，都是这三个要素的组合。

2. 理财保险的现金流很复杂，但是可以用内部收益率来计算实际回报率。内部收益率越高，实际回报率越高。

思考

你可以做下面两项任务，加深对这些基础知识的理解。

第一，去主要的保险公司网站，比如中国平安、中国人寿的网站，找几种保险产品，看看是理财型还是保障型，再找几种理财型保险，试着分解一下三个基本要素，看看年金多少、分红多少、有没有万能账户的设计，有的话有没有保底利率，有没有宣传的假定利率。

第二，找一些理财型保险，试着算一下内部收益率。计算的时候，可以画一个时间轴，把缴纳的资金和保险公司赔付的资金标在轴上，然后把这些数据输入到内部收益率计算器中。我列了一个网上的内部收益率计算器，你也可以在微信小程序中找到内部收益率计算器。

网页上的IRR计算器：https://www.iguuu.com/app/irr。

微信小程序：内部收益率IRR计算器。

第三十二讲

理财型保险：哪些能买？

这一讲，我们来具体看看，理财型保险到底能不能买。

我们重点回答3个问题：

1. 理财保险的回报率到底高不高？

2. 理财保险的安全性、流动性如何？

3. 理财保险宣传的避税、避债等特点，是真实的吗？

- 理财型保险的收益率有多高？ -

现实中，保险销售经常跟你说，理财型保险收益高，可以帮助资产增值保值。但是，理财型保险的收益率到底有多高？我用内部收益率来计算几款产品的收益率，看看到底高不高。

我们来看一个例子。“玺越人生”是平安人寿2018年力推的开门红产品。推出之后，销售非常好，当年保费收入大约300亿元，可以说是大卖热销。这么流行的产品，回报率高不高？我们来算一下。

假设一个客户，小王，现在30岁。小王购买了这个产品，缴费3年（每年交保费32.8万元，三年共交98.4万元，差不多100万元，这是小王缴纳的保费）。5年后，也就是小王35岁的时候，开始领收益，具体是这样：35岁、36岁两年，每年有一笔“特别生存金”（16.4

万元），37 岁至 65 岁每年有 1 万元的“生存金”，从 65 岁直到去世，每年一笔 1.5 万元的养老金，去世时还赔付一笔身故保险金[①]。此外，小王每年还会收到不确定的红利（红利可能为零）。另外，如果小王在身故之前不领取上述年金、红利，那么这些钱将进入万能账户，由平安人寿投资团队打理。小王去世时，万能账户内所有资金（金额不确定，视投资业绩而定）赔付给小王家人。

你看到这个产品设计之后，是不是感到一头雾水？这并不是特例，大多数理财型保险都很复杂。这时，我们就可以利用昨天讲的内部收益率来计算“玺越人生”的收益率，分两种情况。

第一种情况：小王每年都领取返还的年金和分红，不放入万能账户，假设小王 80 岁去世，那么，年化收益率仅为 2%，还不如货币基金（2.5% 左右），也不如银行三年期定期存款（基准利率 2.75%）。

第二种情况：小王不领取生存金、养老金和分红，把所有钱放在万能账户增值，直至去世。那么按照平安人寿给出的中档分红率和中档万能账户结算利率（4.5%），小王 80 岁去世时，可以留给家人 574 万元，算出来年化收益率为 3.74%。没有金融知识背景的人看到 100 万元变成了 500 多万元，会感觉收益率很高，但你用内部收益率一算，实际每年收益率只有 3.74%，还不到 4%。为什么会这样呢？因为这是很多年的投资，折算到每一年就很少了。

---

① 身故保险金没有固定数额，与小王去世年龄以及年金领取方式有关，身故保险金按已交保费与现金价值的较大者赔付。如果投保人意外早逝，获赔的方式依然是年金加上身故保险金。刚才的例子里，如果小王 35 岁之前去世，大致就是退还已交保费，收益率为 0。

4% 左右的收益率是什么概念？2019 年 8 月，财政部发行了 2019 年第十二期储蓄国债，票面年利率 4.27%，高于上述的 3.74%。投资期限长达 50 年、死后才返还本金、短期内难以退保的理财型保险，年化收益率甚至低于安全性高、流动性好的国债（2019 年 4 月，财政部发行 30 年期国债，发行利率 3.947 9%。2020 年 1 月 10 日，中国 30 年期国债到期收益率 3.7%）。所以，理财型保险的投资收益，真不算高。

除“玺越人生”之外，我还搜集了近年来 10 款热销理财型保险，并计算了各款保险产品的内部收益率。这个结果我们放在表 32–1 中（依然假设 30 岁的小王购买这几款理财型保险，在 60 岁、80 岁或 100 岁去世）。

表 32–1 热销理财保险的收益率

保险公司	产品名称	产品类型	收益领取方式	内部收益率（IRR，%）		
				60 岁	80 岁	100 岁
平安人寿	玺越人生	年金 + 分红 + 万能账户	1. 按时领取年金分红	2.14	2.09	2.10
			2. 万能账户（4.5%）	2.58	3.74	4.25
	金瑞人生	年金 + 万能账户	1. 按时领取年金	45 岁保险到期，IRR 为 1.73		
			2. 万能账户（4.5%）	3.77	4.11	4.25
中国人寿	鑫享金生	年金 + 万能账户	1. 按时领取年金	45 岁保险到期，IRR 为 2.46%		
			2. 万能账户（4.5%）	3.94	4.21	4.32
	鑫享至尊	年金 + 万能账户	1. 按时领取年金	40 岁保险到期，IRR 为 1.68		
			2. 万能账户（4.5%）	3.95	4.21	4.33

（续表）

保险公司	产品名称	产品类型	收益领取方式	内部收益率（IRR，%）		
				60 岁	80 岁	100 岁
中国人保	乐享生活	年金＋万能账户	1. 按时领取年金	40 岁保险到期，IRR 为 1.79		
			2. 万能账户（4.5%）	4	4.25	4.35
太平洋保险	至尊鑫满意	年金＋分红＋万能账户	1. 按时领取年金分红	1.93	2.28	2.35
			2. 万能账户	3.44	3.95	4.13
华夏人寿	福临门（盛世加强版）	年金＋万能账户	1. 按时领取年金	1.27	1.94	2.27
			2. 万能账户（4.5%）	3.91	4.16	4.26
复星保德信	福禄一生	年金	按时领取年金	3.87	3.86	3.84
君康人寿	吉利宝	年金	按时领取年金	40 岁保险到期，IRR 为 4.49		
弘康人寿	相伴一生	年金	按时领取年金	3.11	3.94	4.08

注：第一种收益方式是按时领取年金和分红，第二种是不领取年金和分红，放在万能账户中增值，此时我们假定 4.5% 的中档收益率。

我们发现，不管何种类型、何种领取收益的方式，收益率最高也就是 4% 左右。而且，大部分保险公司（尤其是大公司）主推的理财型保险，主要是年金与万能账户的组合产品。这类保险中，年金部分的固定收益会非常低，通常在 1.75%~3%。宣传中的“高”收益，主要来自万能账户，是没有保障的。也就是说，前面讲到的 3.74% 的高收益，并不是有保障的，有保障的部分只是 1.75%~3% 的保底利率。

相反，一些不附加万能账户的“单纯”年金保险，收益率是固定的，可以提前锁定未来很多年的收益，可以用来对抗市场利率下滑的风险。不过，这些产品的收益率也不算高，一般在 3%~4%。如果特别担心未来利率很低，低到 3% 以下，甚至负利率，那么可以买这样的产品。

- 理财型保险的流动性和安全性 -

除了收益性，我们评估理财产品的好坏，还要看流动性和安全性。

首先来看理财型保险的流动性。理财型保险的流动性往往很差，投资期限长达十年、几十年。如果投资者在短期内急需用钱或者有更好的投资渠道，申请退保则会蒙受较大损失。比如，中国平安推出的金瑞人生保险计划，如果第一年退保，将损失 50% 左右；第二年退保，也将损失 25% 左右；到五六年之后退保，才能实现本金零损失。

很多销售员推销保险时，不会给你强调“流动性差”这一点，而消费者常常不认真看合同，过了一段时间之后才发现吃了大亏。这样的新闻案例也屡见不鲜。比如，2016 年 2 月初，郑州的一位女士买了一款保险产品。工作人员说：“如果 45 岁时每年存 10 万元，连缴 3 年，等到 75 岁时，可以领取 138.9 万元的收益。”

在这个看起来很高收益的吸引下（实际上这款产品，即使按工作人员的宣传，年化收益率也只是 5% 左右，并不算高），这位女士购买了这款产品，缴纳了 10 万元。但几个月后，这位女士的孩子要出国，她提出退保，但是保险公司却说一年之内不能退，一年之后也只能退 4 万多元。这是怎么回事呢？工作人员口中的“本金返还”，在合同中的表述是“身故保险金”，也就是说，投保人身故之后才能领取本金，生存期间则不能领取。所以，买保险的时候，不能只听推销人员怎么说，还要了解保险条款的实际情况。

片面强调部分信息，而不是告诉你全面准确的信息，也是一种撒谎。你在买理财型保险的时候，一定要防范这样的谎言。

有人可能说，保单贷款可以解决流动性的问题。什么是保单贷款？就是投资者以保单做抵押，向保险公司取得的贷款，一般可以贷出保单现金价值的 70%~80%，利率 6% 左右。这是什么逻辑？你可以理解为，你借给保险公司一笔钱，50 年期限，利率 4%。但是你在 50 年间急需用钱，保险公司又把你的钱借给你，却收取 6% 的利息。对你来说，通过保单贷款获取流动性，还要额外支付较高成本——2% 的利息差，这是很不划算的。

以上说的，都是理财型保险的缺点。理财型保险还是有一个优点：安全性比较好。年金收益都是在保险合同中确定好的，万能账户一般也会设定保底利率。即使保险公司破产，根据《保险法》规定[①]，监管部门一般会出面协调，将破产保险公司的保单，转移给另一家实力雄厚的保险公司（理财型保险一般由寿险公司销售），不会

---

① 《保险法》第三章第九十二条规定：“经营有人寿保险业务的保险公司被依法撤销的或者被依法宣告破产的，其持有的人寿保险合同及责任准备金，必须转让给其他经营有人寿保险业务的保险公司；不能同其他保险公司达成转让协议的，由国务院保险监督管理机构指定经营有人寿保险业务的保险公司接受转让。”

让你血本无归。所以，保险理财还是比较安全的。

当然，安全归安全，理财型保险也不会比国债更安全。这时候你需要比较的，是理财型保险和长期国债的差别。总体看起来，二者回报率差不多，理财型保险可能稍微高一点点，但是买理财产品牺牲了流动性。

- 理财型保险的销售话术 -

刚才我们说了，理财型保险优点并没有那么多，除非你特别注重安全性，或者特别害怕资产荒，一般不建议购买。你可能会问：销售人员说了很多优点，你为什么不提呢？不是不提，那些都是销售的话术，比如强制储蓄、避债、避税、离婚不分，存在很大的误导。2016 年，中国保监会公布的各类投诉案件中，理财型保险（分红险、万能险、投连险）占比达到 39.96%，大部分是销售误导造成的。下面，我们来看一些具体的销售话术。

（1）强制储蓄。“强制储蓄”指的是你购买保险之后，就要按期缴纳保费，很难取出本息，等保险公司十年、几十年之后，才会慢慢把本息返还给你。很多销售人员的说辞是，如果你不赶紧把钱存到理财型保险，就会管不住自己的手，把钱花光或者乱投资，最后老无所依。

但是，与房地产、长期国债相比，理财型保险的收益率并无优势，为什么不选择用更高收益的投资方式，来实现储蓄的目的呢？而且“强制储蓄”这个说法，本身就意味着你在急需用钱的时候，难以取出保费，牺牲了流动性。“强制储蓄”的实质是流动性差，这么说只是用正面词语形容流动性差，只是一种欺骗性很强的话术。

（2）避债。大众所认为的保险"避债"功能，一般都源于《保险法》的第二十三条[①]，发生保险事故时，保险公司有义务赔付，被保人或受益人有权取得保险金，不会被债主干预。但是，保险公司进行赔付后，你收到的保险金就变成了个人资产，就需要用来还债。

所以，保单出险之后，保险金不具备避债的功能。关于这一点，一些地方（如浙江、江苏）人民法院也注意到有些人利用保险钻法律漏洞，因此出台了更为严格的人寿保险产品执行的政策：保单的现金价值、红利、保险金等，都属于可以被法院执行的权益性财产，没有避债功能。法院已经明确表态了，这个"避债"的话术，可以停止了。

（3）保险避税。理财保险"避税"的说法，来自《个人所得税法》，保险赔款是不缴个人所得税的。但是需要注意的是，这里面的保险赔款指的是因为死亡、残疾、疾病赔付的钱，是保障型保险的赔付款。而作为对比，理财型保险中的赔付，包括年金、红利、万能账户的付款，都不属于这个范畴，仍需缴纳所得税。

此外还有一种说法，说理财型保险可以用来避遗产税，但是实际上，我国目前还没有征收遗产税，所以避遗产税的说法更是无稽之谈。

（4）离婚不分。很多保险销售员还会说，夫妻离婚时不分割保险收益。实际上，对于夫妻一方因为残疾、疾病而获赔的钱，的确

① "任何单位和个人不得非法干预保险人履行赔偿或者给付保险金的义务，也不得限制被保险人或者受益人取得保险金的权利。"

只属于一方财产，离婚不分。但是，根据2016年11月最高人民法院发布的工作会议纪要[①]，利用婚内财产购买的理财型保险，离婚时还是需要分割保单价值。

- 你应该买理财型保险吗？ -

最后，我们来回答一个很实际的问题：你应该购买理财型保险吗？

通过刚才的梳理，我们发现理财型保险的收益率并不像宣传的那么高，流动性也很差，好处是安全性高、提前锁定了未来很多年的收益，有一个“资产保险”的功能。如果你特别担心未来没有资产好买，那么可以选择一个期限较长、回报率较高的理财型保险。

理财型保险可能适用于有特殊需求的富裕家庭。这些家庭的特点是保障型保险、高收益型资产、高流动性资产均已配齐，有一笔闲钱希望投资于长期稳定的资产，防止被败家子后代乱花掉。换句话说，高收入家庭可以用这个办法，为几十年后锁定一笔收入。实际上，这个办法可以帮助实现收入的代际转移。

所以，购买理财型保险的真正好处，是锁定一个长期的低收益。这个收益有多低呢？一般也就是4%左右，甚至更低。银保监会于

---

① 《第八次全国法院民事商事审判工作会议（民事部分）纪要》第4条：“婚姻关系存续期间以夫妻共同财产投保，投保人和被保险人同为夫妻一方，离婚时处于保险期内，投保人不愿意继续投保的，保险人退还的保险单现金价值部分应按照夫妻共同财产处理；离婚时投保人选择继续投保的，投保人应当支付保险单现金价值的一半给另一方。”

2019年8月出文，要停止4.025%的保险产品的销售，以后销售的保险的利率上限为3.5%[①]。这个政策一出，反而促进了4.025%的产品的大卖，可以说是“神助攻”。

这个“神助攻”说明，市场上对于长期安全资产的需求还是很高的，很多人担心以后没有资产可买。在利率下行的大背景下，这种担心不是没有道理。不过至少目前看，高收益的资产还很多。

本讲重点

1. 理财型保险的收益并不高，一般只有4%左右，而这4%的收益，并不是有保证的，保证的部分一般在1.75%~3%。

2. 理财型保险一般期限很长，流动性很差，不适合需要保持流动性的投资者。

3. 理财型保险的优点是安全性较好，但也不会比国债好。总体上，可以把理财型保险当作失去流动性的长期国债。和长期国债比，理财型保险的回报率也并没有优势。

4. 在营销宣传中，理财型保险有很多好处，比如强制储蓄、避债、避税、离婚不分等。这些宣传并不真实，存在很大的误导，已

---

① 2019年8月30日，银保监会发布《关于完善人身保险业责任准备金评估利率形成机制及调整责任准备金评估利率有关事项的通知》，对2013年8月5日及以后签发的普通型养老年金或10年以上的普通型长期年金，将责任准备金评估利率上限由年复利4.025%和预定利率的小者调整为年复利3.5%和预定利率的小者，其他险种的评估利率要求维持不变。2019年11月14日，银保监会人身险监管部副主任贾飙表示，目前，所有法定责任准备金覆盖率低于120%的保险公司都要停止销售预定利率为4.025%的终身年金险产品。

经引起了很多诉讼。

5. 理财型保险的真正好处，是锁定很久以后的安全收益，比如30年后的收益。对于少数富裕家庭，这个特点有吸引力，可以帮助实现财富的代际转移。

思考

如果把通货膨胀考虑进去，还要买理财保险吗？比如说，如果未来通胀每年2%，是买保险划算，还是买房产或者股票划算？

本章小结

保险：你到底有多焦虑

市场上的保险分为保障型和理财型，二者虽然都是保险，但是特点很不一样，属于不同的物种。保障型保险的基本特点是“雪中送炭”，不下雪就不送炭；理财型保险的基本特点是“锦上添花”，实际上是一种投资工具，收益率常常不高。

在触发理赔条件以后，保障型保险的赔付往往很慷慨，比理财型保险慷慨很多。保障型保险之所以能做到慷慨，是因为通过保险原理，为遭遇意外的少数人加了杠杆。作为对比，理财型保险就没有这个原理，也没有杠杆机制，而只是把保费投资，获取投资回报。

一句话概括，保障型保险的实质是保险，理财型保险的实质是理财。

两个很有用的工具可以帮你看穿复杂的理财型保险，并且计算出收益率有多高。

第一个工具：理财保险的三大基本元素。

所有的理财型保险，都包含三个要素：年金、分红、万能账户。所有的理财保险，都是这三个要素的组合，都可以分解为这三个基本要素，不管保险公司给它们起了什么样的名字。你仔细分解一下，理财保险里面的猫腻，就逃不过你的法眼。

第二个工具：内部收益率。

你可以用内部收益率来计算实际回报率。内部收益率越高，实际回报率越高。

任何一个保险产品的现金流，都可以分为两部分，一部分是你投入的保费，这是你的成本，另一部分是你得到的支付，这是你的收益。所谓内部收益率，就是使得你的成本贴现到今天的价值，等于你的收益贴现到今天的价值的贴现率。而贴现率，就是你的保险产品的实际回报率。

保险型理财的收益并不高，通常期限很长，流动性很差，虽然安全性较好，但也不会比国债更安全，其真正好处是锁定很久以后的一个安全收益，比如30年后的收益。对于少数富裕家庭，这个特点有吸引力，可以帮助实现财富的代际转移。

它适合两种人。一种是富人，通过这种办法实现财富的代际转移。另一种人，是特别焦虑的人，买这个理财型保险是为自己的焦虑买单。

从长期资产保值的角度来说，通胀是最大的敌人。比如说，假设未来通胀率每年2%，30年后的1元钱，只相当于现在的0.55元，贬值几乎一半，通胀吃掉了你一半的财富。怎么办呢？从长期角度，要优先考虑抗通胀的资产，比如房产。股票因为公司业绩随着通胀增长，也有抗通胀的性质。作为对比，长期债券和保险型理财，因为收益是固定的，是没有抗通胀性质的。

第八章

黄 金

第三十三讲

盛世古董，乱世黄金：黄金的价值来自哪里？

提到黄金，很多人都会眼前一亮，觉得黄金就是财富的代名词。如果你看寻宝电影，里面找到的宝藏，往往就是大量的黄金，以及黄金做成的各种器物，比如雕塑、首饰等。但是眼前一亮的同时，有些同学也会有一些隐隐的担忧，甚至疑惑不解。为什么呢？

对此进行过研究的人都知道，黄金其实没有太多实用价值，工业上的应用很少，主要就是用作珠宝首饰。但是，珠宝首饰的价值也是因为人们觉得黄金贵重，才有价值，这是个循环论证。黄金的价值，似乎主要就是人们觉得有价值。这样一来，我们就要追问了，黄金的价值到底来自哪里？会不会有一天，突然就没有价值了？

这个问题比较抽象，有点无从下手。从哪里开始呢？大家一定还记得，中学政治课里有这样一句话，“金银天然不是货币，但货币天然是金银”。如此看来，金银当然就贵重了。特别是遇到不太平的时代，大家都只要金银，不要其他的。中国有句古话，“盛世古董，乱世黄金”，即便在战乱的时候，黄金也是硬通货，是安全资产。从这个角度，我们可以说，人类是有金银崇拜的。

这个金银崇拜是怎么来的？简单说，是人类社会自然演化的结果。在世界的各个角落，人们曾经尝试用各种物品来充当货币。在我国，人们就曾经用贝壳、青铜等物品作为货币。但是最终，在货币演化的道路上，绝大多数地方的人，最后都殊途同归，选择了黄金和白银，流通金币和银币。

为什么会这样？这要从货币的基本功能讲起。货币的首要功能，是商品交换的媒介，人们需要一种物品，来充当交换的媒介，不然没法进行商品交换。在货币金融学上，这个交换媒介有个专属名词，叫“一般等价物”。既然是一般等价物，最重要的性质是大家都普遍接受。这个“普遍接受”很重要，从这个角度，我们就可以理解一般等价物要有哪些性质。

第一个性质，比较稀有。

注意这里是“比较稀有”，不是非常稀有。“比较稀有”有两个要求，就是既不能太多，也不能太少。太多了不贵重，显然不能当货币，太少了也不行，太少了大家都没有，也就不能拿来当交换媒介了。所以，用来充当货币的物品，既不能太多，也不能太少。黄金、白银恰好满足这个性质。作为比较，历史上钻石虽然贵重，但是过于稀少了，反而不能充当货币。

关于“稀有”这个特征，为了严谨起见，我这里要加一句解释，免得误解。严格讲，黄金在地球中的储量并不低，而是很高。根据地质勘测，地球的黄金总储存量大概在 60 万亿吨。我们地球上有 75 亿人口，换算下来每个人平均 8 000 吨黄金，这不仅不少，还很多。如果把这些黄金铺满地球表面，甚至能有 4 米厚。所以，从地质储备的角度，黄金一点都不稀缺，你甚至可以说，我们脚下的地球简直就是一个金球。可是，这么多黄金都去了哪里？为什么我们平时见不到黄金呢？

这是因为绝大部分黄金位于地球的地核中，埋藏很深，距地表 3 000 公里以上，温度高达 6 000 摄氏度以上，根本无法开采。散落在地球表面，实际能够开采的金矿很少。历史上已开采的金矿，有19万吨，预计还埋藏在地下没有开采的，大约有5.4万吨，总共24.4万吨，折合每人32克，大概一个色子那么大（1立方厘米黄金19.3克），这就比较稀缺了。因此，从可开采的黄金矿藏的角度说，黄金是比较稀缺的，每人只有一个色子那么大的黄金。而且，很多已经开采的黄金已经丢失了，找不到了。你看寻宝的电影，很多都是去寻找丢失的黄金。进一步说，过去10年每年黄金开采量3 000吨左右，尚未开采的黄金有5.4万吨。按照这个速度，现有的金矿在18年后将全部开采完毕。因此说可开采黄金稀缺，是说得过去的。

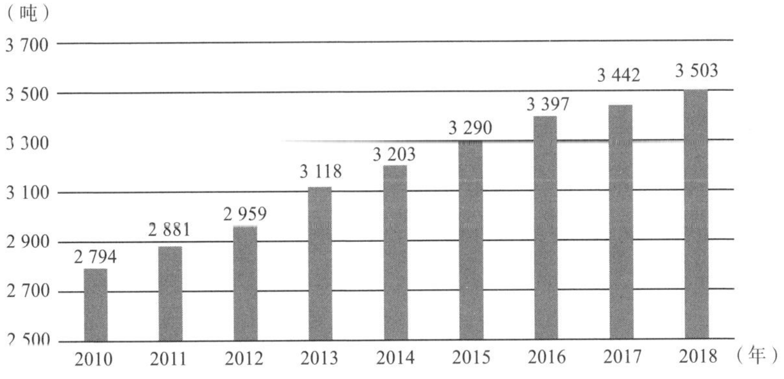

图33–1　历年金矿开采量（2010—2018年）

数据来源：世界黄金协会。

第二个性质，性质稳定。

货币的第二个要求是性质稳定。所谓性质稳定，也有两个要求。一个是不容易损坏，很多金属都符合这个要求，金属和非金属比，难损坏很多，损坏了也能够重新熔炼、锻造。所以，我们把注意力集中在金属上。

另一个是不容易人工生成，就是你不能用一些办法来人工生成这个物品。比如人类历史上，粮食、牲口、贝壳都充当过货币，但是这些比较容易生成，数量不稳定，慢慢就淘汰了。再比如说钻石，曾经很稀少，不能当货币，但是现在钻石已经可以人工合成，各种性能比天然钻石还好，所以钻石依然不能充当货币。目前钻石还维持着高价，与人们认为钻石稀缺的观念的延续，以及人工钻石还没有大规模量产有关。估计过几年，钻石的价格会面临很大压力。

而黄金就符合性质稳定的要求。元素周期表里几乎不跟其他元素发生反应、性能很稳定的元素只有八种，分别是铂、钯、铑、铱、锇、钌和金、银，这 8 种都是惰性金属，很难和其他元素反应。前 6 种的储量非常少，也很难冶炼。比如铂要在 1 700 摄氏度以上才能熔化，给货币的铸造、分割带来太大难度，基本难以完成。所以，对于货币，人们是在稳定、稀有的物品里寻找，最后不约而同，都落到金银上。

第三个性质，便于携带，便于分割。

这个是技术特征，作为一般等价物，要便于携带，而且好分割，不然不好用，不好找零钱。在所有金属中，黄金、白银都比较重，体积小，因此好携带。而且，金银的金属特性比较柔软，便于切割，切成小的就像找零钱一样。所以，金银自然就成了货币。

通过刚才的讨论，我们就明白了，金银的自然属性，使得金银天然适合充当商品交换的一般等价物，也就是充当货币。“金银天然不是货币，但货币天然是金银”就是这个意思。金银既然自带货币属性，自然就成为财富的代名词。

那黄金和白银这两种金属，哪一种作为货币更好呢？历史上很多国家都用过白银作为货币，所以白银的货币性质是不用怀疑的。

但是作为比较，黄金更加稀有，白银的储量大约是黄金的4倍。黄金也更美观，因此黄金是更理想的货币载体，逐渐登上了神坛。

刚才说的是历史上的情况，黄金自带货币属性，逐渐成为财富的代名词。进入现代社会，我们普遍使用纸币，金银的这个属性还在不在呢？还是存在的，有两个原因。第一，金银的自然属性没有变，货币属性也就没有变；第二，金银即财富的观念已经深入人心，大家普遍接受，因此这种观念会有自我加强的趋势。特别是现在各国的货币政策普遍比较松，争相印票子，人们担心纸币贬值，会更加珍惜黄金的货币价值。

关于现代社会依然信仰黄金，我举两个例子。第一个例子是1945年，二战结束以后，美元取代英镑，正式成为世界货币。今天的美元体系，就是那时候形成的。当时二战刚结束，欧洲、日本都是一片废墟，面临重建，而美国本土没有战争，经济实力异常强大，经济总量占世界的40%，黄金储备更是占世界的59%[①]。可是，当时美国政府还是做了一个承诺，就是美元盯住黄金，人们可以用美元去美联储兑换黄金。为什么这么做？就是利用人们对于黄金的信心，增加对美元的信心。直到今天，美元还有一个别称，叫作“美金”，这里的“金”字，指的就是黄金。

第二个例子是各国的黄金储备。图33–2给出了全球主要国家和地区中央银行及国际金融机构的黄金储备。你看各国央行都在大量储备黄金，就知道黄金的地位了。要知道，目前已知的黄金历史总开采量，只有19万吨，各国央行就拿了3.26万吨（截至2020年1

① 《世界史：现代史编》，吴于廑、齐世荣，高等教育出版社，2011年1月。

月数据），占到 17.1%。①

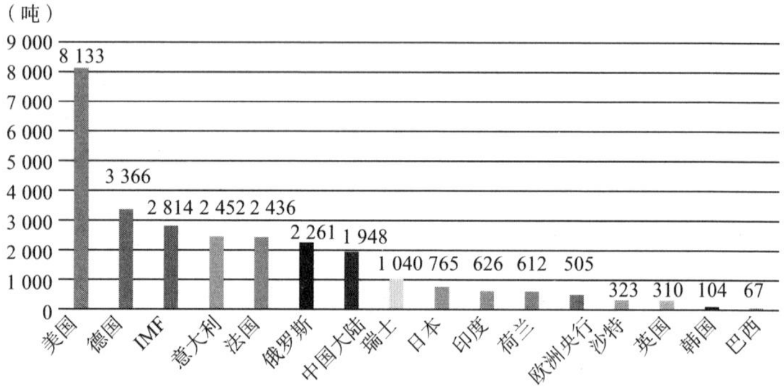

图 33–2 各国家和地区及国际组织央行黄金储备（2019 年 12 月）

数据来源：世界黄金协会。

不仅如此，各国央行近年来还在不断增加黄金储备。有一个数据很有意思，这个数据来自世界黄金协会，根据它的统计，以前各国央行是净卖出黄金的，而 2008 年金融危机以来各国央行是净买入黄金的。1987—2009 年，各中央银行共卖出 7 853 吨黄金；2010 年至 2016 年间，央行购买黄金 3 297 吨。看起来各国央行对于自己的货币，还是不太放心，还是买入黄金来作为后盾。

本讲重点

1. 黄金的价值，来自黄金的天然货币属性，是历史演化的结果。

---

① 根据世界黄金协会的统计，已经开采的 19 万吨黄金，47.7% 用作首饰（90 718 吨），21.1% 用作投资品（40 035 吨），各国央行储备了 17.1%（32 575 吨），另有 14.1% 是其他用途（26 711 吨）。另外，地下未开采储量为 5.4 万吨。

2. 黄金的天然货币属性包括三条性质：比较稀有、性质稳定、便于携带和分割。

3. 现代社会是纸币时代，但是黄金依然有货币属性，中央银行依然在用黄金为自己做信用背书。

思考

我们讲了黄金的价值来源，重点是黄金的天然货币属性，一个可以思考的问题是，黄金的货币属性会被其他物品替代吗？

比如说，比特币是一种新型的数字资产，基于复杂的数字技术，包括密码学、区块链等。比特币的总量也是固定的，性质也很稳定，要增加比特币，需要进行艰难的挖矿过程，目前就像开采黄金一样难，比特币也容易携带和分割。有时候，比特币也被称为“数字黄金”。那么，比特币能替代黄金吗？你怎么看？

第三十四讲

黄金的投资和避险价值

“金银天然不是货币，但货币天然是金银”，强调的就是黄金的货币属性。既然是货币，当然有价值，但是有价值不等于高回报，这一讲我进一步讲黄金的投资性质，具体来说是 3 个问题：

1. 黄金的回报率高不高？

2. 黄金真的有避险功能吗？

3. 投资黄金的风险在哪里？

- 1971 年：人类货币史的分界线 -

我们先来看第一个问题，黄金的回报率高不高。关于黄金的投资回报率，有一点非常关键，就是只能看近代的回报率，不能看太遥远的过去的回报率。为什么这么讲？因为黄金的资产性质发生过一次彻底的改变，这是理解黄金投资价值的前提。为了说清这个，我们先来看一下历史数据。

图 34–1 给出了黄金的长期历史价格。可以看到，黄金历史价格在 1971 年分为截然不同的两段。1971 年以前，具体说从 1792 年到 1970 年，在将近两个世纪的时间里，黄金价格是长期稳定的，只有很少的变化，先是围绕 20 美元（准确说是 20.67 美元）的水平小幅波动，然后围绕 35 美元的水平小幅波动。在图上看，金价在 1971

年之前几乎是一条水平线，看不到变化[1]。

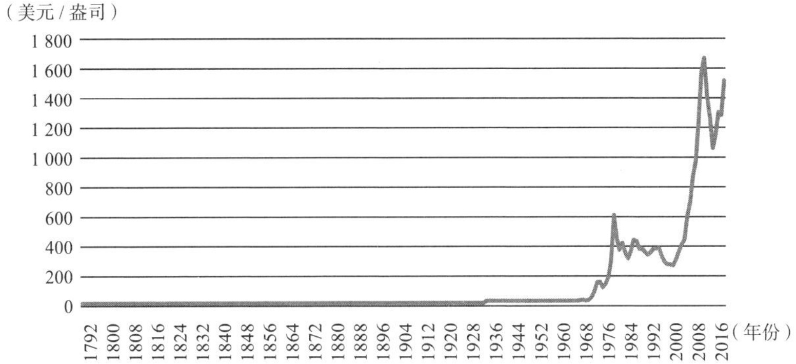

图 34–1 黄金长期历史价格（年均价格）

注：1950 年之前，黄金的美元价格按照美国官方宣布的美元含金量计算。1950 年以后，数据来自伦敦市场的黄金交易价格数据。

数据来源：Lawrence H. Officer and Samuel H. Williamson, "The Price of Gold, 1257—2014." Measuring Worth, 2015.

1971 年以后，黄金价格开始剧烈波动，总体趋势是上涨的，而且涨幅很大，但是大起大落很严重。1970 年的时候，金价还在 35 美元左右，到了 1980 年，最高价已经涨到 835 美元（1980 年 1 月 21 日），10 年涨了 23 倍。从 1980 年到 2000 年，黄金经历了长达 20 年的大熊市，从 800 多美元降到 250 多美元，降幅超过 2/3。从 2001 年开始，黄金才重新开始上涨。到了 2011 年，涨到了 1 921 多美元

① 严格说是有变化的，只是相对于后面的大幅波动，这里的变化太小，图上看不出来。美元是 1792 年美国铸币法案通过后出现的，所以美元的历史只能追溯到 1792 年。1950 年之前，有两次变化，都是因为美元含金量的变化。一次是在 1873 年，1 美元含金量由 1.603 8 克减少为 1.5046 6 克，金价相应由 19.39 美元涨到 20.67 美元。另一次是 1934 年，1 美元含金量由 1.504 66 克减少至 0.888 671 克，黄金官价相应由每盎司 20.67 美元提高到 35 美元。

的历史高位（2011 年 9 月 6 日），这也是至今的历史最高位。[①] 截至 2020 年 3 月，黄金的价格在 1 500 多美元。

简单回顾，1971 年前后，黄金像是发生了基因突变一样，从文文静静、静若处子的小姑娘，变成了上蹿下跳、动若脱兔的小猴子。理解这个重要的变化，是理解黄金投资价值的前提。

1971 年的这个变化并不是偶然，而是源于人类货币史的一个重要变化。1971 年 8 月 15 日，美国总统尼克松宣布关闭“黄金窗口”，人们从此不能拿美元换黄金了。这样，就结束了人类 200 多年的金本位历史。这个事件，有个专门的历史名词，叫作“尼克松冲击”。

这标志着人类正式进入纸币时代。在此之前，人类也有纸币，但是发纸币要有黄金做支撑，你可以拿纸币去换黄金，这时候的纸币背后站着黄金，所以叫“金本位”。这种情况下，黄金的价格是很稳定的，因为纸币是和黄金挂钩的，是盯住黄金的。1971 年的尼克松冲击以后，纸币背后站着的黄金不见了，人类进入了“纸币时代”，变成了“纸币本位”。

这里我强调一下，这是人类第一次进入纸币时代。现在人们常说的央行印票子，就是从这个时候开始的。以前央行要想印票子，必须先储备黄金，没有黄金没法印。但是 1971 年开始，作为纸币背后定海神针的黄金，彻底消失了。这个变化，是迄今为止人类货币史上最根本性的变化。

这里注意，一般我们说一件事情重要，会说某某事情是某某历

---

① 1980 年 1 月 21 日，黄金价格涨至 835 美元 / 盎司，与布雷顿森林体系解体前的 35 美元 / 盎司相比，上涨了 22.9 倍。2011 年 9 月 6 日，黄金价格最高涨至 1 921 美元 / 盎司。

史上最重要的事情之一，比如这里我可以说“尼克松冲击”是迄今为止人类货币史上最根本性的变化之一。但是，这里我没有说之一，因为我想不到还有可以相提并论的事情，完全想不到。去掉之一，也是为了强调这件事情的重要性。

这个变化对于黄金的投资价值，有至关重要的影响。用一句话概括：之前黄金是货币，之后黄金是资产。以前持有黄金是持有货币，货币是不要回报的。之后持有黄金是持有资产，资产是要回报的。因此，我们研究黄金的投资回报，要从 1971 年开始。

- 黄金的投资回报率：比肩股票债券 -

在图 34–2 中，我们计算了黄金的投资回报率，时间是从 1971 年到 2019 年，一共 49 年的时间。时间不算短，足够看黄金的长期回报性质了。作为比较，我们同时计算了白银、股票、公司债券的回报率，以及同期的通货膨胀因素。看通货膨胀，是为了计算考虑物价上涨之后的实际回报率。

从图 34–2 中，可以提炼出三条重要的信息：

1. 黄金的投资回报并不低。黄金的长期回报和股票、债券差不多，都在 7%~8% 之间，黄金是 7.8%，股票是 7.5%，债券是 7.7%。因此，黄金的回报率很高。进一步考虑到黄金一般被认为是安全资产，这个回报就更高。很多投资者重视股票、债券，忽视黄金，是个很大的失误。

2. 扣除通货膨胀之后，黄金的实际回报依然很高。在此期间的通货膨胀大约平均每年 4%，扣除通胀之后的黄金的实际投资回报还有 3.8%，接近 4%，这是一个较高的回报率了。相比之下，现在的理财保险的回报率，也只有不到 4%，还没有扣除通胀率，扣除通胀率估计只有 2% 左右。

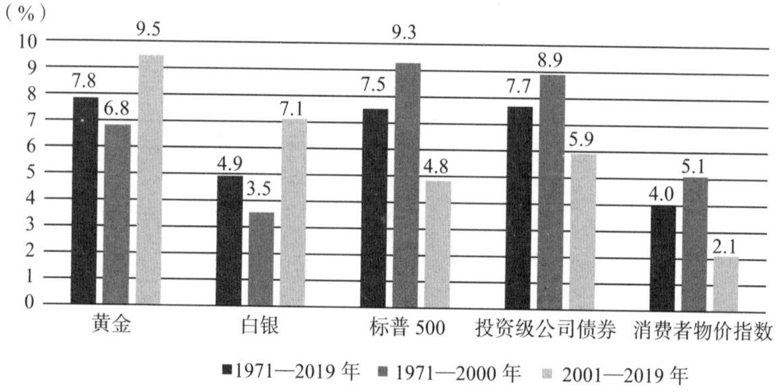

图 34–2 黄金的投资回报率（1971—2019 年）

注：回报率是几何平均年回报率。

数据来源：Wind、美联储数据库。

3. 黄金的高回报是有持续性的，不是很快消失的。为了说明这一点，我们分别计算了前 30 年和后 19 年的回报率，前 30 年是 20 世纪，从 1971 年到 2000 年，后 19 年是 21 世纪，从 2001 年到 2019 年。我们发现，黄金的回报率不但没有下降，还上升了，从 20 世纪的 6.8%，上升到 21 世纪的 9.5%，上升了 2.7 个百分点。

关于黄金的高回报，我举个例子——2011 年，“中国大妈”买黄金，把黄金价格买到 1 900 多美元的历史天价的故事。

“中国大妈”到底是谁，我们都无从知道，但是金价涨到了 1 900 多美元的历史天价，我们是知道的。而 20 世纪末的时候，金价只有 260 多美元，这样就上涨了 5 倍多。所以，21 世纪以来，黄金价格的涨幅是很可观的。

- 黄金的避险性质：盛世古董，乱世黄金 -

前面我们说的都是黄金的回报率。购买黄金还有一个好处，就是可以防范风险。我们经常听说黄金是安全资产，就是这个意思。但是说黄金安全，不是说黄金价格不会下跌，只涨不跌，而是说黄金在特定情况下可能上涨，对冲你在其他投资品上的损失。

具体说，经济不好的时候，特别是爆发经济危机的时候，黄金往往逆势上扬。比如，2007—2011 年，世界经济都不太好，先是美国次贷危机，后是美国金融危机，诱发全球金融危机，然后是欧洲主权债务危机，一个连着一个，可以说是多灾多难。在此期间，黄金价格从 600 多美元的水平，涨到 1 900 多美元的水平，投资回报率超过 200%。因此，当世界经济风险很大的时候，黄金很好地充当了避险资产的作用。比如说，那几年在股票上，很多人是赔钱的，在房产上也是赔钱的，但是投资黄金赚了钱，黄金可以对冲在其他投资品上的损失。图 34–3 是 1971 年至 2019 年标普 500 指数与黄金收盘价。

对于很年轻的读者，2007—2011 年的例子可能有点遥远，我再举一个很近的例子。2018 年以来，中美之间暴发了经贸摩擦，全球经济、贸易都开始放缓，看起来世界经济的风险又在增加，这时候黄金的避险功能又体现了。2016 年底，黄金价格只有每盎司不到 1 200 美元，到了 2019 年底，已经涨到了每盎司 1 600 多美元，3 年时间涨幅超过 30%，每年超过 10%。所以，黄金不仅回报率高，而且有避险的性质。考虑到黄金的避险性质，黄金的高回报率就更加难能可贵。

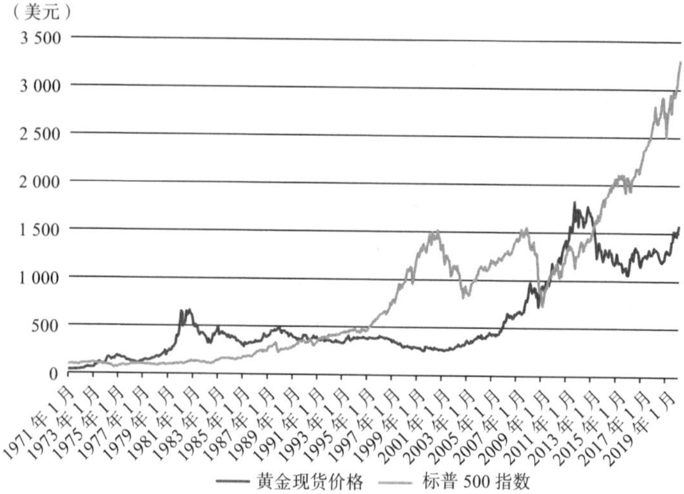

图 34–3　标普 500 指数与黄金收盘价（1971—2019 年）

注：数据为月度数据。

数据来源：Investing.com。

- 黄金的投资风险：大起大落，漫漫熊途 -

前文说的都是投资黄金的好处，那么投资黄金有没有坏处呢？有的，而且很大，就是金价的起落很大，运气不好的话，可能好多年都不挣钱，还赔钱。过去半个世纪里，这样的坏运气至少发生了两次。

第一次，从 1980 年直到 2000 年，金价从每盎司 800 多美元的高位，下跌到每盎司 260 美元左右，跌幅超过 2/3。而且，这一轮下跌长达20年，总也等不来触底回升。20世纪80年代初期投资黄金的人，可谓是欲哭无泪。黄金下跌的主要原因之一，是八九十年代全球经济稳定，特别是美国经济进入低通胀高增长期，这使黄金的保值功能没有地方充分发挥。而且，布雷顿森林体系解体后，黄金的货币功能被削弱、储备成本高，因此多国央行下调了黄金在储备中的比例，1978年至2007年，所有国家与国际组织官方持有的黄金储备由10.2亿盎司下滑至8.56亿盎司，使金价受到压制。不过，这一轮黄金熊市，和中国投资者没有多少关系。图34–4为1950—2016年各国央行官方黄金储备。

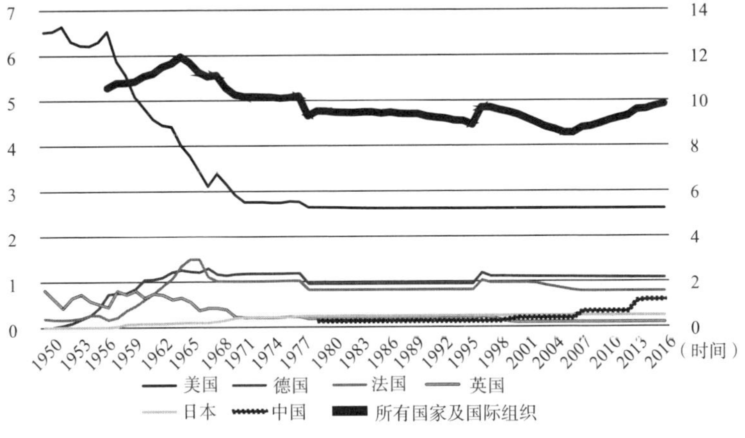

图34–4 各国央行官方黄金储备

数据来源：IMF数据库。

第二次，从2011年9月底到2015年底，持续了4年多，金价从1 900多美元跌到1 000美元出头，几乎腰斩。

那么，未来黄金价格趋势会怎么样？这还要回到我们对于世界货币的理解上。今天这一讲的开头，我给你梳理了世界货币的变化，其中的关键是1971年以后世界进入纸币体系，黄金从货币变成了资产。在可以预见的将来，人类都还会在纸币体系当中，因此黄金的资产价值，还会继续存在。

而且，由于世界经济面临的不确定性增加，黄金的投资价值不仅继续存在，还可能会增加。这个不确定性的增加，表现在两个方面。

第一，世界经济增速下行，风险加大，因此对避险资产的需求也在增加。

2008年金融危机以来，中国和世界经济都在下行趋势当中，美国有反弹但是增速也不快，欧洲、日本的经济状况更差（图35–5）。新冠疫情对全球经济是一次巨大的打击。总体看起来，世界经济进入低增长阶段。之前高增长掩盖的各种问题、各种风险，都会逐步暴发。这时候，黄金的避险功能会越来越重要。

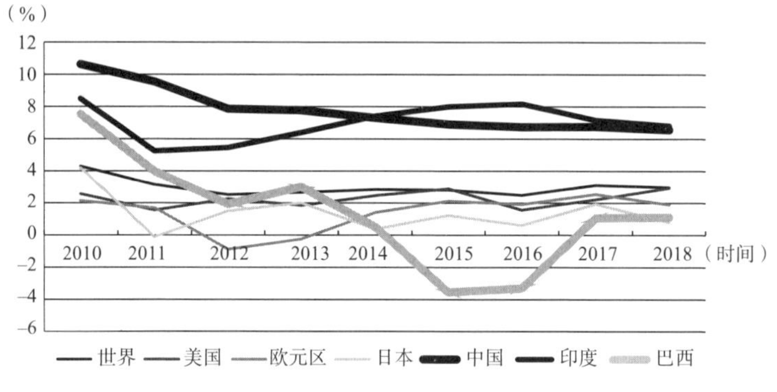

图35–5 世界主要国家和地区GDP增速(2010—2018年)

数据来源：世界银行数据库。

第二，国际货币体系的不确定性也在增加，黄金还将是国际货币体系的重要一员。

目前的国际货币体系是以美元为基础的，美元是国际硬通货。但是美国在世界经济中的占比在下降，美元的国际地位也是趋势性下降的，尽管如此，其他货币，包括欧元、英镑、日元、人民币，短期内还无法取代美元的地位。

在可预见的将来，多种货币并存、群雄逐鹿的局面将会存在。在多种主要货币相持不下的情况下，黄金还会起到平衡、避险的作用。从这个角度看，黄金的价值还将存在，并且上升。

本讲重点

1. 黄金的历史在 1971 年分为两段，在此之前黄金是货币，在此之后黄金是资产。

2. 历史上看，黄金作为一种资产，投资回报率很高，和股票、公司债券相当。扣除通胀以后，黄金投资回报率依然很高，每年大约有 4%。

3. 黄金具有很好的避险功能，在经济风险扩大的时候，金价反而会上涨，对冲其他资产的下跌风险。

4. 投资黄金的缺点，是可能会经历较长时间的熊市。如果不能跨越熊市，则可能遭受损失。

5. 世界经济的不确定性在增加，国际货币体系的不确定性也在增加。在可以预见的将来，黄金作为避险资产、平衡资产的价值，还会长期存在。

思考

我留两道思考题。

第一道思考题，黄金的投资价值中一个很重要的知识点，是1971年8月15日的“尼克松冲击”，美国总统尼克松宣布关闭“黄金窗口”。在此之前，人们可以拿美元换黄金，在此之后，人们不能拿美元换黄金了。这样就结束了人类200多年的金本位历史，人类第一次进入纸币时代。

我说，这是迄今为止人类货币史上最根本性的变化，没有之一。这个说法有点绝对，难免会有不同意见。你可以想一想，货币史上还有没有其他的事情，可以和这件事情相提并论。比如，和中央银行的成立相比，你觉得哪个事件的影响更大？

第二道思考题，未来国际货币体系的变数很大，美元的国际地位虽然在下降，但是欧元、英镑、日元、人民币，都还无法取代美元的地位。你可以想一想，未来的货币体系是什么样子的？新型的数字资产，比如比特币，会有一个重要的作用吗？

第三十五讲

投资黄金：错误的和正确的方法

这一讲，我进一步讲如果投资黄金的话，有哪几种方式，哪一种最方便、成本最低。

说到投资黄金，大家的第一反应可能是买金条。这没有错，金条是投资黄金最传统的方式。但是买黄金还有其他方法，成本更低的办法，比如纸黄金、黄金 ETF 等。激进的投资者还可以买黄金期货。我比较一下这些方式的优点和缺点，然后根据交易成本的高低，给出建议供你参考。

金条

我们先来说说，大家最先想到的买金条。首先要澄清一下，这里说的金条指的是“投资性金条”，而不是指市场中常见的纪念金条、贺岁金条等，当然更不是黄金首饰。纪念金条、贺岁金条都属于“饰品金条”。买饰品金条有很多缺点。第一，饰品金条很难卖出去，卖的时候价格也不固定。第二，饰品金条除了正常的手续费，还需要额外的工艺溢价，一般每克在 10~30 元不等。第三，由于饰品金条设计复杂，黄金的物理特性又比较柔软，容易磨损，因此保存时的损耗也会更多一些。所以，投资金条的时候，还是要尽量避开饰品金条。你如果买黄金首饰保值，也要付这些额外的费用和损耗。

那么，投资金条有哪些渠道呢？买投资金条可以去银行购买，也可以去金店购买。每家银行都会发行一些投资金条，就是一条一条的长方形金块，闪闪发光的，上面刻着字。比如可能刻有 Au9999、×× 克、×× 银行等字样。这 Au 是黄金的化学元素符号，9999 表示黄金的纯度，表示 99.99% 的纯金，×× 克是重量，×× 银行是卖出机构。这里要注意的是，各银行的实物金条不通兑，也就是说你买建行的金条，只能卖回给建行，买中行的，只能卖回中行。也就是说，实物金条的流动性不太好，各家银行的金条彼此不流通。

除了银行，一些其他机构，比如金店也会发行一些金条，购买时就更要考虑回购是否方便的问题了。如果你是长期投资，要考虑几十年之后这家金店还在不在。银行虽然也有这个风险，但是毕竟小很多。

直接投资金条，当然有一些优点。投资实物金条的一大优点是投资比较方便，渠道网点很多。而且，相比于其他实物黄金，比如饰品金条、黄金首饰，价格要低一些，加工费也很低，一般比国际金价每克只加价几元钱。

但是，投资金条也有很多缺点，主要就是交易成本很高，这种交易成本体现在各个环节。购买金条时，要支付一定的手续费，每克 7~15 元不等，各家银行稍有差异。2020 年 3 月的金价在每克 350 元左右，这样就是 2%~4% 的交易成本，已经很高了。

上面是买入金条的交易成本，卖出金条时，交易成本就更高了，你要支付三个费用：（1）鉴定费及其他手续费，一般是 2 元 / 克。（2）损耗费（克数不足的损耗），这个要根据情况定，但是回收的银行或者金店测量的时候会有误差，这个误差你可能也要分担。（3）回购价差。比如说，当日金价 360 元 / 克，回收价会比当日金价低约 15 元 / 克，这个差价也可以理解为卖出金条时需要付出的手续费。这样加起来，卖出金条的交易成本大约为 20 元 / 克。按 2020 年 3 月金价水平，大约占金价的 5%。

刚才是交易环节，金条的保存也有成本。购买金条后，个人投资者需要将它合理妥善存放，否则有被盗或丢失的风险。很多人都选择租用银行的保管箱存储金条，根据保管箱大小，每年需要支付费用在 500~2 000 元不等。

如果把各个环节的交易成本相加，双边价差可以达到 6%~10%，这就是投资实务金条的交易成本。这个成本很高，作为比较，买卖股票双边的成本只有 0.06%，投资基金的成本每年也只有 2% 左右。

- 纸黄金 -

投资黄金的第二种办法，是买卖“纸黄金”。纸黄金是黄金的纸上交易，投资者买卖的依然是黄金，但是不涉及实物黄金的提取、交割，只是在纸面上交易黄金的所有权凭证。这个交易，记录在个人的“黄金存折账户”上，所以又称为“记账黄金交易”。

纸黄金和实物黄金的区别可以这样简单理解：买卖纸黄金和买卖实物黄金是一样的，只有一个不同，就是省掉了实物环节，只交易凭证，因此省掉了所有涉及实物的检验、称重、存储的成本。因为省掉了这些成本，纸黄金的交易成本比实物黄金小很多，二者不在一个数量级上。

纸黄金的交易成本小到什么程度呢？纸黄金的交易成本按照纸黄金数量（非交易金额）来收取，最低可按 1 克进行交易。各家银行稍有差异，一般在 0.4~0.5 元 / 克，一个买卖来回也不到 1 元钱。按金价每克 350 元左右计算，这样一个来回的交易成本不到 0.3%。作为比较，实物黄金的交易成本在 6%~10%，纸黄金的交易成本不过相当于实物黄金的 1/20。

说到这里，你已经明白纸黄金对比实物黄金的优势了，那么购买纸黄金是否方便，去哪里买？纸黄金交易非常便捷，手机银行、网银等就可以操作，很多大一点的商业银行都有这项服务。顺便说一句，纸黄金是中国的商业银行特有的业务，外国没有的。

而且，纸黄金交易还有一个特点，就是支持双向交易，金价上涨下跌你都可以挣钱。也就是说，如果你觉得黄金要上涨，可以买入，等到高位卖出赢利；如果你觉得黄金要下跌，也可以做空，一旦黄金下跌，又可以获利。

刚才说的都是纸黄金交易的优点，有没有缺点呢？当然有。纸黄金是黄金凭证，你并不实际持有黄金，如果你担心银行不够稳健，还是直接拿金条放心一些。不过，中国的大银行出风险的概率很低，这一条基本可以忽略。

- 黄金 ETF -

投资黄金的第三种方法，是购买黄金 ETF。黄金 ETF，是一种以黄金为基础资产，追踪黄金价格波动的投资产品。也就是说，通过买黄金 ETF，你同样可以追踪黄金价格波动，实现低买高卖，从中获利。而且，交易黄金 ETF 的办法和交易股票是一样的。只要有 A 股账户，就可以交易。

交易费用低，是黄金 ETF 的一大优势。黄金 ETF 不需要检验、称重、保管、储藏等费用，也不需要缴纳主动型基金的认购费、赎回费等，还免除贵金属交易中的印花税。黄金 ETF 交易成本只包含两项：（1）券商收取的交易佣金，交易佣金一般为交易金额的 0.03%~0.08%（交易单程收取）；（2）基金管理费和托管费，黄金 ETF 管理费每年费率 0.5%，托管费每年费率 0.1%，加起来每年 0.6%。

说到这里，你可能还有一个问题，就是黄金 ETF 和纸黄金，哪个交易成本更低？这要看你的投资目的和交易频率。如果你是短期投资者，快进快出，那还是黄金 ETF 好一些，因为成本很低，只有 0.03%~0.08%，而纸黄金的成本有 0.3% 左右。如果你是长期投资者，买入持有，不频繁交易，那么纸黄金好一些，虽然交易佣金高，但是没有持有成本，而黄金 ETF 的持有成本一年有 0.6%。

目前，好几家基金公司都发行了黄金 ETF，包括华安、博时、易方达等。目前市场上，一共有 18 只成立一年以上的黄金 ETF。这 18 只基金的比较基准都是上海金交所的现货黄金，纯度都是 99.99%（Au99.99），所以收益表现差不多，交易费用也差不多。如果买，可以买规模大一点的。一般来说，规模大一点的流动性会好一点，买卖价差会小一点。我把这 18 只黄金 ETF，整理在表 35–1 中，方便你需要的时候查阅。

表 35–1 黄金 ETF 一览表

基金代码	基金简称	2018 年收益率（%）	2019 年收益率（%）	基金规模（亿元）
518880	华安黄金易 ETF	3.84	20.55	69.95
159937	博时黄金 ETF	3.80	20.47	45.69
002611	博时黄金 ETF 联接 C	3.56	19.68	40.40
000217	华安易富黄金 ETF 联接 C	3.77	20.60	28.30
159934	易方达黄金 ETF	3.69	20.32	20.51
000216	华安易富黄金 ETF 联接 A	3.69	20.52	14.85
518800	国泰黄金 ETF	3.79	20.40	10.60
002963	易方达黄金 ETF 联接 C	3.15	18.87	6.63
000307	易方达黄金 ETF 联接 A	3.39	19.02	6.35
000930	博时黄金 ETF I	3.80	20.45	6.17
320013	诺安全球黄金	1.94	19.06	4.77
002610	博时黄金 ETF 联接 A	3.92	20.09	3.82
161116	易方达黄金主题 A 人民币	–0.29	22.37	3.66
160719	嘉实黄金（QDII–FOF–LOF）	1.59	18.34	1.51
164701	汇添富黄金及贵金属	0.98	18.16	1.48
000218	国泰黄金 ETF 联接 A	3.42	20.25	1.20
004253	国泰黄金 ETF 联接 C	3.08	19.95	1.17
000929	博时黄金 ETF D	3.87	20.53	0.11

注：本表涵盖成立一年以上、正在运行的黄金 ETF。基金规模是 2019 年 12 月 31 日数据。

我们介绍了三种主要的投资黄金的方式，信息比较多。为了加强记忆，我们来比较一下三种主要黄金投资方式的优缺点，我把资料总结在表 35–2 中。

表 35–2 三种黄金投资方式的比较

品种	金条	纸黄金	黄金 ETF
交易场所	银行、金店	银行网银	上海证券交易所
交易门槛	较高	较低	低
交易成本	非常高（6%~10%）	低（0.3%）	较低（0.03%~0.08%），每年持有成本 0.6%
交易方向	单向做多	多空双向	单向做多
流动性	差	好	好
实金关系	实金	实金相关（与银行交易）	有 100% 实金支持
优势	直接获得实金实物	交易方便，时间灵活，手续费较低，可做空	交易方便，门槛低，手续费很低
劣势	交易成本高，流动性差	手续费比黄金 ETF 高	持有成本较高，无法做空

总体看起来，买卖黄金的三种方法都很方便，但是实物黄金成本太高，唯一的好处是拿到实物金条，有的人可能觉得心里踏实。长期持有的话，纸黄金的交易成本最低。快进快出的话，黄金 ETF 的成本最低。

- 投资黄金的其他方式 -

上面说的是投资黄金的三种主要方法。现实中，还有投资黄金的其他方法，我再简单介绍两个。

比如，你还可以买微黄金。微黄金是腾讯推出的服务，具体说是腾讯财付通与工商银行一起，联合推出的投资服务。这个服务在“腾讯微黄金”平台上提供，底层资产是工商银行的库存黄金，腾讯只负责代销和展示。它的交易安全由财付通保障，工商银行负责客户的黄金买卖。微黄金的门槛很低，流动性也很好，交易成本也不算高，在 0.5% 左右。①

你还可以买卖黄金期货，上海黄金交易所提供黄金期货交易，可以加杠杆。之前我们说过，原则上我不建议做商品期货，黄金期货的波动很大，你一旦开始做，可能忍不住加杠杆，风险会很大。关于投资，我还是那个建议，跟随时间，做时间的朋友，赚趋势的钱。加杠杆会让你暴露在波动的风险之下，即便趋势看对了，也可能赔钱。而且一旦加杠杆，波动很大，你很难不分心时刻关注，会影响你的职场发展。

对于普通投资者而言，我的建议还是买纸黄金或者黄金 ETF。纸黄金的交易成本只有 0.3% 左右，没有持有成本。买黄金 ETF 的

---

① 微黄金的金价由工商银行参考上海黄金交易所和国际交易市场进行报价。微黄金的门槛很低，最小交易单位是 0.1 克。流动性也非常好，工作日 9:40—22:20 随时可以买入。卖出时，如果选择微信零钱账户，是实时到账，选择银行卡，则下午 3 点之前是 2 小时内到账，晚上 10 点之前是当日到账，晚上 10 点之后第二天到账。微黄金的交易成本也很低，但是高于黄金 ETF 和纸黄金。买入不收费，卖出手续费 0.5%。

话，佣金只有万分之几，但是每年要付 0.6% 的持有成本，这对长期持有是不利的。总体上来看，这两种方式的成本都不高。

这一讲的最后，我提示你黄金投资需要注意的一种风险，就是汇率风险。国内黄金价格是人民币标价的，国际黄金价格是美元标价的。因此在国内投资黄金的话，你需要注意人民币兑美元汇率变化带来的风险。

比如说，假设国际黄金美元价格不变，但是人民币兑美元升值，那么人民币标价的黄金价格就会下跌。反之，如果人民币兑美元贬值，人民币黄金价格就会上升。只有这样，国内的黄金价格才能等于国际的黄金价格。否则，就会存在套利。

那么怎么样看待这种风险呢？一方面，用人民币计价的话，你会因此承受损失，或者获得收益，这个损失或者收益，是汇率变动带来的，我们称为汇率风险。另一方面，其实也不用紧张。我们中国家庭的资产，主要都是境内资产，都是人民币计价的。持有黄金相当于持有美元资产，实际上是分散了汇率风险。这里的本质是黄金是国际定价的，持有黄金相当于持有境外资产，对于想规避人民币贬值风险的家庭，有一定的吸引力。

本讲重点

1. 投资黄金有三种主要方式：实物黄金、纸黄金、黄金 ETF。

2. 三种方式中，实物黄金成本最高；纸黄金长期成本最低，适合长期投资；黄金 ETF 手续费最低，适合短期投资。

3. 投资黄金还有其他方式，比如微黄金、黄金期货等。黄金期货可以加杠杆，但是风险较大，不建议普通投资者参与。

4. 黄金是国际定价的，投资黄金可以分散人民币汇率的风险。

思考

我们在这一讲重点比较的是投资黄金的三种方式：实物黄金、纸黄金、黄金 ETF。你可能注意到了，我根本没有提黄金类的股票，比如中金黄金、紫金矿业、山东黄金、湖南黄金等。你可以想一想，买黄金与买黄金股票，有哪些区别？你可以把几只主要黄金股票的表现，与黄金价格比一下，看看是不是同涨同落，回报率、波动率的差异有多大，然后，再想想怎么解释其中的差异。

本章小结

黄金：假作真时真亦假，真作假时假亦真

黄金是很重要的投资品，回报率很高，而且能避险。黄金很重要，但是很多人对于黄金的理解，停留在“盛世古董，乱世黄金”这句话。

首先，我们分析黄金的价值来源。现实中，黄金的工业应用很少，主要的用途是珠宝首饰。但是，珠宝首饰的价值，来自黄金的贵重，这是个典型的循环论证。黄金的价值，最后来自人们对黄金的信仰。

那么，这种信仰，到底是假作真时真亦假，还是真作假时假亦真？终究，我们要为这种信仰，寻找一种实际的支撑。

人类对黄金的信仰，来自黄金的货币属性，是历史演化的结果。黄金的货币属性包括三条性质：比较稀有、性质稳定、便于携带和分割。

现代社会，人类进入纸币时代，但是黄金依然有货币属性。各国中央银行也依然在用黄金为自己的货币信用背书。

讲清楚黄金的价值来源之后，我们梳理黄金的投资价值。在1971年之前，黄金的资产性质发生了一次根本的变化，堪比一次基因突变。在此之前，黄金是货币；在此之后，黄金是资产。

历史上看，黄金作为一种资产，投资回报率很高，和股票、公司债券相当。扣除通胀以后，依然很高，每年大约有4个百分点。

同时，黄金具有很好的避险功能，在经济风险扩大的时候，金价反而会上涨，对冲其他资产的下跌风险。投资黄金的缺点，是可能会经历较长时间的熊市，如果不能跨越熊市，则可能遭受损失。

展望未来，世界经济的不确定性在增加，国际货币体系的不确定性也在增加。在可以预见的将来，黄金作为避险资产、平衡资产的价值，还会长期存在。

接着，我们分析了投资黄金的几种操作方式。投资黄金主要有三种方式：实物黄金、纸黄金、黄金 ETF。三种方式中，实物黄金成本最高，达到 6%~10% 这个水平，比后两种高出一个数量级；纸黄金长期成本最低，适合长期投资；黄金 ETF 手续费最低，适合短期投资。投资黄金还有其他方式，比如黄金期货等。黄金期货可以加杠杆，但是风险较大，不建议普通投资者参与。

最后，投资黄金还有一个好处，就是黄金是以美元定价的，投资黄金相当于持有美元资产，可以分散人民币汇率的风险。

第九章

投资实务

第三十六讲

资产配置的“三属性”与“三原则”

从这一讲开始，我们进入投资实务部分。经过前面的35讲，你已经有了足够的知识准备，可以开始思考投资实务的问题了。

投资实务的第一个问题，是如何配置资产，也就是如何把资金在大类资产中，按照一定比例进行分配。这个大类资产包括存款、债券、股票、房产等。对于资产配置，很多读者可能不熟悉，不像买股票一样熟悉。可是，这是投资中的首要问题。为什么这么讲？因为不同大类资产的性质，是很不相同的。只有进行合理的资产配置，才有可能同时实现高回报、低风险。

和大类资产配置相对应的，是大类资产内部的工具选择。前者是大方向，是战略问题；后者是小细节，是战术问题。这里不是说后者不重要，两者都很重要，缺一不可。我们先讲第一个问题，下一讲讲第二个问题。

我们分两步来梳理大类资产配置的问题。

第一步，有哪些大类资产？各自的基本性质是怎样的？

第二步，在这些大类资产上，我们是否应该配置资金，配置多大比例的资金？

通过这两步的梳理，我会讲资产的三种基本性质，简称“三属性”，就是流动性、安全性、成长性。我们在配置资产的时候，要掌握三个原则：上车原则、平衡原则、调整原则。这一讲，建议可以和第一章第二讲，也就是“买什么”那一讲，结合起来学习。

- 大类资产的性质比较 -

我们先来看第一个问题，有哪些大类资产。金融市场上的资产很多，我们普通人接触的，主要是银行存款、货币基金、股票、债券，另外，还有房产、保险、黄金。这些资产，我们在之前的章节都介绍过。

这些投资工具的长期收益如何呢？我们来看一些数字。表 36–1 比较了主要大类资产过去 10 年的表现。

表 36–1　大类资产比较（2010—2019 年）

资产	平均收益（%）	波动率（%）
活期存款	0.37	0.04
一年期定期存款	2.3	0.8
余额宝	3.5	1.0
黄金	4.4	15.7
中证全债	4.7	4.0
沪深 300	7.2	26.9
中证 500	5.5	23.7
房价指数	7.7	6.3

注：房价指数收益等于全国 70 城价格年化增速加上平均租金回报率，股票收益包括拆股和分红，收益率为几何平均值。

数据来源：Wind、Numbeo。

先说银行存款。银行存款是我们最熟悉的理财方式，据西南财经大学的《家庭财富健康报告》，银行存款占中国家庭总金融资产的四成以上，可以说是非常高。不过，我不建议大量持有银行存款，为什么呢？因为各方面都更好的选择，就是持有余额宝、零钱通之类的货币基金。

我们来简单比较一下。活期存款的流动性和安全性都非常高，但是回报率非常低，过去十年平均每年只有 0.37%，这是个几乎可以忽略不计的利息。1 年期存款收益率高一点，过去十年平均有 2.3%。高是高一点，可是牺牲了一年的流动性，还是不划算。而且，刚才的数据是过去十年的平均，目前的更低，活期存款只有 0.35%，一年期定期只有 1.5%。在可预见的未来，存款的利率都不会有明显回升，全球利率的大趋势是下降的。

作为比较，余额宝、零钱通之类的货币基金类产品，既为你保持了流动性，收益率比活期存款还要高。目前，货币基金的收益在 2.5% 左右，比 1 年期定期存款高了 1 个百分点。也就是说，货币基金既有流动性，收益率又高，何乐不为呢？

特别谨慎的读者，可能会觉得，银行存款是有保险的，绝对安全，而余额宝、零钱通没有保险，不是绝对安全的。其实，这种担心有点不必要，只要阿里巴巴不倒，腾讯不倒，余额宝和零钱通就不会有问题。即便阿里巴巴或者腾讯倒了，这些基金是链接背后的货币基金的，那个货币基金没事就行了。

当然，如果你实在不放心，也可以去大银行买货币基金，和余额宝、零钱通是一样的。通过手机银行，也可以实现实时支付的功能。总而言之，你在配置资产的时候，基本不需要考虑银行存款了，用货币基金代替银行存款就可以了。在未来，银行账户可能只剩下转账的功能，比如你的工资需要打到一个银行账户里。

说完了存款和货币基金，我们来说债券。过去十年，中证全债年均上涨 4.7%，比货币基金又高了不少。而且，货币基金的收益率是慢慢下降的，十年平均有 3.5%，现在已经下降到 2.5%。但是债券的收益率并没有下降，目前还是在 4% 以上。投资债券，流动性不错，收益不错，风险也不高，总体上是比较稳妥、平衡性比较好的投资。现实中不少投资者很少买债券，算是一个很大的失误。其实，通过买债券基金配置债券，是个不错的选择。

下面来说股票。过去十年股市总体还是在上涨，沪深 300 和中证 500 的全收益指数（考虑分红）年均分别有 7.2% 和 5.5% 的收益率，这是很不错的收益。股票的流动性很好，但是波动率很高，适合长期持有。

和债券相比，股票有一点很不一样，那就是股票的收益是不封顶的，潜在的成长性很高。作为对比，货币基金和债券都是封顶的，成长性是有限制的。因为这个区别，我们有时候会讲，买股票就是买成长性。这一点，对于要选择个股的投资者来说，尤其重要。

但是，股票的成长性不一定能实现，是有风险的。所以在配置股票的时候，一定要和货币基金、债券基金一起配置，这样既可以保持流动性，又可以获得较高的收益。

还有两种资产，黄金和房产。之前我们讲过，黄金的回报率并不低。看过去 10 年的话，在次贷危机以后，黄金总体上是波动上涨的，年化收益率可以达到 4.4%，比余额宝高很多，和债券差不多。但是黄金的波动率非常大。之前我们讲过，黄金有避险功能，金价在风险上升的时候表现反而好，但是金价大起大落比较厉害，适合长期持有，不适合短期投资。

最后看房产。最近十年，房价年均上涨5.7%，再加上2%左右的租金收益，投资房产的年均收益可以达到7.7%。这个7.7%，没有考虑买房贷款，也就是天然的加杠杆功能，加了杠杆之后，收益更高。

房产的收益高、风险低，可谓是中国过去十年最优质的资产。之前我们讲过，大城市房产未来的投资回报率，至少还有6%，长期看，还是稳健、低风险的资产。房产的缺点是流动性差，只适合长期投资，不适合短期投资。房产的底层价值，是经济的增长和城市的成长，因此只要经济保持增长、城市保持繁荣，房价就会增长。从这个角度讲，房子和股票一样，也有成长性。

说到这里，细心的你可能会注意到，我没有提两种常见的工具，一是基金，二是理财。不是我忘记了，而是故意没有提，因为这两个投资工具，虽然重要，但是不构成独立的大类资产。

我们以前讲过，基金就是把我们的钱委托给基金经理，让基金经理帮助我们投资。基金经理拿到我们的钱之后，再去买股票、债券、货币，根据购买的大类资产的不同，我们可以把基金分为股基、债基、货基和混合型基金。因此，基金是投资的中间工具，不是独立的大类资产。

至于理财，就更不是独立的大类资产了。你去任意一家银行的网站，或者任何一个理财产品的销售平台的网站，都可以看到无数理财产品。这些理财产品的实质，其实都是基金。你买了理财产品之后，销售机构会把资金转给背后的管理机构，这个管理机构会去投资，比如购买金融资产，或者发放贷款。根据购买的资产的不同，理财产品可以分为储蓄理财、股票理财、国债理财、黄金理财，这些资金最后买了什么，就叫什么理财。因此，理财产品的实质就是基金，只不过不叫“基金”而已，是不叫基金的基金。理财和基金一样，都是我们投资大类资产的中间工具，不是大类资产本身。

还有一种资产我也没有提，就是保险。讲保险的时候我讲过，保障型保险要根据需要购买，属于保险的范畴，不属于理财的范畴。理财型保险属于理财的范畴，但是期限长、回报率不高，总体上不是特别推荐。感兴趣的读者，或者有需要的家庭，可以回头参考保险部分的内容。

- 如何配置大类资产？ -

我们简单梳理了大类资产的性质，接下来我们进一步来讲你应该如何配置。虽然千人千面，每个人、每个家庭的情况都不太一样，但是可以找到一些共性，找到一些实用的操作思路。总体上说有 3 个原则，上车原则、平衡原则、调整原则。

（1）上车原则。我们先来说第一个原则，上车原则。首先，我们可以将大类资产分为两类：房产和金融资产。你可能听说过不动产和动产的分类，我们这个分类也差不多，房产就是不动产，金融资产就是动产。

为什么要做这个区分呢？因为如果你还没有买房，要先买一套房子，然后再谈其他。前面我们讲了，房子收益比较好，未来还会比较高，买房还能贷款，相当于加杠杆。买了房还能解决诸如子女入学等很多问题，住自己的房子还会更安心，带来很大的心理价值。如果未来发生较高的通胀，买房还能抗通胀。综合看，买房的综合回报率非常高。因此，没买房的家庭，尽量先买房上车，然后再配置其他资产。

为什么这个叫上车原则？你可以把中国的经济，比作一列快速奔驰的列车，房价和经济一起涨的。这种情况下，买房相当于上车，和列车一起前进，分享经济增长的果实。你看这些年，买房上车的财富和经济一起增长，没买房上车的，就被列车抛下了。所以，资产配置的第一条原则，就是上车原则。

说到这里，你可能还会担心，说中国经济已经减速了，城市化已经结束了，以后这个列车不往前跑了，还有没有必要买房上车。其实，中国经济发展虽然减速了，但每年还有好几个百分点的增速，还是很快的。而且，中国的城市化分为两个阶段，第一阶段是城镇化，第二阶段是都市化。城镇化已经结束，都市化刚刚开始，现在上车还来得及。

我再提醒一句，这里的房子是大中城市的房子，不是小县城、小集镇的房子，这些房子看起来便宜，但是相对于发展潜力，已经很贵了，投资价值不大。至于农村宅基地上的房子，最大的价值就是等拆迁，没有其他投资价值。

（2）平衡原则。资产配置的第二个原则，是平衡原则。如果你已经买房上了车，或者离上车还很远，暂时只能配置金融资产，那么你要平衡配置你的金融资产。这里的平衡是什么意思，就是要综合考虑，兼顾流动性、安全性、成长性这三个属性。只有兼顾三性，我们的投资才能稳健，而且有较高的收益。

如何兼顾这三性？就是要综合考虑，把资金平衡配置在货币基金、债券、股票等大类资产上。比如说：10% 的资金放在货币基金上，保障流动性；40% 的资金放在债券基金上，保障安全稳健的收益；50% 的资金放在股票基金上，博取成长性。这样一个组合，大致看起来是平衡的。当然，这也要根据个人的情况调整，这一点下面再讲。

现实中，很多人容易犯两种错误，都是没有执行好平衡原则。

第一种，太保守。经常有人把大部分资金放在银行存款上，或者余额宝上。这是安全了，流动性也很好，但回报率太低了。考虑到通胀，这种回报率甚至可能是负的。银行存款不是没有风险，而是有很稳健的通胀风险。只要通胀高于存款利率，你每天都在赔钱。

第二种，太激进。很多人的仓位很高，几乎是全仓股票。既没有流动资金，也没有债券。这个仓位，看起来充满了“不成功就成仁”的气息，简直就像敢死队一样，赌博气息很重。前文多次强调过，投资不是赌博，长期稳健最重要。

太激进的错误太常见，我再详细分解一下。太激进有两种常见表现。一种是没有流动资金，这是因为投资风格太激进，全仓风险很大的股票资产。另一种是没有债券。这一种的原因很复杂，有些人是没有弄懂投资的原理，无法忍受债券不温不火的收益。其实，每年 4% 左右，而且很安全，这个收益是很不错的。再配合其他资产，达到 6%、8% 的收益，是很多人的梦想。你问问身边的股民，很多人不仅不赚钱，还赔钱。除了不懂投资原理，另一种忽视债券的原因，是没有接触过债券，不明白债券应该在投资中扮演重要的角色。关于这一点，建议回去复习债券的内容。

（3）调整原则。调整原则说的是，我们要根据自己的情况，调整自己的资产配置，使得这个配置更加符合自己的需求，不能一刀切。我给你举几个例子。

第一个例子，是关于年龄。金融学里面有个生命周期理论，讲的是在生命周期的不同阶段，资产配置的比例应该是不同的。对于年轻人（35岁以下）而言，成长性要排在第一位，可以多配置股票。对于年龄较大的人（65岁以上）来说，安全性要排在第一位，要少配或者不配高风险的股票。对于上有老、下有小的中年人，就需要在成长性和安全性中间权衡，均衡配置，既追求安全性，也追求成长性。

第二个例子，是关于资金总量。对于小额资金（比如10万元、20万元）来说，成长性排在第一位；资金额度越大，对安全性的要求就越高，100万~500万元级别的资金需要在增长性和安全性之间做权衡；资金量到500万元以上或千万元以上，一定要将安全性升级，同时开始考虑风险分散的问题。

比如1 000万元的资金，即使买国债或者银行的大额协议存单，每年都会有30万~40万元的收入，是很可观的收入，如果买债券基金，还会更高。这时候，资产安全最重要。如果资金总量更大，则可以考虑更加分散资产，比如在海外购置房产，或者配置海外的基金。

本讲重点

1. 资产配置问题，是投资的首要问题，决定资产选择的大方向。

2. 配置资产的时候，要综合考虑资产的三重属性：流动性、安全性、成长性。

3. 配置资产有三大原则：上车原则、平衡原则、调整原则。

思考

根据自己的情况，包括年龄、收入、家庭负担、流动性需求，列一下自己的资产配置情况，可以是你实际的资产配置，也可以是你希望的资产配置情况。

第三十七讲

让你的对手为你工作

这一讲我们来分析，大类资产配置的问题解决之后，应该如何在资产种类内部，选择投资工具。具体来说，就是如何选择债券、股票、基金等，来实现你的资产配置。

以前我们讲过，货币基金、债券基金的选择简单，大一点的基金都差不多。在规模较大、较为稳健的基金里面，挑回报率高一点的就行了。比较难选的，也是大家比较纠结的，是股票。比如说，你决定把 50% 的资金配置在股票上，那么应该自己挑选股票，还是简单购买基金？

关于这个问题，我有一个非常简单的建议：对于 99.99% 的人而言，应该买基金，而不是自己挑股票。而且，如果你没有特别看好的主动管理基金，买被动指数基金就可以了。每年秋天我会在北京大学开投资学的课，在开学的第一堂课上，我都会和学生这么讲。

为什么这么讲？这要从金融学上一个核心的概念说起，这个概念叫作“有效市场假说”。什么意思呢？这个假设说的是，市场是高度有效的，很少有人能够打败市场，获得超额利润。既然不能打败市场，为什么不老老实实买市场指数，获得一个平均利润呢？

现实中，很多人不信邪，非要费时费力去打听消息，选股票，很多时候是吃力不讨好。这里面，也包括很多上过我的课的学生。之所以这样，还是对有效市场假说的核心概念理解不透。理解不透，以后就会拿自己的真金白银交学费。在金融市场里，这个学费很贵的。接下来，我们就来仔细分析有效市场假说，争取讲透。

- 竞争：市场有效的底层机制 -

关于有效市场假说，最核心的问题是：市场为什么是有效的？为什么极少有人能打败市场？

你不妨这么理解：市场上有无数人在投资，无数人在寻找交易机会，想获得超额利润，这些人都特别聪明、特别勤奋，谁最后能成功呢？

这个问题看起来很难回答，似乎你要去好好做功课，看市场上哪些人厉害，从中选一个最厉害的。如果你这样想，当然很难。

但是你换个角度，答案也很简单，就是谁也不能。在残酷厮杀的战场上，没有谁是常胜将军，即便是偶尔赢了，也不能保证下一次赢。所以聪明的投资者，不是去厮杀，而是会去找到一种机制，让竞争对手替自己工作。这句话很关键，我强调一下：聪明的投资者，会找到一种机制，让竞争对手为他工作。

这句话很重要，也有点绕，我先举个例子。假设你开车出去，路非常堵，这时候你就想，换一条路会不会好很多、不太堵？这时候，你可以转念再想一下，很多人都在寻找不堵的路，于是很可能附近的路都很堵，因为不堵的路已经被找完了。

最后无非是两种情况。第一种，所有的路都是堵的，这就说明市场是有效的，没有一条不堵的路放在那里等着你去走。对应到金融市场上的情景，就是市场上没有免费的午餐，没有容易赚的钱等着你去赚。第二种，有一条路恰好是不堵的，这对应的情况是市场有时候是无效的，你要是运气好，找到了这条不堵的路，那么也就相当于你赚到了一笔容易赚的钱。

大家可以想想看，现实中的情况会是怎样的。很有可能，绝大多数的路都是堵的，因为那些积极找路的人，已经找到了每一条不太堵的路，然后把它变成了堵的路。对应到金融市场中的情景，容易赚的钱早就被人赚完了，没有容易赚的钱等着你去赚，就像没有一条不堵的路等着被你发现一样。

这个例子告诉我们，有效市场的实质是一种竞争机制。大家都想去挣超额利润，于是世界上就没有超额利润了，只有正常利润了。聪明的投资者会利用竞争对手的努力，通过买大盘指数，获得正常利润。找到一种机制，让竞争对手为你工作，说的就是这个意思。

讲到这里，有效市场假说的基本原理就清楚了。为了说得更清楚，我再举个例子，是我在北大课堂上最喜欢举的一个例子。在市场里寻找超额利润，有点像在沙滩上捡贝壳，贝壳很好看，大家都去捡。但是当很多人去捡贝壳的时候，沙滩上的贝壳就会越来越少，到没有贝壳的时候大家就不去捡了，然后就离开了。可是当大家都离开之后，沙滩上又会随着潮汐的变化，带来很多新的贝壳，于是这时候大家又回去捡贝壳。所以你看沙滩上的贝壳不可能是完全没有的，也不可能是有很多，它是随着人们的到来和离开不断变化的一个过程。

我很喜欢这个例子，有三个理由。

第一，这个例子告诉我们，利润有时有，有时没有，但是投资者不知道什么时候有，什么时候没有，于是总有投资者在那里寻找。

第二，赚到利润，也就是捡到贝壳，有时候就是运气，不意味着你以后还能捡到贝壳。

第三，努力的人，经常在沙滩上转悠的人，还是能经常捡到贝壳。也就是特别聪明勤奋的基金经理，还是会有不错的业绩。

这个例子，形象地说明了市场有效性的原理，所以我特别喜欢，每年在北大的课堂上，都会讲这个例子。

- 有效市场悖论：股价到底能不能预测？ -

通过上面两个例子，我说清楚了有效市场假说的机制是竞争原理。正是大家想获取超额利润的动机，使得市场上没有超额利润，这有点悖论的意思。所以，市场有效假说有时候也叫作“市场有效悖论”。这个悖论很有意思，我再给你讲两个故事。

第一个故事和 2013 年诺贝尔经济学奖有关。这一年有两个人获得了诺奖，一个是芝加哥大学的尤金 · 法玛（Eugene Fama），另外一个是耶鲁大学的罗伯特 · 希勒（Robert Shiller）。两个人分享诺奖其实一点都不奇怪，经常发生。奇怪的地方在于这两个人的观点居然是完全相反的。怎么个相反法呢？

法玛是有效市场假说的奠基人之一，坚定地认为市场是完全有效的，坚定到什么程度呢？坊间有个传说，法玛有个学生，也是一位著名的教授，他写了一篇论文发表在很好的期刊上，这篇论文的主要观点是说市场是不完全有效的。法玛就给这个学生写了一封信质问他：“Why are you doing this？”翻译过来就是：“你干吗要写这么一篇文章？”言下之意，法玛责备这个学生，认为他不应该写文章质疑有效市场假说。法玛对有效市场的坚持，由此可见一斑。

那么希勒呢？希勒认为市场不是那么有效的，希勒是“行为金融学派”的奠基人之一，行为金融学派就是反对市场有效的。所以你也可以说“有效市场假说学派”和“行为金融学派”，就像武侠小说里面的正邪两派，有点势不两立的架势。

第二个故事和有效市场假说的起源有关。1900 年，有一个著名的法国数学家，叫路易斯·巴舍利耶（Louis Bachelier）。他用统计方法来预测股票价格，发现根本无法预测，一下子就炸开了锅。为什么呢？传统上，大家觉得专家们懂得经济和金融规律，通过认真整理分析数据，是能够判断未来趋势、预测价格的，这是专家存在的理由。你看市场上很多专家对市场评头论足，说得头头是道，很多人也都信。

可是如果你仔细看专家们的预测记录，会发现绝大多数人，几乎所有人的预测结果都是惨不忍睹。能对一半，都算是很好的了。可是你想想，猴子抛硬币，也能猜对一半。所以股票市场上有一句著名的话，专家的判断比猴子扔飞镖，也没好多少，甚至还不如猴子扔飞镖。

为什么这样？一方面是因为专家的水平参差不齐，另一方面也是因为专家们都在预测，于是市场上已经有的信息，就已经被股价反映了，而未来的股价变化，只能由未来的新信息驱动，已有的信息不能再预测它的变化了。所以“不能预测”反而是市场有效的标志，这和你的认知可能是相反的。如果能预测，说明价格还没有包含这些已经公开知道的信息，它反而是无效的。

巴舍利耶的这个研究，被广泛认为是市场有效假说的最初源头，至今已经 120 年了。可惜的是，很多人还是不明白背后的原理，还是拿自己的真金白银交学费。

听完这个故事，你应该明白，其实股票价格是很难预测的，业余投资者就更难预测。所以，理智的选择是买大盘指数，获取一个正常的利润。

- 基金经理能打败大盘吗？ -

有效市场假说还有一层进一步的意思，就是职业的基金经理也很难持续打败大盘。关于这一点，有一个真实的故事，金融市场上很多人都知道。2007 年底的时候，股神巴菲特与一家顶级对冲基金的合伙人（Protege Partners）打赌，赌标普 500 指数在十年中能跑赢这个合伙人精选的 5 只对冲基金，赌注为 100 万美元。这个合伙人的名字叫泰得 · 西戴斯（Ted Seides），也是投资界有头有脸的人物。

结果怎么样呢？到了 2015 年，也就是离打赌期限还有 2 年的时候，标普 500 累计收益达到 63.5%，而泰德的收益率只有 19.6%，比标普 500 指数低 43.9%。这时候赌局只剩 2 年时间，泰德已经不可能翻盘。因此，2015 年 2 月，泰德（在特许注册金融分析协会撰文）提前两年认输。在打赌期间（2008—2017 年），标普 500 指数基金的年均复合回报率为 8.5%，比起 5 只对冲基金的年化复合回报率只有 2.2%，整整高了 6.3 个百分点。

这个故事告诉我们的是，即便是职业经理人，也很难打败大盘指数。市场上，你可能会听说一些经理人业绩不错。这种人不是没有，但你还是要谨慎，因为这些人的业绩不一定可持续。过去的业绩好，也不一定意味着未来的业绩好。因此，除非你花了时间，研究了基金经理的表现和可持续性，找到了属于你的股神巴菲特，否则还是买大盘指数稳妥。关于如何挑选基金，我之前讲过，你可以参考基金部分的内容，特别是第二十讲、第二十一讲。

- 有效市场假说的启示 -

有效市场假说很重要，对我们日常的投资有重要的启示，我把它总结成两句话。

第一句，既然市场是高度竞争、高度有效的，那就不太会有那么多容易得到的盈利机会。所以对我们很多人来说，应该专心于自己的工作，投资股票是很难的，还是买基金比较划算。买基金的时候，如果找不到特别靠谱的基金，找不到你的巴菲特，买指数基金也是不错的选择。

第二句，现实当中我们很多人喜欢自己做投资，喜欢自己去研究股票，这也是可以的。这个时候你要明白，市场是一个高度竞争、趋于有效的竞技场。这时候你见到一个投资机会一定要反复思考，要想一想为什么别人没有发现这个投资机会，你是提前得知的信息，还是获得的第N手、前面已经有很多人知道了的信息？如果是后一种情况的话，这可能是一个陷阱，而不是一个机会。

本讲重点

1. 市场有效的机制是大家追求利润的动机，就像大家都去找不堵车的路，于是最后所有的路都是堵车的。

2. 有效市场是一个动态均衡的过程，就像是沙滩上的贝壳，不是总有，也不是总没有，于是这个竞争的游戏一直能玩下去。

3. 市场有效意味着股价是不可预测的，因为预测用的信息都已经包含在股价里了。

4. 大多数人应该借助专业力量去购买基金进行投资，而不是自己去操作股票。买基金的时候，如果没有找到靠谱的基金经理，应该买指数基金，被动投资。

思考

请根据自己的投资经历，或者朋友的投资经历，谈一谈对市场有效假说的看法，比如市场在多大程度上是有效的，什么时候可能是无效的并因此会有投资机会，等等。

第三十八讲

基金定投的智慧与陷阱

这一讲，我们讲一个非常实用的操作办法，叫作“基金定投”。基金定投是什么意思？就是定期往基金里投资，比如每个月往一只基金里投 1 000 元，长期坚持，到用钱的时候再取出来。说到这里，你可能想到了一个词：零存整取。没错，基金定投和零存整取很像，都是在固定的时间，将固定的金额存到某个账户中。不同的是，零存整取是投资于银行储蓄账户，收益率较低，没有风险；而基金定投是投资于某一只基金，潜在收益率更高，但有一定风险。

基金定投现在很流行，你也很可能听说过。比如说，早在 1993 年，股神巴菲特在给股东的信中，就曾这样说过：“通过定期投资指数基金，一个什么都不懂的业余投资者，往往能够战胜大部分专业投资者。”注意，股神在这里用的词是战胜（英文原文 out-perform），不是打平。可见，股神是很推崇指数基金的定投的。①

虽然股神这样说，但是基金定投有哪些好处，你可能还是不太清楚。我分两步进行，给你讲清楚基金定投。

第一步，我给你讲清楚，基金定投的基本原理。我会告诉你，基金定投确实有意想不到的好处。

---

① 英文原文是：By periodically investing in an index fund, for example, the know-nothing investor can actually out-perform most investment professionals.

第二步，我来给你理清楚基金定投的一些细节，包括投资期限、投资频率、基金选择，并且提醒你注意一些可能的错误。

- 基金定投的魔法 -

我们先来看基金定投的基本原理。总结起来，基金定投有两大原理，第一个是被动择时原理，第二个是降低成本原理。奇妙的是，这两个原理都可以通过很简单、很机械的操作来实现。我们一个一个来讲。

先讲被动择时原理。我们从投资中一个非常常见的弱点讲起，这个弱点就是“追涨杀跌”。普通投资者经常追涨杀跌，在高位加仓，在低位割肉。结果，就是损失惨重。长期看，投资获利的机制很简单，就是低买高卖。追涨杀跌导致很多人高买低卖，最后损失惨重。这个“追涨杀跌”的倾向有多严重？我这么跟你说吧，会严重损害投资收益。

我们来看数据。图 38–1 中，我给你统计了 2010 年以来，股票型基金的净申购与沪深 300 指数的关系。我们发现，基民们经常在市场大涨时蜂拥而至，在市场大跌时又恐慌性出逃。换句话说，就是买在了山峰，卖在了谷底，导致指数涨了，但是基民并没有赚到钱。

具体而言，图 38–1 中有一个很明显的规律，基金净申购份额数量与下一个季度的沪深 300 指数，是明显的负相关关系（相关系数为 –0.27）。也就是说，如果这个季度很多基民涌入股市，下个季度股市反而很可能下跌。例如，2015 年第二季度，当时股市大涨，大批基民涌入，股票型基金净申购 1 106 亿份，是历史新高。而在之后的下个季度，沪深300指数大跌28.4%。2015年第三季度，因为股市大跌，基金净申购到达冰点，净赎回3 700多亿份，很多基民卖出了，但是，2015年第四季度的股票是大幅反弹的。从这张图上看，说基民买在山峰，卖在谷底，一点都没有夸张。

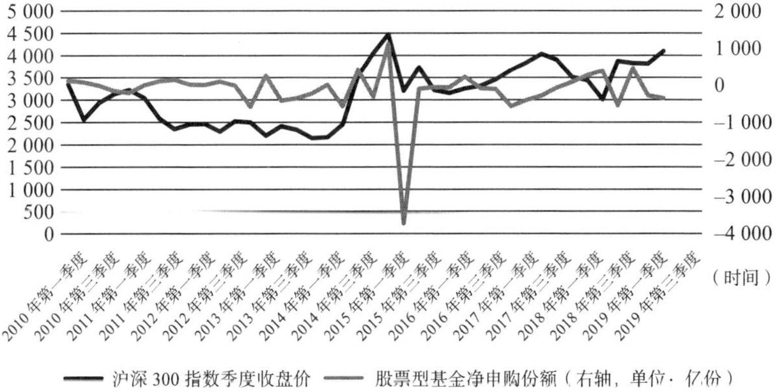

图38–1　股票型基金净申购份额与沪深300指数

那怎么克服“追涨杀跌”的人性弱点呢？基金定投给我们设置了“傻瓜式”投资策略，每个月都投资固定数额的钱，这样不管涨跌，你投入的钱是跨时间分摊的，从而帮你规避“择时”错误，过滤市场周期对投资收益的影响。换句话说，基金定投通过不择时，实现了择时的效果。

这背后的原理是，基金定投用简单机械的方法，实现了资金的跨时间配置，相当于在时间维度上分散了风险，从而实现了稳健收益。大家都知道分散风险的好处，但是分散风险不仅仅是把资金分散在多个资产上，还包括把资金分散在多个买入的时间点上。基金定投其实是实现了后面这个维度的分散风险。因为分散的时候，我们是把资金平均分配，并不进行主动的挑选，所以我们把这个叫作“被动择时原理”。

刚才说的是基金定投的第一个好处被动择时，基金定投的第二个好处，是帮助投资者降低持仓成本。基金定投是固定金额投资，在股市下跌过程中，因为股价低，购入份额反而多，在股市上涨过程中以高价位购入较少份额，以此降低平均持仓成本。大幅波动的股市会给基金定投更多降低成本的机会。这个机制有一点绕，我展开解释一下。我们来看一个例子，假设某两只基金的净值走势如表 38–1。

这里有两只基金：A 基金在三年内的净值分别是 1、1.1、1.2，也就是从 1 增长到 1.2，增长 20%；B 基金在三年内的净值分别是 1、0.75、1，也就是先跌了 25%，又涨了回来，最后净值不变。看起来，A 基金是更好的投资标的。但是，实际上，如果你采用基金定投策略,B 基金的回报率可以超越 A 基金。为什么会这样？我们来算一下：

表 38–1 基金净值增长举例

	第 1 年	第 2 年	第 3 年	净值增长率
A 基金	1	1.1	1.2	20%
B 基金	1	0.75	1	0

如果你定投 A 基金，第 1 年、第 2 年每年定投 1 万元，那么在第 3 年，你就有 1.91 万份（1+1/1.1=1.91）基金份额，基金价值为 2.29 万元（1.91 × 1.2=2.292）。

如果你定投 B 基金，同样也在第 1 年、第 2 年每年定投 1 万元，那么在第 3 年，你就有 2.33 万份（1+1/0.75=2.33）基金份额，基金价值为 2.33 万元，反而比总体表现更加优异的 A 基金挣得多。

为什么会出现这种现象？就是因为对基金定投来说，股市下跌意味着能够以较低的成本买到更多的份额。利用这种方式，降低了持仓成本，在未来净值回升后，取得了更高的收益。所以，这个机制是利用了市场波动自身的规律，并没有人为干预，可以说是非常傻瓜，但是非常高效的投资择时方式。

这个例子太过神奇，可能会给你留下随便买就可以，只要是基金定投，总会赚钱的错觉。不是这样的，这里我提醒你注意：这种方式有效需要一个前提条件，就是你买的基金的净值会回升。如果B基金是很糟糕的基金，净值不回升，你就不仅不会赚钱，还会赔钱。所以，基金定投这种策略能赚钱，前提是你选择的基金的净值是波动上升的，波动和上升两个条件，缺一不可。我们讲投资工具的时候，还会回到这个问题。

- 彻底了解基金定投：搞定几个细节问题 -

基金定投有两个好处，一是被动择时，二是降低成本，基金定投通过这两个途径提高我们的投资收益。要想实现定投的这两个好处，还有很多细节问题要了解。有一句话是这么讲的，说魔鬼都藏在细节里，弄清这些细节，也很重要。

（1）投资期限：你打算投资多久？第一个问题是投资期限，也就是你打算投资多长时间。如果你的回答是半年、一年，那么基金定投可能不适合你。我在图 38–2 中展示了 2005 年初至今的沪深 300 指数走势，可以看到 A 股股市牛熊周期是 3~5 年，而且牛短熊长。所以，一般来讲，基金定投坚持 3 年以上，才会有比较好的收益。

如果基金定投只有1年或者2年，碰到市场持续下跌的行情，也是很有可能亏钱的。关于A股的牛短熊长、大起大落的仔细分析，你可以回去复习一下第十讲，投资A股到底赚不赚钱。

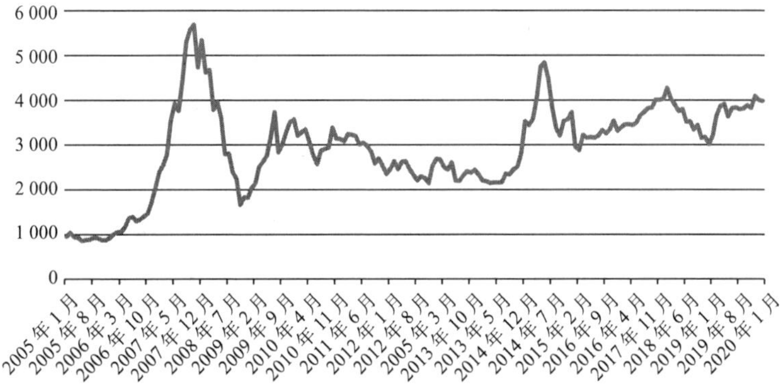

图 38–2　沪深 300 指数走势（2005 年 1 月至 2020 年 1 月）

举个例子，假设你在2010年1月1日开始定投嘉实沪深300ETF联接基金，每月1日投资1 000元，我在表38–2中计算了不同赎回时点的基金定投收益率。在前4年，基金定投的收益基本都是负的，这和那几年的熊市有关。等到第5年，也就是2014年底赎回，才能实现接近40%的资产增长，年化收益率高达13.27%。面对2010年至2014年6月的漫长熊市，如果你耐不住寂寞，选择终止基金定投、赎回基金份额，就无法享受2014年7月之后的股市暴涨。

而且，值得注意的是，在绝大多数年份（仅有2011年底这一个例外情况），基金定投的年化收益率都可以超越同时期的沪深300指数。从2010年1月1日至2014年12月31日，沪深300全收益指数上涨了8.8%，年化收益率仅有1.7%，但是沪深300ETF基金定投的年化收益率可达 13.27%，大幅超越基准指数的涨幅。这里面的原理是，基金定投用简单机械的方法，实现了资金的跨时间配置，相当于在时间维度上分散了风险，实现了稳健收益。

我们在第一讲讲到实现高投资收益的第一步，也是最关键的一步，是稳健。基金定投因为帮助你实现了稳健，从而大幅提高了收益。

（2）定投频率和定投金额。这是第二个实际的问题。

表 38–2　定投收益：以嘉实沪深 300ETF 联接基金为例

赎回日期	投入总本金（元）	期末总资产（元）	资产增长率 (%)	定投年化收益（IRR,%）	沪深 300 指数年化收益 (%)
2010–12–31	12 000	12 253	2.11	3.92	–11.58
2011–12–31	24 000	19 151	–20.20	–20.13	–18.05
2012–12–31	36 000	33 531	–6.86	–4.55	–9.66
2013–12–31	48 000	43 387	–9.61	–4.91	–8.59
2014–12–31	60 000	83 702	39.50	13.27	1.70
2015–12–31	72 000	101 487	40.95	11.32	2.60
2016–12–31	84 000	105 120	25.14	6.31	0.81
2017–12–31	96 000	141 773	47.68	9.53	3.48
2018–12–31	108 000	119 677	10.81	2.25	0.05
2020–02–13	122 000	173 240	42.00	6.70	3.12

注：本表假定 2010 年 1 月 1 日开始定投嘉实沪深 300ETF 联接基金，每月 1 日投资 1 000 元。基金期末总资产数据来自东方财富网，基金定投收益计算器。资产增长率 = 期末总资产 / 投入总本金 –1；年化收益率按照内部收益率公式计算。沪深 300 指数年化收益率中，沪深 300 指数指的是“沪深 300 全收益指数”。

数据来源：Wind。

首先，不必过于纠结定投频率，可以固定每周定投、每两周定投，也可以每月定投，建议每月定投，跟我们发工资的周期一致。要注意的是，基金定投的频率不能太低，比如每年，甚至每几年。频率太低的坏处，是不能够分散成本、降低风险。

其次，定投的金额因人而异，由于基金定投的周期较长、风险较高，所以基金定投的金额也不要过高，保证日常消费、流动性资金充足后，再考虑利用基金定投实现资产增值。

（3）投资周期：何时开始，何时结束。基金定投的第三个实操问题是投资周期，也就是什么时候开始定投，以及什么时候赎回。

这个问题的意义是，是不是可以选择一个开始和结束的时间，进一步提高定投的收益？实际上这是一种择时。既然择时很难，一种办法就是不择时。总体来说，任何时间都可以开始基金定投，任何时间都可以结束。

不过，如果想追求更高的投资回报，还是有一些简单的办法进行选择，帮助你尽量做到在股市低位多持仓，在股市高位赎回。

有一个简单的指标：估值百分位（或者叫市盈率分位），就是当前的估值水平（例如，市盈率）在历史上的位置，估值水平越高，估值百分位也越高，这时候股票总体就越贵。例如，某指数目前的市盈率百分位为 20%，那就是说，该指数的市盈率低于历史上 80% 的时间，则该指数很可能被低估，投资的风险较低。

反之，估值分位越高，代表未来股市下跌的可能性更高。图 38–3 展示了沪深 300 指数市盈率与未来一年内指数涨跌幅的关系，可以看到，市盈率水平可以反向预测未来一年的指数涨跌幅，市盈率水平越高，未来下跌的风险越高，市盈率水平较低，则未来股市更可能上涨。

一般而言，如果某指数市盈率比历史上 70% 的时间低，那么该指数可能被低估，可以增大基金定投的投资份额；相反，如果某指数市盈率比历史上 70% 的时间高，那么该指数可能被高估，可以考虑停止基金定投，逐步赎回基金份额。

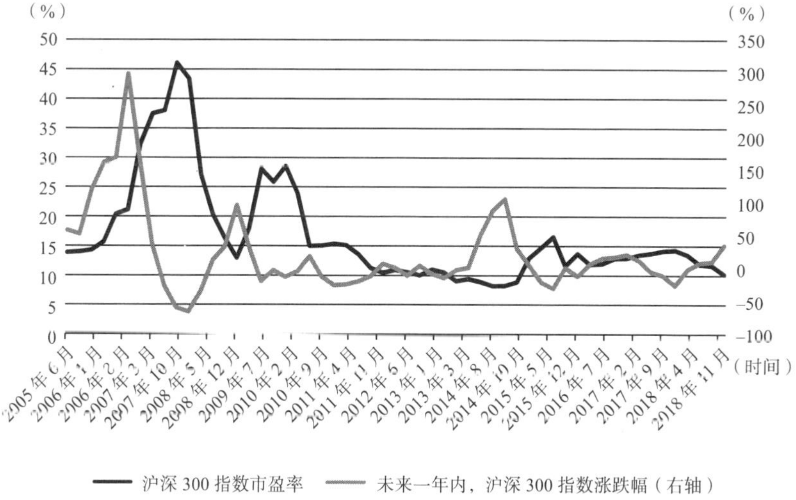

图 38–3　沪深 300 指数市盈率与未来一年的指数涨跌幅负相关

这个估值百分位的指标非常容易获得，一些理财平台直接给出了“估值百分位”这个指标，例如支付宝的基金板块有“指数红绿灯”这一栏目，给投资者列出了当前各类股票指数的“估值百分位”。你可以参考这些指标，做出基金定投决策。我放了一张股票指数红绿灯的示意图（图 38–4），让你知道这个百分位的图是什么样子，供你参考。

（4）工具选择：定投哪只基金？基金定投的第四个实际问题，

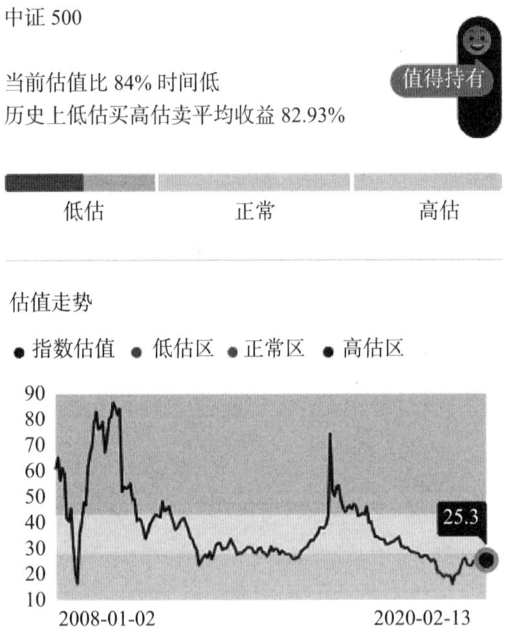

图 38–4　股票指数红绿灯

注：图片仅作示意，图中指数随机挑选，不作为投资建议。

是选择哪一只基金定投。关于基金定投工具，有两个选择：一是主动型基金，二是指数基金。

投资主动型基金，关键在于基金经理的投资水平。然而，挑选一个靠谱的基金经理，需要做大量研究，这对新投资者来说，具有一定的难度。作为比较，指数基金的走势是完全复制指数的，不受基金经理水平的影响，也没有基金经理的道德风险问题，例如老鼠仓问题。而且，指数基金收取的管理费率、托管费率也比主动型基金低，适合长期定投。尤其是 ETF 基金，费率比传统指数基金更低，跟踪指数的误差也更小。因此，作为基金定投的工具，最好选择指数 ETF 基金。

这里有一个小细节，就是指数 ETF 基金在交易所交易，一般不支持自动定投。这时候，你需要手动定时定额买入，但这一点小麻烦还是值得的。①

本讲重点

1. 基金定投与银行“零存整取”类似，就是向选定基金定期投入固定的金额。

2. 基金定投有两大基本原理，被动择时原理和降低成本原理，基金定投通过这两个原理，分散风险、降低成本，提高我们的投资收益。

3. 投资期限：基金定投适合长期投资，一般至少要 3 年以上，短期投资不适合基金定投。

4. 投资频率：基金定投的频率不宜太低，太低的话不能有效分散风险，建议每月进行定投。

5. 投资额度：基金定投是长期投资，投资额度不宜太高，要在保证日常消费、流动性资金需求以后，把多余的资金用于定投。

---

① 你也可以选择定投 ETF 联接基金，这是投资于 ETF 基金的基金，需要向基金公司申购和赎回，可以设置自动扣款定投，申购和赎回费大约是 0.15%，而且会随着持有时间而下降。同一家基金公司的 ETF 和 ETF 联接基金的管理费率和托管费率是相同的（一般分别为 0.5% 和 0.1%），然后，ETF 基金的交易佣金一般只有 0.03%。在此基础上 ETF 联接基金要多花一点申购费和赎回费，申购费率 1.5%，在很多第三方平台购买可以打一折，即 0.15%，而赎回费则随持有时长的增长而下降，如果持有期不足 7 天，则赎回费率较高，为 1.5%，如果持有期较长，赎回费率也可以降至 0。

6. 投资择时：基金定投可以不做择时，任何时候都可以开始、结束。如果为了进一步提高收益，可以在股市估值较低时开始，股市估值较高时赎回。

7. 投资工具：基金定投的工具，建议是指数 ETF 基金。

思考

请根据本讲内容，制订一个属于自己的基金定投计划，要包括几个方面：投资期限、投资频率、投资额度、投资择时，以及投资工具。做好以后，可以拿过去十年的数据验证一下你的业绩，并且和大盘指数进行比较。相信这会让你对基金定投会有更深的理解。然后，你可以修正这个投资计划，并进行模拟操作，假定每月投入 1 000 元，跟踪这个新计划的表现。你也可以进行一些实盘操作，用小额资金进行操作，体会基金定投的原理和操作方法。

第三十九讲

投资找锚，投机跟风

这一讲是投资实务的最后一讲，我们来做一个灵魂的拷问：投资和投机有什么区别？

你如果留意财经新闻，可能经常会听专家鼓励长期投资，批评短期投机炒作。对此，你也会频频点头，深以为然，觉得投机炒作很不好。可是，我想悄悄问你，在你内心深处的某一个角落里，是不是也会偷偷这样想：投机就投机吧，赚钱就行，我要是碰到好的机会，也会投机，赚一把就走。

其实这种想法很正常，人之常情，一点也不丢人。不管投资还是投机，目标都是赚钱，低买高卖是王道，至于怎么做到的、出于什么动机做到的，只要不违法乱纪，都不重要。

前些年有一部电视剧很流行，叫《潜伏》，是近年来电视剧的巅峰之作。《潜伏》里有句台词，说两根金条放在一起，谁能告诉我哪一根是高尚的，哪一根是龌龊的？谁也不能。金条就是金条，没有高尚与龌龊之分。英雄不问出处，不管投资还是投机，赚到钱就是好的，赔钱就是不好的。

问题的关键是：怎么样能够安全、稳健、持续地赚钱？

要回答这个问题，我们还是必须回答，投资和投机到底有什么区别，实际效果有什么不同？这个问题其实是有标准答案的。在学术文献里，经过很多年的雕琢，我们可以给投资和投机下非常准确的定义。

投资：买入资产是因为看好内在价值，买入等待升值。

投机：买入资产不是因为内在价值，而是预期别人会出更高价接手。

这还是有点抽象，我们来举例说明。几年前我曾经买了不少港交所的股票，基于的理由很简单。

第一，港交所是中国境内唯一上市的交易所，具有高度的资源稀缺性。

第二，港交所的交易非常活跃，相当于坐地收钱，旱涝保收。

第三，随着内地和香港金融市场的互联互通，香港交易所的交易会更加活跃。

第四，香港是国际金融中心，市场规模本来就很大，而且还在不断增长中。

对于最后这一点，你可能有点疑虑，我给你解释一下。最近一两年，又有很多顶尖的公司到港交所上市，比如 2018 年以来，美团、小米集团、海底捞等著名企业赴港上市。截至 2019 年 11 月 1 日，这些新上市公司累积市值超过 3 000 亿美元，折合人民币 21 000 多亿元，相当于 A 股总市值的 1/25。不要忘了，这只是两年内上市公司的部分统计。而且，曾经在香港退市，到纽交所上市的阿里巴巴，也已经在 2019 年 11 月 25 日重新在港交所上市。港交所的竞争力，由此可见一斑。表 39–1 为 2018 年以来港交所部分新上市公司。

左看右看，港交所的位置独一无二，而且价值看涨，觉得很安全，就买了。从我的角度看，这是个典型的投资行为。我买港交所，纯粹是因为看好这只股票，从没想着快进快出。甚至 2019 年的时候香港出了不稳定因素，我也没有卖出。

表 39–1　2018 年以来港交所部分新上市公司

代码	名称	上市日期	总市值（亿美元）	市盈率（%）	市净率（%）
3690.HK	美团点评 –W	2018–09–20	702	–5.5	5.5
1876.HK	百威亚太	2019–09–30	483	53.0	5.3
0788.HK	中国铁塔	2018–08–08	380	65.6	1.4
1810.HK	小米集团 –W	2018–07–09	272	17.0	2.4
6862.HK	海底捞	2018–09–26	246	88.5	18.4
2359.HK	药明康德	2018–12–13	205	69.0	8.4
3692.HK	翰森制药	2019–06–14	186	59.5	10.5
6160.HK	百济神州	2018–08–08	115	–17.3	7.4
6098.HK	碧桂园服务	2018–06–19	93	50.3	14.3
1833.HK	平安好医生	2018–05–04	74	–68.8	5.1
6110.HK	滔搏	2019–10–10	73	21.1	15.1
6806.HK	申万宏源	2019–04–26	71	8.9	0.6
1821.HK	ESR	2019–11–01	66	30.3	3.0
1787.HK	山东黄金	2018–09–28	65	48.8	2.1
3668.HK	兖煤澳大利亚	2018–12–06	53	7.2	1.2

注：市值是 2019 年 11 月 1 日市值（单位：亿美元），不包含 11 月 26 日重新在香港上市的阿里巴巴，市盈率是最新市值与最近 12 个月盈利的比值（即 TTM 市盈率），市净率是市值与最新季度净资产的比率（即 MRQ 市净率）。表中 15 家公司累积市值 3 083 亿美元，折合人民币 21 583 亿元（汇率按 7 计算）。美团和小米名称后面的 W 表示同股不同权，也就是企业家持有的 A 类股票具有更高的投票权（通常是 10 倍于 B 股），这样是为了让企业家和创始团队保留对企业的控制权。

刚才说的是投资。投机我也举个例子，不是我自己操作的例子，但也是市场上真实的例子。2019 年 10 月 28 日星期一，A 股市场上发生了一次大面积涨停，涨停的个股大多数和区块链概念有关，据统计有150多只。这个例子我在前面也讲过。

这时候，你琢磨一下市场的反应。一个大风口就要来了，当然要抓住机会。可是大多数人都不太懂区块链，也不太知道哪些公司真有技术，真有市场潜力，真有商业价值。怎么办呢？两种办法。一种凉拌，一种热拌。

凉拌就是坐视不管，不为所动。这件事情既然不懂，就不要管，不要参与投资。这样做，你可能错过了一次机会，但是至少不赔钱。如果你笃信价值投资、稳健第一，那么不参与也是个办法。

热拌就是你尽管不懂区块链，也不知道哪个公司“含链量”高，可是又不想错失良机，怎么办呢？就在市场上找，看看哪些公司涨幅高，又带着区块链的概念，然后买入。简单说，就是“跟风买”。

这时候，你是这样盘算的。虽然这只股票不一定有价值，可是看起来很有价值，而且很多人不知道到底有没有价值。自己买之后，后面还有人会跟进来，价格还会涨，到时候卖给他们就行了。至于这只股票有没有价值，已经不重要了。

这里的投机色彩，是很清楚的。A股市场上一下子冒出150多家区块链公司，是不可能的，里面肯定有很多冒牌的，很多涨停一定是投机推动的。

你仔细想一想，跟风买的人，是不是很多就是上面这个想法？这个想法还有一个通俗的名称，叫“击鼓传花”。大家都知道鼓声会停，花会停在某个人的手里。不过没关系，大家都想着，在鼓声停之前，把花传出去就行了。

看起来，这是个刀尖上的游戏，弄不好会割伤自己。不过，参与投机的人，绝大多数是知道自己的风险的，知道花可能停在自己手里。但是他想赌一把，觉得自己能提前出来。因为大家都不知道鼓声到底什么时候会停。这样的侥幸心理，很多人都有。事后看，区块链概念股第二天就开始回调了，估计很多人遭受了损失。

通过这两个例子，我们说清了投资和投机在概念上的不同。下面我们来进一步比较两者到底有哪些方面的区别。梳理一下，重要的区别至少有 5 个方面（表 39–2）。

表 39–2　投资和投机的区别

	投资	投机
价值属性	内在价值	心理价值
投资期限	长期	短期
适用资产	不在意流动性	高流动性
主观错误	不犯错	别人犯更大的错
交易策略	反向操作	追涨杀跌

第一，投资看的是内在价值，投机看的是心理价值。

如果你投资，看的是资产的内在价值，看到底值多少钱，会不会涨，如果看涨，就买入。这个时候，你是不管别人怎么看的，不在乎别人是否同意你。实际上，如果你足够相信自己的观点，反而希望别人不同意你。因为这时候别人会卖出，你可以用较低的价格买入。

如果是投机呢？你看的不是资产的内在价值，而是别人怎么看。如果你觉得别人会买，就提前买入，等涨价了卖给出价更高的人。所以说，这个时候，你看的是资产的“心理价值”，也就是资产在大家心里的价值。至于这个观点对不对，你不一定在乎。

所以投资看内在价值，投机看心理价值，投机者不关注内在价值，而是关注“别人怎么看”。关于这一点，可以打个比方，这最早是凯恩斯提出来的：选股票就像选美比赛一样，要选择美貌的姑娘，只不过在投资者和投机者眼里，美貌的标准是不一样的。

如果你是价值投资者，相当于是在找对象，要娶回家长久过日子的，这时候你不仅在乎身材容貌，更关心温柔、贤惠这些内在品质。如果你是投机者，相当于只谈几天恋爱，没打算结婚，很快就会分手的。这时候你不关心内在品质，只在乎带出去是否有面子，是否能满足你的虚荣心。这时候你要选的，其实不是自己认为最美的股票，而是判断别人认为什么股票最美，是为了满足自己的虚荣心。你事先选好这样的股票，买入，然后等别人买的时候，高价卖给别人。这就是投机。

第二，投资的期限一般较长，投机的期限一般较短。

为什么？因为投资的价值来源是两个，一个是长期的价值上涨，一个是资产价值的低估。如果低估，就会向内在价值回归，在回归的过程中价格上涨。不管是哪一个，都需要时间，甚至是很长的时间。巴菲特是价值投资的代表，他曾经这样描述他希望的持股期限，说理想的持有期限是永远，也就是无穷长。什么意思呢？如果真的看准了，就完全不在意短期的价格波动。无穷长是很长的时间，是夸张的说法。但是价值投资，一般是要几年时间的。不管是内在价值的上涨，还是错误定价的修订，可能都需要几年的时间。

投机不一样。投机是击鼓传花，需要尽快转手卖出去，需要别人愿意接盘。这时候，你不能等，市场上的情绪瞬息万变，看准机会就买，看准机会就卖。比如说区块链投机的例子，如果你买入了某只区块链概念股，然后价格上涨了，你要时刻留意，准备卖掉；如果已经开始回调了，可能要抓紧卖掉，否则很容易砸在手里。炒股炒成了股东，说的就是这种情况。而作为投资者，如果选好股票长期持有，是不介意做股东的。

当然，严谨起见，这里的长期和短期都是相对的。有的时候，投资者的回报可以很快实现，而投机的风气可以延续很长时间。所以，严格讲，这里的长期和短期都是不定期，只不过一般而言，投资的回报需要长时间，而投机则需要快进快出。

第三，投资对于资产流动性的要求不高，投机对于流动性的要求很高。

投资是长期行为，因此对于资产流动性的要求不高。比如说房子，你要买房子，看好的是房子的长期价值，而不是短期价值。买房子投资，最好不要期待很快转手。买房子一堆麻烦事，卖房子也是一堆麻烦事。一个房子挂出来，要很久才有人问津，然后还有各种手续，想卖出去没那么容易。所以说，房子是投资品，不适合投机。

举个例子，现实中不是没有人炒房子，可是要看你炒的是哪里的房子。如果是核心区的房子，流动性一般还行，卖出去不难。可如果是远郊、新区的房子，流动性往往很差。为什么呢？因为那里都是炒房的，住户很少，等你想卖的时候，发现大家都是炒房的，都在卖，没人接手，流动性很差。

投资则不一样。如果你投资房子，你看好的是长期的上涨趋势，不需要流动性。等你需要出手的时候，找个合适的点挂出去，过阵子也就卖掉了，不行就多等几天，流动性对你没有影响。我个人看好房子，是看好大中城市房价的长期潜力，是从投资价值的角度考虑的，没有考虑过投机。

第四，投资是力求正确判断资产内在价值，不犯错误，投机是可以犯错，但是寄希望于别人犯更大的错误。

不管是投资还是投机，都会犯错误，都会赔钱，但是投资者和投机者对于犯错误的态度是不一样的。投资者力求正确判断资产的内在价值，尽可能不犯错误。如果发现犯了错误，投资者会尽快止损。投机者则不然，投机者不在乎对于资产的内在价值的判断是否正确。在投机者心里，犯错误是可以的，甚至是无所谓的，只要别人犯更大的错误就行了。只要别人犯的错误更大，我就可以高价卖出去，就可以赚钱。至于内在价值到底是多少，投机者并不关心。

第五，投资是反向操作，投机是追涨杀跌。

我们来问一个问题，现实中如何区分投资和投机呢？我们一开始说了，大家都是低买高卖，目的都是赚钱，动机都很纯洁。至于是投资还是投机，那是心里的秘密，看不到的。怎么区分呢？

其实很简单，只需要看一件事。当一个人买一个资产，价格下跌了，看这时候他的反应，如果想继续买，就是投资，如果想转手卖，就是投机。为什么呢？投资的人看好的是长期价值，价格下跌正是买入的机会。投机的人看好的是后面有人接盘，价格下跌可能意味着接盘的人没了，这时候最好出手。所以，投机性的资产，一旦开始下跌，往往跌得很快，因为大家都害怕砸在手里，争前恐后出手。

最后，需要澄清一种误解。这个误解就是认为投资只要坚持，就会赚钱，投机则常常赔钱。不是这样的，投资和投机风险都很大，都可能赔钱。带着一颗投资的心，想做长期价值投资的人，如果选错了投资工具，把垃圾资产当作宝贝拿着，也会赔钱，甚至赔很多钱。而投机的人，如果进退的时机好，也会赚钱。打个比方，投资和投机，相当于武功门派不一样，与能不能打赢是两回事。不管是泰山派，还是华山派，都有高手和一般人。不管黑猫白猫，抓住老鼠就是好猫。不管投资还是投机，赚到钱就是王道，只不过个人偏好和选择不同而已。各人根据自己的情况，选择不同的投资方法，并没有一定的高下之分。我的观点是，投机是件专业的事情，需要投入大量的时间和精力，不适合普通投资者。

本讲重点

投资和投机有5个区别。

1. 投资是看好资产的内在价值，买入等待升值；投机是看好资产的心理价值，预期别人会以更高的价格入手，因此买入等待转手。

2. 投资的期限较长，投机的期限较短。

3. 投资对资产流动性的要求不高，投机对资产流动性要求较高。

4. 投资者力求准确判断资产的内在价值，不犯错误，发现错误会尽快止损；投机者允许犯错误，但是期望别人犯更大的错误。

5. 投资者在价格下跌时，会继续买入；投机者在价格下跌时，会选择卖出。

思考

长期看，好的投资者和好的投机者，哪一种人赚的钱更多？可以结合自己的情况想一想，你适合投资还是投机？

本章小结

投资实务：投资是实用的艺术

在投资实务部分，我讲了三个问题：资产配置、工具选择、基金定投。然后，仔细辨析了投资和投机的区别。

第一个问题，是资产配置问题。资产配置的原理是不同大类资产的性质完全不同，通过按比例分配，可以实现降低风险、提高回报的目标。而且，不同资产的回报率之间往往有互补的性质，比如股票大跌的时候，债券的表现往往不俗。通过综合配置不同的资产，可以兼顾流动性、安全性和成长性。简单说，就是在保持流动性的前提下，兼顾资产的保值增值。

怎么做到呢？资产配置的事情千人千面，不好一刀切，但是有三个基本原则：上车原则、平衡原则、调整原则。

上车原则，说的是没买房的家庭要先买房上车。房产不仅安全，回报率也高，而且附加着很多社会资源，还有很高的心理价值。综合看，房产是很好的投资，还没买房的家庭，要先买房，再考虑其他。

平衡原则，指的是要平衡配置金融资产，兼顾流动性、安全性、成长性。如何平衡？就是要综合考虑，把资金平衡配置在货币基金、债券、股票等大类资产上，不能太偏。现实中，很多人容易犯两种错误，一种是太保守，一种是太激进，都是没有执行好平衡原则。

调整原则，指的是个人要根据自己的情况，适当调整资产配置。

比如，年轻人可以适当多承担风险，适当增加股票类资产的配置。退休的老年人要更注重安全，多配置债券类资产。再比如，高净值人士要多注意资产的安全性，增加安全资产的配置。此外，还要考虑收入的稳定性、流动性需求等。

投资实务的第二个问题，是在资产配置好以后，如何选择单个资产，也就是具体的投资工具。几大类资产中，货币基金和债券比较简单，股票资产比较复杂，我们重点讲股票类资产。

我从有效市场假说讲起，详细解释为什么绝大多数人不可能获得持续超过大盘的收益，因此应该买基金。如果没有看好的主动基金，就买被动指数基金。

不管我怎么说，还是有很多人会自己选股票。其实也不是完全不可以。我有一个小建议，就是一只股票，至少看半年再买，仔细想想这只股票到底有哪些不一样，为什么会跑赢同行业、跑赢大盘。绝大多数时候，想了一阵子，你就会放弃了。如果想了半年，还是觉得好，那就买一点也无妨。

有人可能会说，这样会不会错过好的投资机会？这个问题你要这么看，投资机会很多，没有哪一个是不能错过的。市场涨涨跌跌，机会总在那里。问题的关键，不是市场里有没有机会，而是你能不能持续抓住机会，持续地多赚钱，少赔钱。这样想，你就不会患得患失了。

选股票，就是选企业，涉及的知识很多，并没有简单的公式和指标。如果谁告诉你有这样的公式或者指标，就一定是骗你的。很多人会上这种当，不是不聪明，而是人的本性决定的。在一个充满不确定性的世界里，人类想要获得确定性的安慰，这是人的本性。

然而在投资的世界里，你要是蒙上自己的眼睛，享受这样的安慰，就要准备付出金钱的代价。

这里面既有经验，也有教训。每个企业都不一样，世界上没有两个相同的企业，就像没有两片相同的树叶。只做泛泛的分析，不做深入分析，其实不能帮助我们挑选到好的企业。分享我的思考体验，不是为了给你速成的办法，而是为了给你一点启发，告诉你选个股、看企业，其实很难，需要很多的思考、很多的沉淀，没有捷径。

我再重复一次，超出你认知边界的钱，不属于你，如果你一定要去赚这些钱，就要做好被收割的准备。投资与人生一样，都是一场漫长的修行，没有哪一次机会是不容错过的。修行到了，机会就在那里。在此之前，被动投资就好了，既可以享受市场平均收益，又可以坐看金融市场的四季变换、花开花落，何乐不为呢？

第三个问题是基金定投，基金定投是一种特别有效的被动投资策略。基金定投通过两个原理，提高我们的投资收益，一个是被动择时原理，一个是降低成本原理。这两个原理很奇妙，可以通过很简单、很机械的操作来实现。

基金定投有很多细节，包括投资期限、投资频率、投资额度、投资择时、投资工具。

经常有人讲要投资，不要投机，那投资和投机到底有什么区别？我们到底是在投资，还是在投机？

投资和投机有5个方面的重要不同。

（1）投资是看好资产的内在价值，买入等待升值；投机是看好资产的心理价值，预期别人会以更高的价格入手，因此买入等待转手。

（2）投资的期限较长，投机的期限较短。

（3）投资对资产流动性的要求不高，投机对资产流动性要求较高。

（4）投资者力求准确判断资产的内在价值，不犯错误，发现错误会尽快止损；投机者允许犯错误，但是期望别人犯更大的错误。

（5）投资者在价格下跌时，会继续买入；投机者在价格下跌时，会选择卖出。

当然，作为动机纯洁的投资者，我们的目标很简单，就是赚钱，并不歧视投资或者投机。不管是投资还是投机，只要赚钱就好，赔钱就不好，没有高低贵贱之分。只不过，我个人的观点是：投资更加能够长期稳定赚钱，而且找到正确方法以后，比较省心；相比较而言，投机的风险更大，很难长期稳定赚钱。

结　语

投资是做时间的朋友

胡适曾经说过：功成不必在我，而功夫必不唐捐。这句话的意思，是天下没有白费的努力。因为准备这个课程和这本书，因为这些努力，我自己对于投资的理解，也加深了很多。所以，我真心感谢你们。因为你们从四面八方投来的潜在目光，促使了我的进步。我当了半辈子的教书先生，知道“教学相长”这句话，绝对不是客套。

在最后，我要做两点检讨，两个提醒，一个预告。

第一点检讨，这门课有一点点难，你需要多次学习才能掌握。

作为一个多年的教书先生，我当然做了很多准备，尽可能把道理讲得浅显易懂。可是，我依然不确定你是否理解了，是表面上理解了，还是真的理解、消化吸收了。这不是怀疑你的学习能力，而是有三个很具体的原因，使得这门课需要反复学习，不是简单看看、随便听听就可以的。

第一，新信息需要熟悉、理解、内化。

这门投资课，建立在系统的学术研究和多年的投资实践基础上，其中有一些原理你没见过，有很多数据你没见过，有很多分析你也没见过。新知识有一个熟悉、理解、内化的过程，不是浅尝辄止就可以的。

你可以通过这样想，说服自己多花一点时间。这门课的老师，读了几十年的书，花了一年的时间准备这门课，你打算花多少时间学习呢？这门课到现在一共39讲，是不可能真正理解一个人半生的倾囊相授的。所以，我建议你多学几遍。

第二，市场上有一些流行的谬误，需要澄清和打破。

投资是大家都很关心的事情，很多人都很关心。因为很关心，市场上出现了很多流行的误解，你可能已经形成了一些先入为主的、似是而非的观点，不容易打破。所以，你要反复思考，尝试理解。

投资是一场一生一次的修行，不断战胜自己，才能不断进步。这不是一门鸡汤课，不是记住几个金句就完成了学习。你花的时间越多，你学到的东西就越多。有句话是这么讲的，一个人时间花在哪里，是看得见的。你有没有花时间学习投资，也是看得见的。

第三，学习投资，还要克服人性的弱点。

我们都是普通人，都有弱点，很多人都想有个简单速成的办法，甚至想一夜暴富。可是，这世界上没有捷径。人世间很多所谓捷径，都会让你迷失方向。

这门课里，我没有教你一个投资制胜的法宝，而是反复提醒你风险，反复告诉你很多东西不能碰，比如衍生品不要碰，比如看起来很高端的古董、字画不要碰。你可能会很奇怪。学习投资，不就是为了投资操作吗？老师怎么反复说不要碰呢？

在投资理财这个充满贪婪、充满诱惑的世界里，已经有很多

“神棍”，给你各种速成的法宝、各种所谓的实战宝典。似乎学了他的课，你就可以快速赚钱，成为人生赢家。你需要问一下自己，这世界上如果有速成的法宝，还会有那么多穷人吗？其实，因为这些所谓的法宝，更多的人被诱惑进入残酷的赌场，“韭菜”更多了。你多花一点时间学习的话，至少可以少做几回“韭菜”。

我反复想告诉你的是，清醒认识自己的认知边界，知道自己不知道什么，比知道自己知道什么更重要。在投资这个残酷的竞技场上，安全是第一位的，其次才是赚钱。

根据以往的经验，很多读者会有不同的意见，你可以给我的公众号“徐远观察”留言，我会尽量解答你的问题。解答的目的不是说服，而是摆事实、讲道理，供你参考。作为一个教书先生，我的职责不是说服，而是把事情说清楚，供你进一步思考的时候参考。投资终究是你自己的事情，赚钱赔钱都是你自己的，你加深理解，形成自己的认知框架，才是唯一重要的。就像每个人的人生，输赢的结果，都只能自己承担。

第二点检讨，我必须承认我的理解不一定都对，我的讲解也不一定很透彻。

投资是个复杂的事情，涉及很多知识，还要面对未来的不确定性。作为一个学者，我必须承认自己有可能错。即便没有错，讲解也不一定很清楚，讲解的方式也不一定是最好的。对知识的敬畏，对可能出错的敬畏，是学者最基本的性格特征。虽然有多年的研究、教学、实践基础，我在准备这个课程的时候，也依然是字斟句酌，担心讲错，担心讲得不准确。

我只希望，我二十多年的学术修行，二十多年的宏观经济思考，十几年的投资实战，提炼出来的一点东西，总有几句话对你有启发，能让你少走一点弯路，少犯一些错误，少在金融市场上交点学费。倘若如此，我就安心了。

两个检讨之后，是两个提醒。

第一个提醒，这是一门投资课，为了讲解清楚，我必须要举很多例子，其中涉及很多股票和基金，有我看好的，也有我不看好的。比如我提到了腾讯、京东、乐视、特斯拉、微软、亚马逊等，也提到了一些小股票。举这些例子，是为了说明里面的知识点，帮助你理解，绝对没有任何推荐或者不推荐的意思。

这是一门投资课，不是投资建议课。资本市场瞬息万变。在一门静态的投资课里，我不可能给你动态的投资建议。我能做的，是告诉你分析的方法。你要明白，金融市场上不能随便给建议。廉价的建议，往往是灾难的开始。

顺便说一句，你以后在市场上寻求投资建议的时候，也要明白，很多人其实是金融产品销售人员，即便不是销售人员，也不一定具有足够的专业知识，很多人都是一知半解。销售人员在推销产品的时候，他的利益和你作为投资人的利益，是不完全一致的。你必须清醒认识到这一点，才能少上一些当。

第二个提醒，每讲之后都有思考题，建议你学完之后，再回头看看这些思考题，看看你的思路有没有变化。子曰：学而时习之，不亦说乎？投资修行有很多不同的阶段，很多问题都没有标准答案。随着你思考的深入，你看金融市场的角度会不同，你看世界的角度也会不同。

书到这里就暂时结束了。书的结束，只是修行的开始。结束以前，我再讲一个故事。

这个故事，来自武侠小说。我们很多人都喜欢读武侠，如果你是金庸迷，可能记得《天龙八部》里的一个桥段，大侠萧峰在聚贤庄力战群雄，杀人无数，武功之高，令人瞠目结舌。

萧峰和玄难动手时，只是用了一套很普通的拳法，叫“太祖长拳”。这太祖长拳是练武的入门功夫，武林中很多人都练过，是个普普通通的拳法。可是在萧峰手里，普通拳法就变成了上乘武功，威力无穷。无他，功力深厚而已。

我希望你能够忘记时间，坚持修行，功力深了之后，你也可以用一套太祖长拳，在投资的江湖里，悠然自得，闲庭信步。

修行没有捷径，只能靠你不断地学习思考，内化这些知识。我能说的是，本书的内容，是我过去20年学术修行和投资实践的总结，我把自己的所思所想，倾囊相授。希望这可以让你在修行的道路上，少走一点弯路，少交一点学费。在我的音频课上，除了本书的内容，我还会进行后续更新，主要是两大类。

第一类，是结合大家关心的热点问题、热点现象进行分析。

分析热点问题，不是为了追热点，而是为了结合大家关心的问题进行分析，加深对基础知识的理解。热点很多，追不完的。掌握了分析方法之后，在你眼里热点会越来越少，因为绝大部分所谓热点，不过是暗流涌动之后的喷薄欲出，是可以预见到的。过了一段时间，很多所谓热点，在你眼里也会波澜不惊，你也可以做到“心中有热点，眼中无热点”。

第二类，是对具体的金融工具进行分析。

比如，我打算专门讲一次如何分析股票，如何挑选股票。挑选股票是一门很难的学问，我会告诉你我知道的，提醒你有哪些坑，希望对你有一点点帮助。此外，我还打算结合市场上的基金，讲一次如何进行资产配置，相当于一次案例教学。

这些后续课程的有关信息，可以在我的个人公众号上找到。公众号的名字叫“徐远观察”，其他的研究心得和体会，也会在我的个人公众号上分享，欢迎你关注。

《徐远的投资课》暂时讲到这里。希望它对你的帮助，和对我的帮助一样大！